Réserve
p. Z
359 (17)

SOCIÉTÉ ROUENNAISE

DE

BIBLIOPHILES

DÉPOT LÉGAL.

HISTOIRE
DE LA
REFORMATION
A DIEPPE
1557-1657

Par GUILLAUME et JEAN DAVAL

DITS LES POLICIENS RELIGIONNAIRES

PUBLIÉE POUR LA PREMIÈRE FOIS, AVEC UNE INTRODUCTION
ET DES NOTES

PAR

EMILE LESENS

TOME PREMIER

ROUEN
IMPRIMERIE DE ESPÉRANCE CAGNIARD

M. DCCC. LXXVIII.

INTRODUCTION

INTRODUCTION

I

Le Policien Religionnaire : c'est sous ce nom que l'auteur présumé de l'ouvrage que nous publions, pour la Société rouennaise de Bibliophiles, est connu à Dieppe; il lui a été donné par David Asseline, prêtre de l'église St-Jacques de la dite ville, dans son livre : *Les Antiquitez et Chroniques de la ville de Dieppe*, écrit vers 1682, et publié, d'après le manuscrit original, en 1874, par MM. Michel Hardy, Guérillon et l'abbé Sauvage.

Ce nom de *policien* était usité dans quelques localités de la Normandie au XVII° et au XVIII° siècle, mais il ne l'est plus de nos jours, du moins de manière à faire comprendre la qualification donnée à l'auteur de notre manuscrit. On s'en est servi quelquefois, il est vrai, pour désigner les personnes qui sont employées dans les bureaux de la préfecture de police; mais cette institution, telle qu'elle fonctionne de nos jours, n'existant pas au commencement du siècle dernier, le mot *policien* est de nature à dérouter les linguistes ; témoin l'explication qu'en a donnée M. l'abbé Cochet dans son livre intitulé *Galerie Dieppoise :*

« Duval (pour Daval) protestant, *commissaire de « police,* ayant vu ce qui s'était passé à l'occasion de « la prétendue Réforme, commença son ouvrage sur « les mémoires qu'il avait trouvés, et le continua sur « ce qu'il avait vu, sous le titre : *Prédication, etc.* »

Les citations qui suivent, empruntées à l'ouvrage d'Asseline, ainsi que celles tirées de notre manuscrit, en même temps qu'elles nous feront connaître les noms de ceux que nous croyons en être les auteurs, nous donneront l'explication du mot Policien, inexactement fournie par le savant archéologue que notre département vient de perdre.

Asseline, t. I, page 271 : « Je ne rapporterai rien qui « ne soit assez connu, et approuvé d'un chacun tant « de l'ancienne que de la nouvelle religion. »

« Des mémoires (escrits à la main par un des habi-« tans de Dieppe, *qui fut autresfois un des politiens* « *de cette ville et un des anciens du presche, et qui* « *pour cela sera désormais cité sous la qualité de* « *Politien Religionnaire,* au défaut de son propre « nom que je n'ay pu sçavoir au vray), etc., etc. »

. . . .

Tome I, p. 272 : « Néantmoins l'autheur de ces « mémoires ayans ecrit un peu après que Venable,

« estant arrivé à Dieppe à la fin du mois d'aoust 1557,
« etc., etc. »

Il est surprenant que l'auteur, ou plutôt, comme nous le croyons, les auteurs du manuscrit n'aient pas été connus du chroniqueur dieppois Asseline, car il cite leurs noms dans son ouvrage.

Tome I, p. 293 : « Le Roy François second, estant
« mort le cinquième de décembre (1560), son frère
« Charles IX luy succéda, âgé seulement de douze ans,
« selon Davila, et, selon le sieur Duval (Daval), de
« dix seulement et cinq mois. »

Tome II, p. 66 : « On fit le presche (1589) (suivent
« la désignation et les noms des propriétaires des
« maisons) ; — en celle de Guillaume Daval. »

Tome II, p. 209 : « Au commencement de ce gou-
« vernement (celui de M. de Longueville, 1619) les
« Religionnaires conçurent quelques espérances de
« parvenir aux charges honorables, après avoir été
« seulement appelez aux onéreuses de policien et de
« trésorier des pauvres. »

Tome II, p. 210 : « Les sieurs Thomas Vasselin et
« Antoine Daniel, policiens catholiques, entreprirent,
« aussi bien que les sieurs François Diel et Guillaume
« Duval (Daval), policiens religionnaires, de remédier
« à ce mal (la peste) pour l'estouffer en sa naissance.
« Mais ce fut en vain, puisqu'il continua d'affliger
« cette ville, non-seulement pendant cette année,
« mais même pendant les 8 ou 9 années suivantes,

« sans aucune relasche. — Le sieur Policien à aussi
« témoigné qu'un père jésuite s'exposa le premier au
« danger de la peste, pour assister ceux quy en estoient
« malades et que les religionnaires, de leur part,
« posèrent un consolateur pour ceux de leur créance. »

Tome II, p. 233 ; « La peste qui avoit continué (1626)
« jusqu'alors avec quelque modération, s'alluma
« tellement pendant les chaleurs de l'esté, que M^{rs} de
« Ville furent obligez de faire construire 15 loges
« avec des planches dans la prairie appellée le champ
« du pardon, parce que l'on y enterroit les pestiférez,
« et d'en faire plusieurs autres dans les fossez et les
« fortifications du Mont-à-Caux. Les policiens, du
« nombre desquels estoit le sieur Guillaume Daval, à
« qui (selon que j'ai estimé) nous sommes redevables
« d'une partie de nos remarques, travaillèrent beaucoup
« pour empescher les funestes progrez de ce mal. »

Tome II, p. 249-250 : « Défense fut faite au party des
« religionnaires de tenir leurs escholes dans Dieppe,
« conformément à l'arrest donné par M^r le Chancelier,
« le 9 d'aoust 1639, à la sollicitation de M^r l'Arche-
« vesque de Rouen, et signifié au sieur Jean Daval,
« qui estoit alors un de leurs anciens. »

Par les extraits qui précèdent, on voit qu'Asseline nomme les auteurs du mémoire ; il estime que Guillaume Daval l'a rédigé, ou du moins a contribué à la rédaction de la première partie. La seconde a dû l'être par Jean Daval qui aura succédé à Guillaume (son père, selon toute probabilité) dans la charge d'ancien de l'église et aussi dans celle de policien ou trésorier des pauvres.

Nous trouvons dans notre manuscrit les notes suivantes : « Ceux qui gouvernoient l'esglise avoient soin « de dresser des mémoires sur ce quy s'y passoit. »

« 1582. Ils eurent aussy (les Minimes) une autre « place vers la ruë d'Escosse, apartenant à Belanger « d'Espinay, bornée d'une maison apartenant à « Guillaume Daval, quy, ne leur voulant point vendre, « arresta le cours de leurs acquisitions. »

Ce dernier paragraphe figure dans le supplément qui se trouve à la fin de quelques exemplaires du manuscrit. Ce supplément, s'il n'a été fait par Jean Daval, est l'œuvre d'un membre de l'église de Dieppe.

« Suivant la liberté des édits et le règlement « dernier, comme ils estoient (1620) chargés, et toujours « par une moitié (les catholiques et les protestants), « des honneurs d'estre à la police de trésoriers des « pauvres et autres, s'ils en faisoient la demande, etc.

. . . .

Ce qui peut aussi donner la preuve, à défaut de renseignements plus précis, que Guillaume et Jean Daval ont écrit l'histoire de la Réformation à Dieppe, c'est qu'ils ne parlent pas de la part que le premier a prise, de concert avec ses confrères, les policiens catholiques, dans les actes de dévoûment qu'ils montrèrent lors de la peste qui eut lieu à Dieppe, de 1619 à 1626, ni des efforts qu'ils firent pour en arrêter les progrès.

Voici comment ils racontent les faits auxquels l'un d'eux prit part, d'après le témoignage d'Asseline :

« La contagion estant fort violente à Dieppe au
« mois d'aoust 1626, et tout le reste de l'année, il fut
« posé un jésuite extrêmement séditieux pour admi-
« nistrer le sacrement aux contagiés. En ce temps-là,
« on fit un petit bâtiment en un coin du cimetière de
« ceux de la religion, pour retirer et loger le consola-
« teur, quy estoit ordonné par l'église, pour la visite
« et consolation des pauvres malades contagiés. »

. . . .

Dans l'extrait qui suit, il est parlé de Jean Daval :

« En 1640, signification fut donnée au nom du pro-
« cureur du Roy, par un sergeant royal, l'onzieme
« du mois de janvier, et en parlant à Jean Daval,
« ancien, et à m⁰ Charles Marinier, maître d'escole
« latine, pour les maîtres d'escole, avec deffense de
« les plus tenir en la ville. »

D'après le paragraphe commençant par ces mots : « Suivant la liberté des édits, » Guillaume Daval était chargé soit de réglementer la distribution, soit de distribuer lui-même les deniers destinés aux pauvres, de concert avec plusieurs de ses concitoyens catho-liques ; charge honorable, qualifiée *d'onéreuse* par Asseline. Ainsi se trouve expliqué le titre de policien qui lui a été donné par le chroniqueur Dieppois. Il était chargé de la police, c'est-à-dire de surveiller ou de distribuer les secours accordés à ses coreligionnaires indigents.

Jean Daval, fils de Guillaume, qui sans doute a succédé à son père dans la charge d'ancien du consistoire et dans celle de policien, doit être considéré comme l'auteur de la plus grande partie de notre manuscrit. Guillaume ayant vu l'introduction de la Réforme à Dieppe, dût, de son côté, prendre une large part à la rédaction des mémoires que l'église avait eu soin de dresser sur les évènements qui se passaient dans son sein.

On sait qu'il a toujours été d'usage dans les consistoires des églises réformées de tenir un registre de délibérations où se trouvent consignés tous les faits qui regardent l'administration de la paroisse ; mais ceux qui se rapportaient aux troubles causés par le fait de la religion en étaient rigoureusement exclus. C'est en dehors de l'église officielle que les évènements rapportés dans notre mémoire ont été écrits et conservés. Ils sont donc l'œuvre personnelle ou collective que les chefs de l'église, c'est-à-dire les membres du consistoire, ont faite à la dérobée, afin de conserver à leurs descendants les annales de leur cité.

Guillaume Daval, sur le compte duquel on manque de renseignements, les registres de l'église de Dieppe ayant été détruits, a dû léguer ses notes, et celles dont il était dépositaire, à son fils, qui les a utilisées pour composer notre histoire ; à défaut de preuves contraires, il est permis de supposer qu'elle doit être l'œuvre de Guillaume et de Jean Daval. Il est à remarquer qu'à la date de 1597, il est parlé de faits qui ne se sont accomplis qu'en 1613, d'où l'on peut conclure que les matériaux qui ont servi pour édifier l'histoire de la réformation à Dieppe, n'ont pas été rassemblés avant cette dernière date ; ils l'ont même été beaucoup plus tard, car, à celle de 1611, il est parlé de l'ouvrage de Sully : *Œconomies Royales et Servitures Royales*, qui ne fut imprimé que bien longtemps après. Dès lors, les faits qui se sont passés au commencement du xviie siècle, n'ont été rédigés ou mis en ordre, par Jean Daval, que vers la moitié du dit siècle.

On ignore l'époque de la mort de Guillaume Daval ; on sait seulement qu'il vivait encore en 1626.

Nous n'avons pu trouver aucun renseignement sur la famille de nos auteurs ; nous trouvons seulement sur les registres de l'église de Quevilly (Rouen) l'acte suivant : « 13 décembre 1654. Annonce de mariage « de Jacques Locquin, fils de Jacques et d'Elisabeth « Daval, de Dieppe, avec Anne Reyne, fille de Jean, « maître sucrier à Rouen, paroisse Ste-Croix-St-Ouen. » Le mariage fut sans doute célébré à Dieppe, lieu de la résidence de Jacques Locquin, car on ne trouve plus trace de ce nom sur les registres de Quevilly.

Des familles du nom de Daval, disent les éditeurs

d'Asseline, habitaient le Tréport et Eu, du xvie au xviiie siècle, mais elles étaient catholiques.

Un Jean Daval, théologien, docteur en Sorbonne, né au Tréport, est décédé vers 1540.

En 1528, un Nicolas Daval est nommé échevin du Tréport; c'est un des ancêtres du fameux médecin Jean Daval, né à Eu, et mort en 1719, que Louis XIV voulut faire son premier médecin, après la mort de Fagon. Naguère encore, dit M. D. Lebœuf, M. Daval, ancien avocat au parlement de Paris, dernier descendant de cette famille, possédait une ferme au Mont-Huon. Peut-être ces familles se rattachent-elles de loin à celles de nos auteurs.

II.

Le titre du manuscrit des Daval est : *Memoire de la Renovation de la Predication de la vraie et pure doctrine Evangelique et Apostolique, et de ce quy s'est passé de plus memorable, pour le fait de la Religion, en l'Esglise de Dieppe.*

MM. Haag (*France protestante*, à l'article Daval), expriment le vœu qu'il soit publié, attendu, disent-ils, qu'il est écrit avec impartialité, et qu'il offre une foule de détails pleins d'intérêt, non-seulement pour l'histoire de l'église de Dieppe, mais pour l'histoire de France en général.

L'original du Mémoire des Daval n'est pas connu, nous n'en avons que des copies prises par les fidèles de l'église de Dieppe, à l'époque de la révocation de l'édit de Nantes ou quelques années après.

On en connaît trois :

1° Celle qui se trouve actuellement entre les mains de Mme veuve Jules Hardy, au Pollet, à Dieppe, signalée en 1862, par M. le vicomte d'Estaintot; c'est un manuscrit in-4° de 350 pages et 18 de supplément;

2° Une autre qui nous a servi pour l'impression, appartenant à M. Alfred Canel, maire de Pont-Audemer, notre confrère et maître en bibliophilie, in-4° de 169 pages d'une écriture très-serrée. Moins ancienne que la précédente, elle paraît, comme le disent les éditeurs d'Asseline, avoir été faite dans les premières années du xviiie siècle. Elle porte sur le titre le nom de Duval (*) (pour Daval). Les articles qui, dans quelques copies, forment le supplément ont été, dans celle-ci, intercalés, à leurs dates, dans le texte primitif;

3° Une autre, encore, déposée à la bibliothèque de la Société de l'Histoire du Protestantisme français, et que le président de cette Société, M. le baron F. de Schickler, a mise complaisamment, depuis longtemps déjà, à notre disposition. Cette copie a été faite en

(*) Le nom a été ajouté par une main étrangère ; l'écriture est moderne.

1826, par M. N. Poulain fils, de Lammerville, près Dieppe, décédé à Lausanne il y a quelques années, après avoir été longtemps pasteur de l'église du Havre. Elle est rédigée en style moderne et en tout conforme à la copie de M. Canel : les noms et les dates ne diffèrent pas ; on y trouve cette mention : « Le manuscrit original appartient à la famille « Lemaître, de Bolbec, » avec le nom de Daval. — En tête du supplément on lit : « L'original de ces Mé- « moires fut fait par M. Daval, ancien de l'église « de Dieppe, dont la copie a été tirée ; il y a une « autre copie où l'on a inséré plusieurs choses qui ne « sont point dans l'original, lesquelles on a placées « dans les pages suivantes pour servir de supplément. »

Ce supplément renferme quelques faits omis sans doute par Guillaume Daval, de 1577 à 1609 ; il est à supposer qu'ils auront été ajoutés, comme nous le disons plus haut, par un membre de l'église de Dieppe ou par Jean Daval lui-même : là-dessus, rien de certain.

Il ne nous a pas été donné de retrouver la trace du manuscrit ayant appartenu à la famille Lemaître (les protestants portant ce nom sont nombreux à Bolbec et dans les environs). Les démarches que nous avons fait faire ne nous ont point donné de résultat.

Nous avons entre les mains un manuscrit qu'a bien voulu nous confier son possesseur, M. Henri Réville, pasteur à Luneray, manuscrit ayant pour titre :

Annales ou origine de la ville de Dieppe, avec l'histoire de l'église réformée de la dite ville, le tout recueilli des annales d'un ancien manuscrit (*) *rédigé en celui-ci, du mieux qu'il m'a été possible en françois moderne, et augmenté de quelques petites remarques tant en marges qu'autres endroits de l'ouvrage,* 1753. J. S. 101 pages in-4°, d'une écriture serrée et très-belle.

L'origine de Dieppe ne remplit que 4 pages ; vient immédiatement l'histoire de l'église, mais jusqu'en 1653 seulement.

On y retrouve, mais souvent fort abrégés, les faits rapportés par les Daval ; par contre on y remarque des détails, ceux de la bataille d'Arques, par exemple, qui ne se trouvent point chez nos auteurs. Nous avons puisé là quelques renseignements que nous insérons dans nos notes.

A la page 4, l'auteur commence ainsi le récit de l'histoire de l'église de Dieppe :

« Les personnes pieuses pour lesquelles seules j'écris
« maintenant, ne seront pas sans doute fâchées avant
« que de savoir la malheureuse fin de l'église de
« Dieppe, d'aprendre son commencement et ses
« progrès ; c'est pourquoi bien que sa ruine, trop
« entière, soit ce qui d'abord m'a mis la plume à la
« main, à cause des circonstances singulières dont elle
« a été accompagnée, je prendrai les choses de plus

(*) Celui des Daval.

« haut, et ferai une histoire complette de cette église,
« où Dieu a assurément fait voir, depuis son établisse-
« ment, des événemens dignes de la curiosité et de la
« mémoire des gens de bien. Heureux si retiré, en des
« temps plus tranquilles, arrière de ce dernier mal,
« je ne fusse pas à présent réduit à la triste consolation
« d'en faire le récit. »

Une note figurant sur le manuscrit de la Société
de l'Histoire du Protestantisme français, signale une
autre copie semblable à celle de M. Canel :

« Tous les articles de ce livre jusqu'à celui de la
« venue du duc de Bouillon à Dieppe, page 20, sont
« pareils à ceux qui sont au livre de M. Deslandes
« jusqu'à la 2e page du feuillet 11 ; mais, de là en
« avant, je trouve quelques articles de plus à celui
« de M. Deslandes qu'au mien, jusqu'à celui qui fait
« mention de la mort de Henry IV, car après celui-là,
« tous les articles sont pareils à l'un et à l'autre jusqu'à
« la fin du livre. »

Cette mention ne se trouve pas sur le manuscrit de
M. Canel, ce qui s'explique facilement ; les articles qui
se trouvent en plus au manuscrit Deslandes sont ceux
qui forment le supplément de la copie de la Société de
l'Histoire du Protestantisme français, c'est-à-dire du
manuscrit ayant appartenu à la famille Lemaître ; dès
lors, la copie Deslandes est semblable à la nôtre. Les
articles qui forment le supplément dans les exemplaires
de Mme veuve J. Hardy et de la famille Lemaître ont,

comme nous l'avons déjà dit, été intercalés dans le texte des copies Canel et Deslandes ; c'est en prenant les passages de la copie Deslandes, qui ne figuraient pas dans celle qu'il avait à sa disposition, que le copiste du manuscrit de la famille Lemaître a formé le supplément que l'on signale également dans l'exemplaire qui se trouve chez Mme veuve Hardy à Dieppe.

Un sieur Salomon Deslandes existait à Dieppe vers le milieu du XVIIe siècle ; en 1668, on trouve sur les registres de Quevilly, l'annonce de mariage de Salomon Deslandes, fils de feu Salomon et de Marguerite Gosse, de Dieppe, avec Marguerite Fremont, veuve de Thomas Bourdon, paroisse St-Sever, de Rouen.

Le style de notre manuscrit, dans beaucoup de passages, est fort négligé et d'une lecture aride, défaut que l'on rencontre souvent dans les écrits de son époque ; il est d'autres parties intéressantes et bien écrites. Les portraits qu'il trace des divers personnages qu'il fait passer sous les yeux du lecteur, ceux des gouverneurs de Dieppe en particulier, méritent d'être remarqués, ils sont dégagés de ces éloges ampoulés dont les écrivains du XVIIe siècle gratifiaient invariablement les puissants du jour.

Dans certains passages, pour rendre la phrase intelligible, il nous a fallu changer la disposition de quelques mots, ce qui nous a été facile avec la copie en style moderne, faite par M. N. Poulain. Beaucoup de ces négligences, nous le savons, peuvent provenir du copiste, car nous avons souvent constaté l'absence de mots empêchant de saisir la pensée des auteurs.

Nous remarquons aussi l'emploi de certains termes qui font encore, de nos jours, partie du vocabulaire cauchois, ce qui semble indiquer que les pasteurs de Dieppe, presque tous étrangers à la Normandie, ne se sont point occupés de recueillir des notes sur les évènements qui se sont passés à Dieppe, pour le fait de la religion. On rencontre dans le manuscrit les mots suivants : *Mont-à-Cats*, pour Mont-à-Caux (il se dit dans nos campagnes : le pays de *Cats* pour le pays de Caux); *matereaux* pour matériaux ; *devant* pour avant ; *baillage* pour bailliage. La *mitourie*, fête qui se célébrait à la mi-août, dérive du mot cauchois *mitou*.

L'orthographe se ressent de l'époque de transition à laquelle l'ouvrage a été composé et copié ; elle est fort irrégulière pour ne pas dire plus ; plusieurs mots sont écrits de trois manières. Nous avons donné une orthographe uniforme aux mots écrits différamment, en choisissant la plus ancienne, et aussi de préférence celle qui est la plus fréquemment employée. Le trait d'union est partout supprimé. Dans le doute où nous sommes, si notre exemplaire est la reproduction fidèle de l'original, nous n'avons pas voulu faire une correction radicale de quelques phrases qui nous paraissaient étranges ; il nous aurait fallu entrer dans une voie sans issue et faire perdre à l'ouvrage son originalité, en le défigurant entièrement, ce que nous avons cherché avant tout à éviter ; nous reproduisons, autant que faire se peut, le manuscrit tel que nous le possédons.

Il est certain qu'un grand nombre de copies de l'ouvrage des Daval ont été prises par les protestants de Dieppe, et que la plupart ont été faites avec une grande négligence ; s'il nous avait fallu changer notre méthode, le mieux aurait été d'adopter celle de la Société de l'Histoire du Protestantisme français.

On trouve dans le manuscrit beaucoup de faits, et souvent les moins intéressants, exposés trop longuement ; en particulier les détails sur la division qui eut lieu dans l'église, à propos de Guillot, dit Deschamps. L'auteur des Annales de Dieppe (copie du ms des Daval) l'a décrite en quelques lignes. Nous aurions pu aussi, sans inconvénient, abréger de beaucoup cette partie ; mais, d'un autre côté, ce récit impartial des troubles de l'église est un argument en faveur de la bonne foi de nos auteurs qui ont eu raison de ne pas chercher à les cacher ; c'est à ce point de vue que nous n'avons pas cru devoir y rien changer.

Notre manuscrit est, en général, écrit en termes modérés, et les mots mal sonnants que l'on rencontre parfois à profusion chez quelques auteurs, quand il s'agit des affaires touchant la religion, ne sont point employés par eux; les Daval sont cependant quelquefois sortis de leur réserve : en particulier quand ils parlent de la conférence du P. Gontery, jésuite. Sigongné, le père, dont la conduite et le caractère sont trèscontroversés, est dépeint sous les couleurs les plus noires.

En ce qui concerne l'histoire religieuse de Dieppe, la modération, cette qualité dont tout écrivain sérieux ne devrait jamais se départir, n'est pas personnelle aux Daval, car Asseline, nous nous empressons de le reconnaitre avec ses éditeurs, met un soin extrême à écarter, autant qu'il peut, de son récit, tout commentaire irritant. Il s'exprime ainsi, t. I, p. 271-273 :
« Nous fairons voir en temps et lieu que les troubles et
« les divisions, qui désolèrent cette ville (Dieppe) et la
« mirent à deux doigts de sa perte, avec tant de
« modération que tout homme de bon sens et sans
« passion n'aura pas sujet de s'en formaliser, ni de
« s'en plaindre. — Aussi, ne rapporterai-je rien qui
« ne soit assez connu et approuvé d'un chacun, tant de
« l'ancienne que de la nouvelle religion. J'appeleray
« ordinairement ceux de la nouvelle religion, Reli-
« gionnaires (à l'exemple du sieur Dupleix), ce nom
« m'ayant semblé assez doux et assez favorable. »

III

La ville de Dieppe, au XVIIe siècle, vu le grand nombre de protestants qu'elle renfermait, a pu, avec raison, être appelée La Rochelle du Nord. Son histoire religieuse présente un intérêt aussi grand que son histoire politique. Peu de villes possèdent des annales aussi complètes (*). Nos auteurs disent que ceux qui

(*) Liste des principaux ouvrages sur Dieppe :

Annales de la ville de Dieppe, transcrites par Beauval, 1771, in-f° ms. de 276 pages.
(Biblioth. de Dieppe).

Annales ou origine de la ville de Dieppe, ms. de 101 pages in-4°, par J. S., 1753, appartenant à M. H. Réville.

Antiquitez de la ville de Dieppe et de ce quy s'y est passé de plus mémorable depuis 788 jusqu'en 1694. — 2 cahiers. (Ms. du XVIIe siècle.)
(Biblioth. de Rouen).

Asseline (D.), prêtre. — *Les Antiquitez et Chroniques de la ville de Dieppe.* (Editeurs : MM. Michel Hardy, Guérillon et l'abbé Sauvage). 2 vol. in-8°. Dieppe 1874.

Bichot (Lazare). — *Mémoires pour servir à l'histoire de Dieppe, tirée* (sic) *tant des histoires imprimées que des auteurs manuscrits*, 1766, in-12 de 350 pages, ms.
(Biblioth. de Dieppe).

A. Bouteiller. — *Histoire de la ville de Dieppe, depuis son origine jusqu'à nos jours*, in-8°. Dieppe 1878.

Chapus (Eug.) — *Dieppe et ses environs*, in-16. Paris 1853.

Cochet (l'abbé). — *Les Eglises de l'arrondissement de Dieppe*, 2 vol. in-8°. Dieppe, 1846 et 1850.

Cochet (l'abbé). — *Galerie Dieppoise*, 1 vol. in-8°. Dieppe, 1851 et 1862.

Colmont (Octavien), de Dieppe. — *Mémoire de la naissance et des progrès de l'Hérésie dans la ville de Dieppe*, 1557 à 1604. ms. in-4°.
(Biblioth. du P. Lelong, n° 5,998).

Croisé (Laurent), conseiller du roi et son procureur en l'amirauté de Dieppe. — *Histoire abrégée et chronologique de la ville, château et citadelle de Dieppe et du fort du Pollet,* gouvernaient l'église eurent soin de dresser des notes sur ce qui s'y passait (*). A l'aide de ces documents, écrits au moment même où se déroulaient les événements, on a pu dresser l'histoire de la Réforme dans cette ville.

depuis leur origine, avec tous les priviléges accordes aux habitans de cette ville; ms. in-4º de 187 pages, s'arrêtant au 3 avril 1726.

(Biblioth. de Dieppe).

Dablon (Simon), chroniqueur dieppois, vivait à la fin du xvie siècle et au commencement du xviie. Ses mémoires ms. ont disparu.

Dablon (Nicolas), fils du précédent et lieutenant-général au bailliage de Dieppe, a laissé également un manuscrit sur l'histoire de Dieppe.

Dartenay, greffier de l'Hôtel-de-Ville, rédigea, au commencement du xviie siècle, des mémoires sur l'histoire de Dieppe, égarés ou détruits.

Desmarquets. — *Mémoires chronologiques pour servir à l'histoire de Dieppe, etc.*, 2 vol. in-12. Dieppe 1785.

Estancelin (Michel), greffier de l'Hôtel-de-Ville. — *Mémoires en forme de journal de ce qui se passa à Dieppe, pendant les années 1589, 1590 et 1591*, ms. disparu.

M. L. Armand, de Doudeville, à l'aide de nombreux documents, a pu reconstituer ces mémoires, qu'il se propose de publier.

Feret (P.-J.) — *Histoire des bains de Dieppe*, etc., in-8º. Dieppe 1855.

(*) Un nommé Nicolas Guilbert eut la charge de dresser (1567) des mémoires des choses qui s'estoient passées en l'église prétendue réformée, de laquelle il reçeut de l'argent pour sa récompense, et le sieur Policien eut, aussi bien que nous, de quoi grossir notre histoire.

(*Asseline*, t. I, p. 240).

M. Vitet dit aussi, en répétant ce qu'il a lu dans nos chroniqueurs, que c'est d'après des notes et des traditions contemporaines que les mémoires qui ont paru à la fin du xviie siècle ont été rédigés. Il ignorait l'exis-

Feret (P.-J.) — *Notice sur Dieppe, Arques et quelques monuments circonvoisins.* Dieppe 1824, in-8º de 209 pages.

Gouye (Thomas), jésuite, né à Dieppe, mort en 1724, membre de l'Académie des sciences.— *Mémoire en forme de journal.*
(Cité par Asseline).

Guibert (Michel-Claude). — *Mémoires pour servir à l'histoire de la ville de Dieppe.* Editeur, M. Michel Hardy, 2 vol. in-8º, Dieppe 1878.

Histoire de la ville de Dieppe depuis 788 jusqu'en 1792, in-fº de 229 pages.
(Biblioth. de Dieppe).

S'il est incorrect et insignifiant pour les époques anciennes, ce ms. fournit quelques détails intéressants sur les événements du xviiie siècle.

Lebreton (François-Adrien), commis au bureau de la Franchise de Dieppe.— *Histoire abrégée et chronologique de la ville et château de Dieppe, copiée de plusieurs autres annales anciennes et modernes.* 1763, in-fº de 274 pages.
(Biblioth. de Dieppe).

Martin (Mathieu, le P.), minime, né à Dieppe, et mort en cette ville en 1668.— *De l'origine et du progrès de l'hérésie de Calvin dans la ville de Dieppe*, ms.
(Biblioth. de P. Lelong).

Ce ms. original aurait été perdu dans le bombardement de Dieppe de 1694 ; mais il s'en trouvait alors une copie entre les mains de M. J. Le Pelé de Longchamps, avocat du roi au bailliage et en la vicomté d'Arques.

Mémoires chronologiques pour servir à l'histoire de la ville de Dieppe. ms. in-4º de 912 pages.
(Biblioth. de Dieppe).

tence de notre manuscrit, car le mémoire protestant
que M. Feret avait mis à sa disposition n'était autre
que les *Annales ou origine de la ville de Dieppe ;* mais
comme l'auteur de cet ouvrage a copié littéralement
celui des Daval, en abrégeant certains passages et en
y ajoutant quelques notes ; il en résulte qu'en parlant
du manuscrit protestant de M. Feret, c'est de celui
des Daval qu'il s'agit en réalité.

Cet historien ajoute que ce qui doit donner, d'ailleurs,
un grand poids aux témoignages des auteurs des deux
mémoires qu'il a consultés, le *Manuscrit catholique*
et les *Annales de Dieppe*, c'est qu'en général l'un et
l'autre rapportent les mêmes faits, et qu'il n'y a de
différence que dans la manière de les juger et de les
peindre. Il convient de faire observer que si l'ouvrage
d'Asseline (dont le manuscrit catholique de M. Feret
paraît n'être que la reproduction, car il rapporte les

Morin, greffier. — *Inventaire des escrits de la maison de ville*, 1603, ms.

Il est à présumer qu'il fut détruit avec d'autres pièces, lors du bombardement de Dieppe, en 1694.

Naissance et Progrès de l'hérésie en la ville de Dieppe (anonyme), Rouen 1877, pet. in-4°. Publication de la Société rouennaise de Bibliophiles.

Remarques sur Dieppe. — Recueil de notes sur les principaux évènements dont la ville a été témoin, ms.

(Biblioth. nationale).

faits de la même manière) (*), a été écrit vers le milieu du règne de Louis XIV, soit vers 1680, celui des Daval lui est antérieur, et la preuve c'est que le manuscrit dont s'est servi M. Vitet lui fait des emprunts presque à chaque page; de là la concordance forcée des faits, quoiqu'ils soient présentés à un point de vue différent. M. Vitet, qui ne connaissait pas notre manuscrit, ne pouvait signaler cette particularité, car la ville de Dieppe, depuis plus d'un siècle, en avait perdu la trace.

Nos auteurs, sur beaucoup de points, sont en désaccord avec les historiens dieppois ; au lieu de faire ressortir les passages qui les divisent, nous nous sommes borné à recueillir dans les notes, que nous donnons à la fin de chaque volume, quelques éclaircissements puisés dans les historiens du temps, et, de plus, ceux que nous avons pu trouver dans des manuscrits et aux archives départementales.

L'œuvre des Daval a été considérée, par la Société rouennaise de Bibliophiles, comme pouvant fournir des documents inédits à ceux qui s'intéressent à l'histoire de notre province, et non comme une œuvre de polémique religieuse, ce qui ne répondrait ni à son but ni au nôtre. M. Michel Hardy, notre savant confrère, avait d'abord été désigné pour en être l'éditeur. Des empêchements l'ont obligé à décliner l'offre de la Société,

(*) M. Vitet a beaucoup emprunté au manuscrit anonyme : *Naissance et Progrès de l'Hérésie à Dieppe.*

laquelle savait que ses connaissances approfondies de l'histoire de Dieppe lui rendraient facile la tâche que nous avons acceptée, et dont assurément il se serait acquitté mieux que nous.

L'histoire du Protestantisme à Dieppe, selon M. Vitet : « nous fait assister à un drame non moins « animé, non moins pittoresque que les scènes dont « Paris, ou toute autre grande ville, était alors le « théâtre; et que tant d'historiens ont célébrées. »

Parmi les nombreux ouvrages sur la ville de Dieppe, qui ont été imprimés, à part celui ayant pour titre : *Naissance et Progrès de l'Hérésie*, donné par notre Société, celui que nous faisons paraître est le seul qui soit exclusivement consacré à l'histoire religieuse (*); il donne des détails que l'on ne trouve point ailleurs. Si d'un côté il ne parle qu'en passant, et seulement pour les mentionner, de quelques évènements dont la ville a été le théâtre, lorsque ceux-ci s'éloignent de son sujet, comme l'expédition de Jean Ribaut à la Floride et la bataille d'Arques, il répand par contre une lumière nouvelle sur celui qu'il embrasse.

A l'aide des ouvrages d'Asseline et des Daval, sans compter les chroniqueurs qui n'ont parlé que fort sommairement des faits concernant la religion, les historiens qui s'occuperont des évènements qui se sont

---

(*) Nous devons faire observer cependant qu'Asseline fait exception, et qu'il s'étend longuement sur les évènements concernant la religion.

accomplis à Dieppe, pourront apprécier avec impartialité les discordes qui eurent lieu dans ces temps agités, et mesurer la distance qui les séparent de l'esprit de tolérance dont notre génération est animée. Il faut reconnaître et comprendre qu'au milieu, ou au lendemain de la lutte, il était bien difficile que les historiens fissent toujours preuve de modération et d'impartialité; ils avaient, comme à leur insu, une tendance marquée à faire pencher la balance du côté de leur croyance; notre époque, heureusement affranchie de ces luttes néfastes, est propice pour déblayer le terrain mal défriché par eux.

Nous avons eu recours pour compléter nos notes (*), au savoir et à l'obligeance d'un grand nombre de correspondants, qui ont mis le plus grand empressement à nous procurer les documents qui nous faisaient défaut. Nous leur adressons à tous l'expression de notre vive gratitude. Nous citerons particulièrement MM. Michel Hardy, notre confrère, qui est assez connu de tous ceux qui s'occupent de l'histoire de la Normandie, pour que nous n'ayons pas à lui adresser nos félicitations à propos de sa dernière publication : les

---

(*) Les notes placées au bas des pages et marquées d'un astérisque sont celles des auteurs.

Les notes chiffrées sont celles de l'éditeur et se trouvent à la fin de chaque volume. Le mémoire des Daval est écrit d'un seul jet. Nous avons divisé l'ouvrage par chapitres. Les sommaires sont formés des manchettes du manuscrit.

Mémoires de Michel Guibert; Brianchon, de Gruchet-le-Valasse, un des membres les plus actifs et les plus distingués de la Commission départementale des Antiquités de la Seine-Inférieure ; A. Hellot, auteur de l'*Essai historique sur les Martel de Basqueville;* H. Réville, pasteur à Luneray ; Lichtenberger, doyen de la Faculté protestante de théologie de Paris ; Ed. Reuss, de l'Université de Strasbourg; Th. Dufour, directeur des archives de Genève; enfin, M. L. Armand, de Doudeville, qui a recueilli de nombreux documents sur l'histoire de la Ligue dans la Haute-Normandie, et qui nous a envoyé à profusion des notes aussi intéressantes que variées.

Nos confrères et amis, MM. Félix Vallois et Albert Marc, désignés par le bureau pour examiner notre travail, ont facilité notre tâche par les conseils qu'ils nous ont donnés, et dont nous leur gardons un souvenir reconnaissant.

Nous adressons aussi nos remercîments aux autres membres de la Société, qui nous ont apporté le précieux concours de leur expérience.

Maintenant, en terminant cette trop longue notice, qu'il nous soit permis de répéter ce que nous avons dit déjà : que notre mémoire est un document historique dont nous n'avons pas songé à faire une œuvre de parti. Nous nous sommes renfermé strictement dans les bornes imposées aux éditeurs par toute Société de bibliophiles. Nos confrères savent, nous aimons à n'en pas douter, qu'il n'est jamais entré dans notre pensée de froisser le sentiment religieux et les convictions de personne ; d'ailleurs, nous n'avons pas accepté sans hésitation l'offre bienveillante qui nous a été faite d'éditer le manuscrit des Daval, dont la publication avait été votée depuis plusieurs années.

Emile LESENS.

Rouen, Novembre 1878.

MEMOIRE

de la Renouation de la Predication de la vraye & pure doctrine Evangelique & Apostolique, & de ce quy s'est passé de plus memorable pour le fait de la Religion en l'Esglise de Dieppe.

Chapitre I.

SOMMAIRE.

Le 10 septembre 1557, Jean Venable fit ses premieres exortations à Dieppe. —— M. de la Jonchée vient à Dieppe. —— Le 11 nouembre 1558, M. Delaporte, ministre, arriua à Dieppe. —— Grande contagion à Dieppe. —— Le premier enfant fut batifé par M. Delaporte, le 26 mars 1558, ce quy fut discontinué jusques en juin 1560. —— Knox, ministre escossois, presche à Dieppe, pendant six semaines. Il estoit alors ministre à Geneue. —— On commence d'aller au presche en plein jour. —— Plusieurs personnes de condition abjurent les erreurs de l'Esglise Romaine. —— Les ministres visitent les esglises les vns des autres & preschent par ordre du sinode. —— Fruicts de la Reformation. —— Venuë du grand vicaire à Dieppe, le 31 may 1559. —— Le 10 juin, la mercuriale fut tenuë aux Augustins, à Paris, en la presence du Roy Henry II. —— Le grand vicaire s'en retourne. —— Mort de Henry II, le 10 juillet 1559. —— M. Dubuisson, ministre, vient à Dieppe, le 25 de decembre. —— Information contre ceux de la Religion. —— Le marquis d'Elbeuf, allant en Escosse, relasche à Dieppe, y fut deux mois, pendant lesquels il n'y eut point de predication. —— Le 17 mars, la predication se faisoit chez Jean Mansel, rue de la Pelterye. ——

Effet de la Reformation. Les filles debauchées se retirent de Dieppe. —— *M. de La Chauffée vient à Dieppe & y est retenu pour pasteur auec M. Dubuisson.* —— *Le cardinal de Bourbon vient à Dieppe, le 30 auril 1560.* —— *La cene celebrée pour la premiere fois, le 26 may.* —— *Sepulture faite en public.* —— *Enterremens au chant des psaumes.* —— *Confession de foy presentée au Roy.* —— *M. Augustin Marlorat est enuoyé pour pasteur à Roüen, & M. de Saint Paul, à Dieppe.* —— *Deux maisons où l'on commence à faire le presche, le 19 juillet 1560.* —— *L'amiral de Chatillon vient à Dieppe, le 26 juillet, & fait prescher publiquement dans sa maison.* —— *On le prie de presenter au Roy leur requeste pour obtenir vn temple.* —— *Lettre du cardinal de Bourbon pour faire cesser la predication ; mais au lieu de cela, on fit cesser les jeux de la Mitourye qu'on celebroit tous les ans à St Jacques.* —— *Le Roy François II commande de faire cesser les presches.* —— *Le Roy de Nauarre & le prince de Condé à Orléans. Le mareschal de la Vieuille vient à Dieppe defendre de prescher publiquement ; & M. de Bouillon & M. de Ricaruille defendent de prescher ny en public ny en particulier.* —— *On abat le comble de la maison où on faisoit le culte, ruë de la Grand Cour.* —— *M. de Fors demis du gouuernement du chasteau, & M. de Ricaruille mis en sa place.* —— *Le president de Petrimol les enflame encore plus.* —— *On fait trancher la teste d'vn jeune garsçon pour auoir abatu la teste d'vne image.* —— *Le 2 nouembre, le prince de Condé est condamné à mort & plus de 2,000 gentilhommes furent desliurés par la mort du Roy François II, quy mourut subitement d'vn mal d'oreille, le 11 decembre 1560.* —— *M. de Fors est remis au gouuernement du chasteau.* —— *Confrairyé de St Gonstan pour exterminer les Reformés.* —— *M. de Saint Paul presche au temple des malades de Janual, & le 12º de may on tint vn sinode prouincial à Dieppe.* —— *Colocque de Poissy.* —— *La procession des lundis cesse à Dieppe, l'an 1561.* —— *Cordelier seditieux.* —— *Tumulte arriué par* le zele indiscret des Reformés. —— Executions de trois hommes pour auoir pris quelques chapes de Prestres au vilage d'Estren. —— L'auocat fiscal fut frapé peu de jours apres d'vne phtiriase quy le confuma & dont il mourut le 1er nouembre 1561. —— Temple rendu aux Catholiques Romains. —— Le prince de Condé declaré innocent. —— Edit de januier quy permit l'exercice de la Religion Reformée. —— Masacre de Vassy par le duc de Guise, le 1er mars. —— Ceux de Dieppe estoient alors presque tous de la religion & faisoient garde aux portes & sur les murailles. —— Les images sont abatuës tant dans les temples & places publiques de Dieppe que dans les vilages des enuirons, par vn aux zele & malgré les remontrances des pasteurs : plutost par des Athées & des Ignorans que par ceux qui estoient veritablement reformés. —— M. de Bouillon vient à Dieppe & accorde aux habitans M. de Fors pour gouuerneur. —— On presche dans St Jacques le 6 may 1562. —— Ceux d'Arques ayant maltraité quelques vns de la religion du dit lieu & pillé leurs maisons, ceux de Dieppe viennent pour les vanger & sont repoussés. —— Vne compagnye de gens de cheual de Dieppe & vne de pied de Luneray les battent à leur tour. —— M. de Ricaruille fut posé gouuerneur & capitaine au chasteau d'Arques, & alors il y eut vne guerre ouuerte entre ceux d'Arques & ceux de Dieppe. —— Ceux de Dieppe trauaillerent à mettre leur citadelle en deffence sous la conduite du sieur du Coudray. —— Plusieurs ministres, gentilhommes & demoiselles se refugient à Dieppe. —— La contagion cesse à Dieppe, & les viures abondent. — Le 12 juin, M. d'Aumale leue le siege de Roüen, pour venir assieger Dieppe; M. de Lanquetot y vint pour la secourir; mais, M d'Aumale estant renforcé, retourne pour secourir le Pont de l'Arche que ceux de Roüen auoient assiegé, & assiega Roüen pour la deuxieme fois. —— M. de Lanquetot est tué d'vn coup de cannon. —— Construction du fort du Pollet. —— Poudres prises au Tresport puis rendues. —— 2 aoust, defaites des communes de Veules & de St Valery. —— Embuscade que ceux de Dieppe font à Martin Esglise, le 19 aoust, où ceux d'Arques furent battus ; mais, le 14, ceux cy eurent leur reuange. —— Catholiques suspects mis hors de Dieppe. —— Rouuray & Valfrenieres mis prisonniers au chasteau de Dieppe, le 29 aoust 1562, pour quelques discours libres ; mais s'estant justifiés, furent eslargis, le 30 septembre. —— Le 17 de septembre, ceux de Dieppe deffirent cent cheuaux de la garnison du chasteau d'Arques, c'estoit la compagnye du sieur de Belleuille. —— Arriuée d'Escossois & Anglois à Dieppe. —— Le 9 octobre, on celebre la S^{te} cene dans le temple de St Jacques. —— Le 15 octobre, ceux de Roüen soutinrent 4 assauts. —— Dieppe enuoye vn secours à Roüen, quy fut taillé en pieces pres de Pauilly. —— Roüen reduit à l'extremité. —— La Reyne Mere offre à ceux de Dieppe les mesmes conditions accordées à ceux de Bourges. —— Lettre de ceux de Dieppe à la Reyne Mere. —— Jeune celebré à Dieppe le 28 octobre, auquel jour Roüen fut prise d'assaut. —— Grande consternation à Dieppe. —— On resolut d'accepter l'offre du Roy aux conditions les plus aduantageuses qu'il seroit possible. —— Ils enuoient leurs requestes au Roy par leurs deputés. —— Le Roy accorde toutes leurs demandes excepté le libre exercice de la religion reformée. —— Fort St Claude demantelé. —— Plusieurs se retirent en Angleterre & entr'autres M. de Fors, capitaine du chasteau ; M. de Saint Paul, ministre, & le capitaine Jean Ribaut.

I

Les tenebres prodigieuses de l'ignorance & de l'erreur, epanduës generallement sur toute la face de la terre, ayant aueuglé presque tout le monde durant plusieurs siecles, par la nonchalance des vns quy, endormis dans vne securité prophane, se laissoient mener par les autres, quy auoient mis sous le boisseau la lumiere de l'Euangile, & par la malice de Satan quy auoit excité des persecutions horribles, de temps en temps, contre ceux quy auoient osé decouvrir la verité, & en faire voir l'excellence comme prejudiciable à son regne & à la tyrannye du fils de perdition. Dieu, par sa grace & misericorde, en ces derniers temps, a sucité plusieurs personnages, en diuers lieux, lesquels ayant esté illuminés de la cognoissance de la sainte verité, leur a aussy donné la force & le courage de s'oposer aux erreurs & superstitions quy auoient la vogue; & quy nonobstant la rigueur des suplices & la violence des feux allumés de toutes pars, ont non seulement publié & presché la verité de bouche & par escrit, tantost en cachette, & tantost à descouuert, selon l'occasion & la liberté du temps & des lieux; mais aussy

Henry II
1557

Henry II
1557

plufieurs d'entr'eux l'ont courageufement & glorieufement fçellée de leur sang ; &, par ces moyens, Dieu ayant, en diuers temps, recueilly plufieurs belles & fleuriffantes efglifes en diuers lieux, & particulierement en plufieurs villes de France, a auffy jetté l'œuil fur ceux de fon election de la ville de Dieppe, ville maritime du Baillage de Caux, Prouince de Normandye.

En ce temps, & longtemps auparauant, le peuple de la ville quy eftoit du tout ignorant en la religion & adonné à l'idolatrye & fuperftition, eftoit auffy en fes meurs tout à fait corrompu de vices & defbauches; lachant la bride à fes apeftis defordonnés; fe laiffant emporter à paillardife, yurognerye, dances, & autres diffolutions; fe fondant du tout en delices, fruicts amers & corrompus de la mauuaife doctrine dont ils eftoient abreuués (1). Les pafteurs, au lieu du vray pain celefte quy eft la parole de Dieu, ne l'entretenant que de contes & fables de la Legende Dorée. On ne luy parloit que de Miracles, d'Hofties quy auoient feigné; d'Images quy auoient fué, cligné les yeux ou incliné la tefte; d'aparitions d'Efprits ou d'Ames, reuenantes du Purgatoire; en forte qu'il n'y auoit prefque maifon d'aparence quy ne fut ou plutoft qu'on ne crut eftre infectée de telles aparitions, tant auoit d'efficace l'erreur quy feule retentiffoit dans l'oreille des peuples; mais neamoins les mieux cencés & plus clairuoyans, eftant las de telles erreurs, foupiroient apres vne doctrine meilleure dont, toutefois, ils n'ofoient s'informer pour les rigueurs des edits, & pour les cruelles executions des pauures fidelles qu'on faisoit mourir partout le Royaume de France, sous le nom de Luteriens & Huguenots, lesquels on chargeoit de crimes, faux ou supposés & auxquels on imputoit non seulement des doctrines fausses, extrauagantes & ridicules, mais aussy blasphematoires & execrables, pour les rendre odieux & abominables aux princes & aux peuples, afin de les porter aux exces de violence & de cruauté qu'ils ont exercés depuis à l'encontre d'eux.

Henry II 1557

Le premier moyen dont Dieu se seruit pour retirer d'erreur ceux de la dite ville, & les apeler à sa cognoissance, fut assés vil & abject selon le monde; car ce fut par le moyen d'vn libraire colporteur, nommé Jean Venable, n'ayant que peu de liures, mais bons, qu'il portoit sur son dos, en vne bannette, & luy mesme assés bien instruict en la verité, pour vn homme de sa condition. Les labeurs duquel Dieu benit grandement, en peu de temps, & en apela plusieurs, mesme des plus notables citoïens, à la cognoissance de la verité celeste, comme ne luy estant pas plus difficile d'agir efficatientment enuers les siens, & les amener à soy par des moyens & personnes foibles, viles & meprisables, que par des doctes, notables & puissans. Il a mesme toujours choisy cette voye, afin que toute la gloire luy en soit renduë; comme il fit au commencement de la publication de l'Euangile, où par la predication de douze pauures pescheurs & vn faiseur de

Henry II
1557

tentes, il conquit & gagna à luy, en peu de temps, prefque tout le monde.

Les nouuelles, ou plutoft le dit Venable eftant arriué de Geneue à Dieppe viron à la fin d'aouft 1557, & ayant diftribué quelques vns de fes liures, il y eut au commencement dix ou douze perfonnes feulement, & encore non des plus qualifiées, quy fe refolurent de quitter l'erreur pour fuiure la verité de l'euangile, dont elles auoient eu nouuellement cognoiffance, & pour dreffer quelque forme d'efglife, jufques à ce que Dieu leur eut fucité des pafteurs. Elles eflurent le dit Venable pour leur faire lecture de la parole de Dieu & les prieres; & pour ce, chacun jour, elles s'affembloient en des maifons particulieres. Ce qu'ayant fait le dit Venable, quelque peu de temps, il commença à catechifer, & faire quelques exortations, felon la cognoiffance que Dieu luy auoit donnée, jufques en décembre en fuiuant que, voyant le zele s'enflamer, & le nombre des fidelles augmenter, il en donna aduis au fieur de La Jonchée, miniftre enuoyé de Geneue à l'efglife nouuellement dreffée en la ville de Rouen; luy remontre que la moiffon eftoit grande à Dieppe, mais qu'il ny auoit pas d'ouuriers; que s'il pouuoit y faire vn voyage, pour peu qu'il y fejourneroit, il y feroit grand fruict; à quoy le dit fieur de La Jonchée ayant confenty, il vint à Dieppe & ordonna des Anciens, pour la dite efglife, par l'aduis de l'affemblée, & apres y auoir donné quelques predications, leur laiffa le dit Venable (²), pour les inftruire & catechifer jufques à ce qu'ils puffent eftre pouruus de pafteurs.

Henry II
1557

Le fieur de La Jonchée (3) ayant fait entendre à Meffieurs de Geneue l'heureux commencement de l'efglife de Dieppe, ils y enuoyerent vn pafteur nommé M. André Sequeran (4), autrement apelé M. Dumont, jeune homme affés docte, iffu d'vne bonne maifon de Prouence, quy arriua le 1ᵉʳ de januier 1557 (*), & y demeura jufques en juin en fuiuant, où, ayant fait vn fort grand fruict, & pretendant s'y inftaler entierement, il obtint congé de fon efglife de s'en aller à Geneue, pour donner ordre à fes affaires & amener fa femme; mais il fut furpris d'vne fieure quy l'ayant couché au lict, & du lict au tombeau, en trois femaines, il n'eut autre regret que de laiffer fon efglife defpouruuë de pafteur; laquelle il recommanda de tres grande affection à M. Caluin & aux autres pafteurs de Geneue, les priant d'en prendre le foin, & d'y enuoyer vn pafteur; & encore que tout le temps que le fieur Dumont fut à Dieppe, M. le duc de Bouillon, lieutenant general pour le Roy, en Normandye (**), y fit fa refidence auec fort grande fuite, & que luy &, à fon imitation, les

1558

(*) On comptoit encore 1557 au 1ᵉʳ de januier, parce que l'année ne commençoit alors qu'à Pafques.

(**) Il eftoit lieutenant general du Roy dauphin, quy en eftoit gouuerneur; c'est ainfy qu'on apeloit François II du viuant de fon pere, eftant Roy d'Efcoffe parce qu'il en avoit efpoufé l'heritiere.

Henry II
1558

siens se montrassent fort contraires à ceux quy estoient soubsonnés de faire profession de l'Euangile, sy est ce que le sieur Dumont ne cessoit de prescher chacque nuict en des maisons particulieres; ce quy accrut & augmenta de beaucoup, en peu de temps, le nombre des fidelles en la dite esglise.

Messieurs de Geneue se ressouuenant des prieres du sieur Dumont & de la necessité de l'esglise de Dieppe, y enuoyerent le sieur Delaporte (5), ministre de l'esglise de Rouen, en la place duquel ils substituerent le sieur Des Roches (6), lequel arriua le 11 de nouembre 1558, où il fit l'exercice de sa charge quelque temps & jusques à ce qu'il en fut empesché, tant par la contagion quy y fut sy grande en ce temps là, que la plupart des habitans furent contrains de se retirer aux champs, & durant lequel temps les Anciens ne laisserent de continuer les prieres & la lecture secretement, chacun en son particulier; que par la tenuë du sinode nationnal formé à Paris, le 25 de may en suiuant, où le dit sieur Delaporte fut obligé d'aller.

En fevrier, 19, arriua à Dieppe le sieur Jean Knox (7), Escossois, homme tres docte, quy auoit esté receu pasteur en Angleterre, du temps du Roy Edouard sixieme, & alors estoit ministre de l'Esglise Angloise & Escossoise recueillye à Geneue, & prescha à Dieppe l'espace de six ou sept semaines. Il fit vn fort grand fruict, & le nombre des fidelles augmenta en telle sorte qu'ils oferent prefcher en plein jour, au lieu que jufques alors ils n'auoient ofé y aller que de nuict.

Le premier jour de mars 1559, furent receus à faire abjuration des erreurs de l'Eſglife Romaine, & profeſſion de la verité de l'Euangile, entre les mains du fieur Knox, M. de Senerpont, lieutenant pour le Roy au gouuernement de Picardye (8); vn fien gendre & vne de fes filles nommée Madame de Monteraulier; M. de Bacqueuille & deux de fes fils (9), auec plufieurs autres gentilhommes & demoifelles.

Apres quoy, M. des Roches, miniftre de l'efglife de Roüen, vint à Dieppe, le 29 auril 1559, où il prefcha quelque peu de temps; durant lequel temps, M. Delaporte eftoit à Roüen, pour y prefcher à fa place. Cet echange de place fe faifoit fuiuant l'ordonnance du finode de Paris (10), quy trouua bon que les miniftres vifitaſſent les efglifes les vns des autres, & y prefchaffent, afin que le peuple conçut que la doctrine qu'ils prefchoient eftoit vne mefme & feule doctrine &; de là, pour certaine raifon, le dit fieur Delaporte fut enuoyé à l'efglife de Troyes, pour y exercer fon miniftere, où il a fouffert de grandes perfecutions pour la verité de l'Euangile.

En ce temps, Dieu fit merueilleufement & euidemment paroiftre combien eft grande l'efficace & vertu de fa parole; car ceux quy auparauant eftoient incorigibles, rudes & adonnés à fuiure leurs apeſtits, & notamment les gens de marine, deuindrent dociles & dici-

Henry II
1558

1559

plinés, s'abstenant de blasphemer le nom de Dieu, chacun reprenant son prochain, abborant les maisons infames, les dames publiques, les mascarades, jeux de cartes & de dés; detestant l'vsage de la tauerne; ce qu'on n'auoit peu obtenir auparauant, quelque deffence que le Roy en eut faitte expressement, & plusieurs fois, sous grosses amendes & peines.

Mais pour empescher ces heureux progres, le sieur Sequart, grand vicaire de M. le cardinal de Bourbon, archeuesque de Rouen, & quy estoit curé de St Maclou, vint à Dieppe le dernier de may 1559, pour informer contre ceux qui faisoient profession de la Religion Reformée. Il y fit faire procession generale & porter l'hostye, pendant laquelle il y eut quelque tumulte quy fut incontinent apaisé; mais sur les neuf heures du soir, s'assemblerent bien cincq cens personnes quy passoient & repassoient deuant le logis du dit Sequart, chantant des psaumes; ce quy l'intimida tellement qu'il s'en alla dès le lendemain, de grand matin, sans auoir fait autre chose. Cela fit neamoins que pour cette occasion, & pour la persecution quy estoit tres violente, & quy ne fut ralentye qu'apres la mort du Roy Henry II, arriuée le 10 de juillet 1559, le pasteur fut obligé de se retirer de l'eglise & fut destitué pour quelque temps : mais Dieu, quy en auoit vn soin tres particulier, fit que M. de La Forest, ministre de l'eglise de Callais, fuïant la persecution, s'y retira, le 29 octobre, comme en vn lieu de refuge, & y exerça son ministere viron six semaines, & ce jusques au 25 decembre, que M. Dubuisson (¹¹) y arriua pour pasteur : homme assés agé & quy auoit, autrefois, esté docteur en Sorbonne, enuoyé au dit lieu de Dieppe par l'esglise de Geneue.

Le lendemain, 26 decembre 1559, arriuerent à Dieppe les sieurs de La Varenne & de La Place, conseillers à la cour du Parlement de Rouen, commissaires deputés pour informer contre ceux de la religion, comme auoit pretendu le dit Sequart, & ouïr de rechef les tesmoins qu'il auoit examinés; mais ils ne trouuerent point ce que le dit Sequart auoit fait entendre à la cour.

Cependant, il arriua que le 5 de januier en suiuant, M. le marquis d'Elbeuf (¹²), allant en Escosse, relacha à Dieppe, & y fut retenu, par les vents contraires & les mauuais temps, l'espace de deux mois, durant lequel temps il n'y eut point de presche, sy ce n'estoit bien secretement; mais estant party, on recommença le 17 de mars (*), & les assemblées estoient sy frequentes & sy nombreuses qu'on preschoit & faisoit les prieres non seulement de nuict, mais aussy de jour & en public, tant à la ville qu'aux champs; & ce fut alors qu'ariua le tumulte d'Amboise.

Il se fit aussy vn heureux effet de la Reformation au gouuernement de police; car, en ce temps là, les filles

François II
1559

(*) L'année ne commençoit qu'à Pasques en suiuant.

François II
1559

desbauchées, quy estoient aux bordels publics, commencèrent peu à peu à se retirer de Dieppe, se voyant abborées & meprisées de tous & qu'elles ne gagnoient plus rien. Les maisons qu'elles occupoient furent employées à vn meilleur vsage, estant louées à des pauures artisans.

Le 9ᵉ auril auant Pasques, M. Barthelemy Cauffe, ou autrement apelé M. La Chauffée (13), vint à Dieppe & y fut retenu pour pasteur auec M. Dubuisson, pour le grand nombre de fidelles qu'il y auoit en la ville.

1560

Le dernier jour d'auril 1560, M. le cardinal de Bourbon fit son entrée à Dieppe, & le lendemain, premier de may, fit procession generale auec commandement à tous de fermer les maisons & boutiques & tendre deuant icelles, à cause du Sacrement qu'on portoit; à quoy quelques vns ne voulurent obeïr, dont s'ensuiuit vne esmotion quy fut bientost apaisée.

Et neamoins toutes ces difficultés, le dimanche, six de may, la cene y fut celebrée pour la premiere fois depuis la Reformation, & communierent bien huict cens personnes, du nombre de dix sept ou dix huict cens dont l'esglise estoit composée.

Au commencement de juin 1560, fut arresté par le Consistoire qu'on porteroit les morts en terre publiquement auec bonne compagnye, sans autre ceremonyé; ce quy s'obserua dès le lendemain, & qu'il se trouua bien sept à huict cens personnes au conuoy. Depuis ce temps les Papistes ne porterent plus le Sacrement par les ruës auec torches & torchettes, comme auparauant, mais seulement auec vne lanterne, & plusieurs d'entr'eux ne faisoient difficulté de trauailler aux festes; mesme quelques vns vendoient publiquement de la viande aux jours deffendus par l'Esglise Romaine.

Encore qu'il eut esté ordonné de conduire les corps en la terre sans ceremonye, sy est ce que l'année suiuante on les conduisoit aux chants des psaumes; & le cimetiere de St Jacques fut diuisé en deux. Le costé vers le presbitaire fut laissé aux Papistes, pour y inhumer leurs corps, & l'autre costé, vers la boucherye, laissé aux Religionnaires pour y enterrer ceux quy mouroient de leur costé.

En ce mesme temps, fut presenté au Roy, la confession de foy des esglises reformées de ce royaume, auec vne requeste quy fut bruslée par arrest du Parlement de Roüen, deuant le grand portail de Nostre-Dame, quy contenoit la dite confession de foy en quarante huiĉt articles, telle qu'elle seroit encore aujourd'huy.

Au commencement de juillet, à la solicitation de l'esglise de Dieppe, furent enuoyés pour pasteurs ordinaires: M. Augustin Marlorat ([14]), en l'esglise de Roüen; & M. François de Saint Paul, en l'esglise de Dieppe. Le sieur Mathias Eudes, escuier, sieur de Veules, les alla chercher ([15]).

On prescha alors publiquement de jour à Dieppe,

François II
1560

François II
1560

& on prit à louage deux grandes places, pour y faire le presche, dont l'vne estoit la maison de la Grand Cour.

Le dit sieur de Saint Paul s'estoit sauué de Montelimar, en Dauphiné, apres le tumulte d'Amboise, y ayant esté enuoyé pour ministre par l'esglise de Geneue.

M. l'amiral de Chatillon estant venu à Dieppe, le 20 du dit mois de juillet, y sejourna trois jours, faisant prescher publiquement en sa maison; &, à son depart, l'esglise luy donna vne requeste; le pria de la presenter au Roy pour qu'il pleut à sa maiesté de vouloir bien donner vn temple pour y faire l'exercice de la Religion Reformée.

Et comme les fidelles tachoient, par tout moyen, d'auancer le royaume de Dieu, en la publication de l'euangile, aussy les supos de l'esglise romaine faisoient tout leur possible pour en empescher le progres, car M. le cardinal de Bourbon enuoya des lettres fort rigoureuses, & remplies de menaces, pour faire cesser la predication; mais, au lieu d'icelle, cesserent les jeux supertitieux & festes idolatres de la my aoust, vulgairement apelée la Mitourye ([16]), quy se celebroit annuellement à St Jacques.

Le Roy François II, solicité de quelques personnes, escriuit au mois de septembre en suiuant à Charles de Ponssart, sieur de Fors ([17]), capitaine du chasteau, luy commandant expressement de faire cesser les predications; fur quoy, ceux de la religion ayant fait diuerfes remontrances, & prefenté leurs tres humbles requeftes à fa maiefté, difant entr'autres raifons qu'il leur eftoit impoffible de viure en athées & fans exercice de leur religion, dont le Roy ou ceux quy gouuernoient fous fon nom s'en offencerent trés fort; tellement qu'ils firent arrefter au confeil que la ville feroit demantelée, & que M. de Briffac, auec fa compagnye d'ordonnance, en feroit mettre l'arreft en execution, ce quy fut empefché par l'arriuée du Roy de Nauarre & de M. le prince de Condé, fon frere, à Orleans, où il y eut bien d'autres difficultés à demeller.

M. le marefchal de la Vieuuille vint exprés de Roüen à Dieppe, le 15 d'octobre en fuiuant, pour faire deffence de prefcher publiquement; & le lendemain, M. de Bouillon, accompagné du fieur de Ricaruille & cent arquebufiers, arriua, quy encherit encore par deffus, & deffendit de prefcher du tout, ny en public, ny en particulier, &, le dix huict, il fit abatre vn comble de la maifon de la Grand Cour, où on auoit accoutumé de s'affembler pour faire la predication, & menaçant faire demanteler la ville, s'il n'eftoit obeï. Le mefme jour que le dit comble fut defmoly, M. de Bouillon demit M. de Fors du gouuernement du chafteau, & y pofa le Sr de Ricaruille, auquel il donna les dits cent arquebufiers pour garnifon; &, nonobftant, on ne laiffoit pas de prefcher en particulier en des maifons priuées, & quoy que M. de Bouillon fe

François II
1560

François II
1560

montrat extremement contraire à ceux de la religion, M. le prefident de Petrimol vint expreft pour l'enflamer encore dauantage, fe declarant leur plus cruel & mortel ennemy. M. de Bouillon, quy faifoit prefque toujours fa refidence à Dieppe, en partit, le 2 de nouembre, pour aller à Rouen tenir les eftats de la prouince, & retourna le 16 du dit mois. Le mefme jour, à fon arriuée, il fit conftituer prifonnier vn jeune garfçon pour auoir abatu la tefte d'vne image, & luy fit faire fon proces par le Prefidial de Caudebec quy luy fit trancher la tefte (18).

En ce temps là, M. le prince de Condé ayant efté arrefté à Orleans, son proces fait & parfait, preft d'eftre executé à mort, & mefme les baffins d'argent faits pour receuoir fon fang; vn rolle de plus de 2000 gentilhommes de la religion donné au Roy, entre lequel eftoit le fieur de Fors, deftinés à pareil traitement, rendoient la condition des pauures fidelles en vn eftat lamentable, lorfque la mort du Roy, François II qùy mourut fubitement d'vn mal d'oreille, le 11 decembre, empefcha non feulement l'execution du prince de Condé, mais auffy l'eflargit de prifon, & le retablit au rang & degré que fa naiffance luy donnoit au royaume, & deuelopa les autres du piege qu'on leur auoit tendu.

Les chofes fe paffant ainfy, & Dieu ayant donné quelque relafche à l'efglife, elle s'accroiffoit de plus en plus.

Les nouuelles estant venuës à Dieppe du retablissement du prince de Condé, les soldats du sieur de Ricaruille se retirerent tous à la file, & on recommença à prescher publiquement, le 22 du mesme mois; & le 26, le sieur de Fors fut retably en son gouuernement du chasteau, auquel il fallut que le sieur de Ricaruille cedat la place.

Charles IX
1560

Quelques gens mecaniques firent vne confrairye ou plutost vne ligue, au mois d'auril 1561, pour exterminer les fidelles, se qualifiant de gentilhommes de la confrairye de St Gonstan, &, pour ce, s'atribuoint des titres & se donnoient des seigneuries forgées à plaisir. Leur entreprise estant decouuerte, plusieurs furent arrestés prisonniers; mais leur proces fut enuoyé à la cour du parlement de Rouen.

1561

Le 7 de may, le sieur de Saint Paul prescha au temple des malades de Janual, où il se trouua grand nombre de peuple. Le 12 du dit mois, fut tenu vn sinode prouincial à Dieppe, où le sieur Marlorat fut Moderateur (19).

Le 11 juin, fut faite vne predication en public, dans le cimetiere du vieux St Remy, proche le chasteau; &, le 13 de juillet en suiuant, M. de Saint Paul, ayant esté deputé par son esglise, partit pour se trouuer à St Germain en Laye aux estats, quy depuis se tindrent à Poissy, apelés le colocque de Poissy, dont il retourna le 19 octobre en suiuant. En son absence, on enuoya de Paris, M. Defforges, quy arriua, le 20 de juillet, pour prefcher à Dieppe.

Le 15 de feptembre, ceffa la proceffion à Dieppe, quy fe faifoit tous les lundis.

Vn cordelier, nommé Plumetot, ayant prefché au temple de S*t* Jacques, le 21 de feptembre, quatre ou cincq perfonnes penferent faire quelque bruict pendant fon fermon, mais il fut promptement apaifé. Apres midy il y prefcha encore & y fut fait vn grand tumulte. Les portes de l'efglife furent enfoncées, plufieurs papiftes bleffés, & le cordelier mené au chafteau par le fieur de Veules; que s'il ne s'y fut rencontré des gens moderés, il y auroit eu beaucoup plus de mal. Il eft vray que le tumulte vint par le zele indifcret de ceux de la religion, ou par la predication fedicieufe du cordelier, ou par tous les deux enfemble, de forte qu'il fallut reconfacrer l'efglife.

En ces jours, trois hommes de metier ayant pris quelques chapes de preftres au vilage d'Eftren, furent condamnés au fouet, par trois jours de marché, & banis: dont M. Charles Le Feure, auocat fifcal, ayant apelé à la cour, à la folicitation de M. le duc de Bouillon, ils furent condamnés d'eftre pendus, & le mefme jour on les ramena, & furent executés dans la place du marché de Dieppe. Mais le dit Le Feure eftant frapé peu de jours apres d'vne phtiriafe, vn nombre de poux & de vermine le rongerent & mangerent par tout le corps; de forte qu'il mourut le premier de nouembre en fuiuant, fouffrant de fy grandes douleurs qu'on en auoit horreur; ce quy fut pris pour vn jufte jugement de Dieu, pour auoir efté caufe de la mort de trois pauures hommes.

Le 4ᵉ de ce mois, le Roy fit commandement de rendre le temple aux Papiftes.

M. le prince de Condé auffitoft que le Roy Charles neuf eut efté facré à Rheims, le 18 may 1561, pourfuiuit l'arreft de decharge de fon emprifonnement; ce quy fut fait le 13 juin en fuiuant, à Paris, par le prefident Baillet, les chambres affemblées folennellement & à huis ouuert, le Roy & la plupart des princes du fang prefens, accompagnés des duc & cardinal de Guife, & fut defclarée l'innocence du prince de Condé, referuant fon recours fur quy il verroit bien eftre, pour fa reparation. Mais le 24 aouft fuiuant le Roy, eftant à St. Germain en Laye, fit que le prince de Condé & le duc de Guife s'embrafferent, & pour donner ordre aux defordres & confufions quy naiffoient de jour en jour par tout le royaume, pour le fait de la religion, fut donné, le 17 de januier, l'edit apelé: l'edit de januier, par lequel l'exercice de la Religion Reformée fut permis au royaume. En ce temps on contoit encore en januier 1561, quy felon le compte d'à prefent feroit 1562.

L'edit donna quelque relafche aux fidelles, mais quy fut bien interrompu par le maffacre fait à Vaffy par le fieur de Guife, le premier de mars, dont les

Charles IX
1561

Charles IX
1561

nouuelles furent aportées à Dieppe, le 22 du dit mois, par M. Virel [20], miniſtre de Paris, auec vn jeune gentilhomme, de la part de M. le prince de Condé, adreſſé à quelques gentilhommes de ce pays; auxquels gentilhommes les habitans de Dieppe énuoyerent 5000 liv. en argent & ayderent d'autres ſommes & d'armes pluſieurs ſeigneurs pour l'aller trouuer; meſme leuerent deux cens hommes de pied, ſous la charge du capitaine Valfrenieres, qu'ils luy penſoient enuoier; mais ils en auoient beſoin pour eux meſmes. En ce temps là, les habitans, quy eſtoient preſque tous de la religion, commencèrent à faire garde aux portes, jour & nuict, ſur les murailles, & à garnir leurs magaſins.

Comme, en ce temps là, les fidelles ſe rangeoient en foule en l'eſglise, il s'y foura auſſy quantité d'Athées & Epicuriens quy, par curioſité & deſir de nouueauté, ou penſant mieux faire leurs affaires, faiſoient profeſſion exterieure de l'Euangile, &, pour paroiſtre des mieux affectionnés, ſe portoient à tels exces que d'abatre les images & repreſentations des Saints, tant dedans les temples & places publiques, que partout où ils en pouuoient trouver; & quelques remontrances que les paſteurs leur puſſent faire comme ſortant des bornes de leur vocation, & entreprenant ſur l'autorité du magiſtrat, abatirent & renuerſerent non ſeulement celles de Dieppe, le 20 auril & autres jours ſuiuans, mais auſſy celles des vilages circonuoiſins. Que ſy.

quelques vns des vrais fidelles se laisserent emporter à les assister, & suiure vn sy mauuais exemple, ils estoient en fort petit nombre, peu instruicts, & desquels on pouuoit dire, auec verité, qu'ils auoient le zele de Dieu, mais non pas selon la science. L'experience a fait voir, tant à Dieppe qu'ailleurs, que ces turbulens estoient de ceux quy auoient reçeu la semence entre les espines, ou plutost en lieux pierreux, & non en vn cœur honneste & bon; aussy à la premiere persecution ils sont retombés dans leur bourbier & reuoltés de la verité, & mesme plusieurs d'entr'eux ont depuis persecuté.

Neamoins, outre tous ces changemens, M. de Bouillon vint à Dieppe, le 4ᵉ de may, en intention de pouruoir M. de Ricaruille au gouuernement. Les habitans quy ne l'auoient point agreé, enuoierent prier M. de Bouillon qu'il leur donnast M. de Fors pour leur gouuerneur; ce qu'il leur accorda, & il fut au deuant de mon dit sieur de Bouillon, qu'il conduisit dans la ville, lequel y fut reçeu aux chants des psaumes, au lieu de mousquetterye, & bien mil hommes en armes, conduits par les sieurs Valfrenieres & Rouvray, quy se rangerent depuis le pied du Mont à Cats (*) jusques au dedans du chasteau, où il logea. Il fut estonné & mal content d'vne telle reception, dont il se plaignit depuis, disant qu'on l'auoit fait passer par

Charles IX.
1561

1562

(*) Mont-à-Caux.

<small>Charles IX.
1562</small>

les picques; &, n'y ayant tardé qu'vne nuict, alla le lendemain à Arques, où ayant mandé le sieur de Fors & quelques habitans, il ne leur put dissimuler le mecontentement qu'il auoit receu en la ville. Le bruict courut à son arriuée que ses coffres, au lieu de bagages, estoient pleins d'armes pour tenir la ville en suiestion, soit qu'il fut ainsy, ou que ce fut le pretexte de la reception qu'on luy fit, en armes, & des gardes qu'on luy donna pendant la nuict qu'il y sejourna.

Le 9°, sur le bruict quy couroit que M. d'Aumale venoit à Ruë, M. de Bouillon manda de Roüen au sieur de Fors qu'il luy enuoyast vne compagnye de gens de pied; ce qu'il fit, sous la conduite du sieur Rouuray; & le 16 du mesme mois, veille de Pentecoste, on prescha publiquement à St. Jacques.

Ce que ceux d'Arques ayant entendu, & craignant qu'on ne se saisit aussy de leur esglise, pour en faire autant, la barricaderent & fortifierent, firent garde, &, non contens de cela, maltraiterent ceux de la religion du dit lieu, & pillerent leurs maisons; & s'estant plein à ceux de Dieppe, ils partirent le 29 pour les forcer, auec trois pieces de cannon; mais n'y ayant que des bourgeois, sans ordre & sans conduite, ils furent repoussés auec perte de dix des leurs & de quelques blessés.

Au bruict de l'entreprise d'Arques, les communes se souleuerent pour les secourir quy, s'estant rencontrés au nombre de plus de deux mille par vne compagnye de gens à cheual de Dieppe & vne de pied de Luneray, furent mis en deroute, laiffant cent ou fix vingt morts fur la place & plufieurs bleffés.

Ceux d'Arques craignant vne autre entreprife, mieux conduite, abandonnerent leur efglife pour fe fortifier dans le chafteau, où le fieur de Ricaruille fut pofé pour gouuerneur & capitaine. Alors il y eut guerre ouuerte entre ceux de Dieppe & d'Arques.

Les ennemis de l'Euangile faifant de grands preparatifs pour exterminer ceux de la religion de tout le royaume, & prenant occafion du bas age du Roy quy ne pouuoit reprimer leurs entreprifes, les obligerent de penfer à leur conferuation & à fe maintenir le mieux qu'ils pouroient en vn temps fy confus; & pourtant ceux de Dieppe batirent la citadelle, dont vn nommé le fieur du Coudray, enuoyé pour cet effet par M. de Senerpont, eut la conduite de l'ouurage, & où tous ceux de la religion, tant petits que grands, hommes & femmes, trauaillerent en toute dilligence, & l'ardeur eftoit fy grande, que s'il y auoit quelqu'vn quy fe tint en fa maifon ou en ville, fans y aller trauailler, ils luy enuoioient vne quefnouille.

Et comme M. d'Aumale commençoit à s'auancer vers Roüen, auec fon armée, plufieurs gentilhommes & demoifelles, vne infinité de menu peuple & dix ou douze miniftres, fe retirant de la Picardye, par où il paffoit, fe refugierent à Dieppe; &, par ordre du confeil de ville, on y arrefta plufieurs Papiftes, & les autres fe retirerent.

Charles IX
1562

La contagion eſtant grande alors à Dieppe, & ceux de la garniſon d'Arques empeſchant tant qu'ils pouuoient les viures, il eſtoit à craindre qu'en vne ſy grande affluence de peuple le mal dut redoubler & les viures manquer ; mais par vne grace ſpeciale de Dieu, la contagion ceſſa tout d'vn coup, & les viures n'y furent de memoire d'homme, ny en plus grande abondance, ny à meilleur marché ; dont graces furent renduës à Dieu par toute l'eſgliſe.

Et comme ſur la fin de juin, M. d'Aumale eut leué le ſiege de Roüen, pour venir aſſieger Dieppe, le ſieur de Lanquetot y vint auec vne compagnye de gens de cheual. Mais M. d'Aumale eſtant diuerty du dit ſiege pour ſecourir le Pont de l'Arche, que ceux de Roüen auoient aſſiegé, le ſieur de Lanquetot s'en retourna à Roüen, apres auoir touché dix huict cens liures pour le payement d'vn mois de ſa compagnye. Le ſieur d'Aumale, renforcé de beaucoup de troupes, retourna auſſy aſſieger Roüen.

Au commencement de juillet, Valfrenieres & Rouuray amenerent du ſecours aux aſſiegés de Roüen, & le jour de leur arriuée, le ſieur de Lanquetot fut emporté d'vn coup de cannon ; & le 21 du dit mois, apres la leuée du ſecond ſiege, ils reuindrent à Dieppe, ayant perdu pluſieurs de leurs gens. Et on fit vn fort au deſſus du Pollet, dont le ſieur de Saënne eut la conduite de l'ouurage.

Sitoſt leur retour, ils ne manquerent pas d'employ,

car, dès le 23, ils allerent au Tresport pour auoir des poudres, quy leur venoient d'Angleterre, le mauuais temps n'ayant pas permis que le nauire vint à Dieppe, & estant contrains d'entrer au Tresport, se saisirent des dites poudres & les firent incontinent transporter à la ville d'Eu, quy n'en est distante que de viron trois quarts de lieuë. Ceux de Dieppe, ne les ayant trouués au Tresport, dechargerent leur colere sur l'abaye du dit lieu, tellement que ceux d'Eu leur rendirent leurs poudres (21).

De là, ils vont à Cany, le 2 d'aoust, pour reprimer les cruautés dont ils vsoient enuers ceux de la religion : ce que les communes de Veules, St. Valery & lieux circonuoisins ayant sçeu, se souleuerent au nombre de deux ou trois milles hommes, quy estant chargés & deffaits, furent poursuiuis de telle vitesse, que plusieurs des fuiars furent contrains de se precipiter du haut en bas de la falaise, quy est vn precipice à picq, sur le bord de la mer, de plus de 30 à 40 toises de haut (*). En outre plusieurs de morts & de blessés, ils amenerent les principaux, prisonniers, à Dieppe.

Comme ceux de Dieppe & d'Arques, à cause de leur voisinage, quy n'estoit que d'vne lieuë, estoient tous les jours aux prises, il en demeuroit toujours, de part & d'autre, sur place. Le 12 du mesme mois, Rouvray, ayant attiré ceux d'Arques dans vne em-

(*) On les apele encore les sauteurs de St Valery.

Charles IX
1562

buſcade à Martin Eſgliſe, les traita fort rudement, y demeurant pluſieurs morts ſur la place, & entr'autre le capitaine Lalande, lieutenant du ſieur de Ricaruille, & pluſieurs priſonniers : mais le 14, penſant faire le meſme traitement à la compagnye d'armes de M. d'Aumale, venuë à Arques, pour conduire les deniers de la recepte des tailles, eux meſmes furent ſurpris & y laiſſerent cincq des leurs, &, de bonne heure, leurs gens de pied prirent vn autre chemin, car ils auroient eu le meſme ſort. Ainſy les armes ſont journalieres.

Le bruict eſtant que toutes les forces du Roy & luy meſme en perſonne, venoient au ſiege de Roüen, ceux de Dieppe reſolurent de leuer encore deux ou trois compagnies de gens de pied, ſous la conduite de quelques gentilhommes voiſins, & d'eſcrire à la Reyne d'Angleterre pour auoir du ſecours, & pour la prier de les receuoir en ſon royaume en cas qu'ils fuſſent contrains d'abandonner la ville.

Le 25, pluſieurs papiſtes furent chaſſés de la ville; mais pluſieurs reüindrent incontinent, promettant de viure & de mourir pour la deffence d'icelle (*).

(*) Le capitaine Roquebrune, faignant tenir le party des reformés, leua vne compagnye de gens de pied & vint à Dieppe; mais ſe voyant trop connu, il ſe retira au Haure de Grace où il entreprit de liurer la ville aux Papiſtes, ce quy fut deſcouuert par Marſane, gentilhomme eſpagnol de la maiſon du Roy de Nauarre, & fut confronté contre le dit Marſane. Ne pouvant nier la trahiſon, il eut la teſte tranchée au dit lieu du Haure, le 22 août 1562.

Les capitaines Rouuray & Valfrenieres, neamoins les bons & fidelles feruices qu'ils auoient rendus, furent arreftés prifonniers, le 29, pour quelques foubfons fondés fur quelques paroles libres qu'ils auroient proferées, touchant la venuë des Anglois, auec le fieur de Moruilliers, enuoyé par la Reyne d'Angleterre & par le prince de Condé; mais ils furent juftifiés & eflargis, le 30 de feptembre en fuiuant, à la folicitation des capitaines Gardes & Noneins.

Le 17 de feptembre, ceux de Dieppe deffirent la compagnye de cent cheuaux du fieur de Belleuille (22), & peu s'en fallut qu'ils n'entraffent pelle melle auec les fuïars dans le chafteau d'Arques.

Le premier du dit mois, arriua à Dieppe vne compagnye de fix vingt Efcoffois, quy fut le mefme jour que M. le Connestable vint recognoiftre Roüen. Le 3e d'octobre, il arriua auffy à Dieppe fept ou huict cens Anglois, en quatre compagnies, fur fix vaiffeaux, envoyés par la Reyne d'Angleterre pour le fecours de Roüen; & neamoins il refta encore à Dieppe, pour la reuuë, quy y fut faite, le 15 du mefme mois, 2500 hommes, fous dix enfeignes, fans les quatre compagnies angloifes.

Le 9e du dit mois, on celebra la sainte cene à St. Jacques, & furent abatus les edififfes hors de la ville, de peur qu'ils ne feruiffent de logement & couuertures aux ennemis en cas de fiege.

Le 15 du dit mois, ceux de Roüen foutindrent &

Charles IX
1562

repoufferent quatre affauts, & le mefme jour parurrent aux enuirons de Dieppe, fept ou huict cens reiftres de la compagnye du Ringraue, & le fieur d'Annebault, auec fa compagnye d'hommes d'armes, fur lefquelles furent faites plufieurs forties, & y demeura plufieurs de part & d'autre; & le fieur d'Annebault, pour incomoder la ville, rompit vn des conduits des fontaines; mais il leur laiffa l'autre, non par bonne volonté mais pour ne pas fçauoir le lieu où il eftoit placé, ou qu'il y en eut plus d'vn.

Le 17, ceux de Dieppe enuoierent au fecours de Roüen les capitaines du Coudray & Landry, auec leurs compagnies de gens de pied: mais ils furent rencontrés à trois lieuës de Roüen, pres de Pauilly, par la compagnye de M. d'Aumale; partye taillés en pieces & partye prins prifonniers, entre lefquels y auoit trois miniftres, dont l'vn s'echapa, l'autre tué, & le troifieme jetté en vne riuiere & noyé (23).

La ville de Roüen eftant à l'extremité, la Reyne Mere enuoya à Dieppe, le 22, le fieur de Bois d'Ennebourg & vn autre gentilhomme, auec lettre de creance, offrant aux habitans les mefmes conditions que le Roy auoit accordées à ceux de Bourges, difant que ceux de Roüen eftoient preft de les accepter: fur quoy luy ayant enuoyé M. Le Vaffeur, procureur findic de la ville, auec les dits fieurs, ayant charge expreffe de luy demander fauf conduit pour en aller communicquer auec ceux de Roüen, pour fçauoir ce quy en estoit. Ce que la Reyne ayant refusé nettement, elle les exorta de ne pas suiure l'opiniatreté de ceux de Roüen, dont ils seroient bientost chatiés, & qu'au lieu de s'asseruir à l'estranger, ils se remissent sous l'obeïssance de leur Prince & Seigneur naturel ; ce quy estant raporté à Dieppe par le dit sieur Le Vasseur, ils luy repondirent par vne lettre dont la teneur s'ensuit :

« Madame, nous vous auons fait sufisament en-
« tendre que nous tous n'auons esté, ne sommes ny ne
« serons jamais en d'autre volonté que de viure &
« mourir au seruice & obeïssance du Roy, nostre prince
« naturel & souuerain Seigneur, ordonné de Dieu
« pour nous commander, & sçauons bien que la ville
« de Dieppe luy apartient, & l'auons toujours gardée,
« comme ses predecesseurs Roys s'en sont fiés à nous
« de la garder, & esperons encore la garder pour luy &
« sous son autorité, comme ses tres humbles & loyaux
« suïets ; & ce n'est point notre pretention, ny ne sera
« jamais, de nous assuïettir aux Estrangers, pour nous
« destourner de la suïetion de nostre prince naturel.
« Pourquoy, Madame, nous vous suplions tres hum-
« blement de vous asseurer sur nostre fidelité, & croire
« que ce que nous faisons n'est point pour prendre les
« armes ny vser de rebellion contre nostre Roy, mais
« seulement pour conseruer la ville sous son obeïs-
« sance, & principallement sous sa minorité, & en vn
« temps où nous voyons nos biens exposés & perdus,
« sy nous nous soumettons à la mercy de ceux quy

Charles IX
1562

« contreuiennent aux edits du Roy, fuiuant lefquels
« nous defirons eftre maintenus & conferués en pro-
« tection & fauuegarde du Roy & de vous, Madame.
« De Dieppe, le 14 octobre 1562.

Toute l'Efglife de Dieppe celebra vn jeune & des prieres folennelles pour la ville de Roüen, le 26ᵉ octobre, auquel jour elle fut prife d'affaut: ceux de dedans eftant trop peu de gens pour garder vne fy grande ville, tous accablés de fatigues & demy morts de bleffures, de travaux & de veilles; en forte que la breche fut furprife fans qu'il y eut prefque de refiftance, apres vn mois de fiege. Le lendemain, à quatre heures apres midy, les nouuelles vindrent à Dieppe, comme on continuoit encore les prieres pour le falut d'icelle, au fac & pillage de laquelle on n'oublia rien des cruautés & excés qu'on a contume d'exercer, en telle occafion, à l'encontre des plus irreconciliables ennemis.

Apres ces nouuelles, l'eftonnement & la confternation eftant grandes à Dieppe, reuindrent, le 30ᵉ du dit mois, le fieur de Bois d'Ennebourg, accompagné d'vn trompette, pour fommer la ville, comme fy deïa l'armée y eut efté efportée. Les habitans, affemblés au confeil, ayant confideré la prife de Roüen; la faibleffe de la ville; le peu de forces & de moyens qu'ils auoient pour fe defendre; point de fecours d'aucun lieu, pour le moins quy fut fuffifant, ou quy put venir à temps; & d'autre part les promeffes du Roy, quy offroit la capitulation de Bourges, se resolurent, que n'est ce que contre l'aduis des plus resolus & nonobstant l'aduis de Jean Lenoble, Sr de Grosmesnil, quy auoit commandé toute la cauallerye de la ville, d'accepter l'offre quy leur estoit faite, aux conditions les plus aduantageuses qu'il leur seroit possible. Ils enuoyerent donc le dit Le Vasseur, sindic, & le sieur de St. Pierre vers le Roy, à Pauilly, jusques où il s'estoit avancé, auec la requeste quy s'en suit :

Charles IX 1562

« Les Habitans de la ville de Dieppe suplient tres
« humblement le Roy de les auouer pour bons &
« loyaux suiets & tres obeïssans seruiteurs de sa Ma-
« iesté, comme de leur part ils protestent, deuant Dieu
« & les hommes, qu'ils n'ont jamais esté, ne sont, ny
« ne feront d'autres volontés que de viure & de mourir
« en son seruice, auec telle fidellité, reuerence & obeïs-
« sance que de vraye suiets doibuent auoir à leur Roy
« & prince naturel, lequel ils recognoissent, & ont
« toujours recogneu pour leur souuerain magistrat, à
« eux donné de Dieu. Qu'il luy plaise declarer qu'il a
« toujours tenu la dite ville, Manans (24) & Habitans
« d'icelle en sa protection & sauuegarde, leur donnant
« seureté & promesse de les conseruer en leurs corps &
« biens, auec jouïssance de leurs priuileges, sans les
« rechercher aucunement, ny forcer la liberté de leur
« conscience pour le fait de la religion & exercice
« d'icelle, tant du passé que de l'aduenir, afin de les
« mieux contenir au seruice & crainte de Dieu & en

« l'obeïffance du Roy ; qu'ils puiffent auoir la predi-
« cation de l'Euangile, par vn miniftre libre, fuiuant
« qu'il a pleu au Roy & à fon confeil de permettre,
« par les edits quy ont efté publiés & paffés par les
« parlemens. Qu'il luy plaife auffy declarer qu'il
« ne veut & n'entend que l'on impute en forte que ce
« foit aux Gouuerneurs, Confeillers & Officiers de la
« juftice, ou autres, Manans ou Habitans de la ville,
« de quelque qualité & condition qu'ils foient, aucune
« chofe de ce quy eft arriué durant les troubles, foit
« pour le port d'armes, ou autres actions qu'on leur
« voudroit reprocher, ny qu'aucun d'iceux ne foit
« compris aux arreft de la cour, ny en quelqu'autre
« Edit du Roy fait cy deuant contre ceux de la re-
« ligion, & ne leur foit befoin d'obtenir pour ce autre
« plus fpeciale ou particuliere declaration. Que les
« gentilhommes & autres fuiets du Roy, foit officiers
« de fa majefté, ou d'autres qualités, quy fe font retirés
« en la dite ville comme à refuge, pour la feureté de
« leurs perfonnes, foient traités des mefmes faueurs
« & protections, fans eftre forcés en leur confcience,
« ny troublés pour l'exercice de la religion, & que le
« vouloir & declaration du Roy foit publié en la ville
« & partout le Baillage de Caux, auec deffence de ne
« plus faire aucunes agreffions, courfes, pilleries,
« feditions, meurtres ny outrages quelconque de
« guerre pour le fait de la religion, fous peine de la
« vie, & qu'il luy plaife auffy de donner temps pour

« faire vider quelques Anglois quy font en la
« ville. »

Charles IX
1562

Toutes lefquelles demandes, & encore quelques autres, leur furent accordées, excepté l'exercice de la religion, n'entendant que deformais il y eut exercice de la religion que de la Romaine, par tout le royaume. A quoy il fallut qu'ils s'accomodaffent contre leur gré, eftant chofe bien dure de fe voir priués de la chofe la plus eftimable quy foit en ce monde; mais il fallut ceder à la force.

Ils renuoyerent donc les Anglois, & autres troupes, quy fe retirerent, comme auffy plufieurs de la ville, au Haure de Grace, & fut le fort St. Claude de la citadelle demantelé comme on le voit aujourd'huy. Plufieurs n'ofant fe fier à telles promeffes, ou pour auoir l'exercice libre de la religion, fe retirerent en Angleterre, entre lesquels eftoient les fieurs de Fors, capitaine du chafteau; de Saint Paul, miniftre; le capitaine Ribaut (25), depuis tué à la Floride, & autres.

Chapitre II.

SOMMAIRE.

M. de Montmorency rentre à Dieppe &, changeant les gouuerneurs, le 2 nouembre, s'y comporte, du reste, fort modestement. —— Ceux de Dieppe obtiennent verbalement de la Reyne Mere la permission de s'assembler la nuict pour faire l'exercice de leur religion. —— La bataille de Dreux se donna le 10 decembre 1562. —— Le 21 decembre, le capitaine Gascon, enuoyé par M. de Montgommery, y entreprit de tuer M. de Ricaruille, & de se saisir du chasteau de Dieppe. —— Mort de M. de Ricaruille & prise du chasteau. —— Le jour de Noël 25 decembre, la cene fut celebrée dans l'esglise de S.t Jacques. —— M. de Montgommery qui s'estoit echapé du siege de Roüen, dans sa galere, partit du Haure le 27 decembre & arriua à Dieppe le 29, auec nombre de noblesse & de gens de guerre. Il y sejourna enuiron deux mois. —— Le 28 feurier, il laissa la garde à M. de Presles. —— Entreprise sur Dieppe, le 6 mars. —— Le 15 auril, M. de la Curée arriue à Dieppe, de la part du Roy, & fait publier la paix. —— Discours qu'il fit à l'hostel de ville, de la part du prince de Condé. —— Paix moins aduantageuse que celle qu'on auoit par l'edit de janvier. —— Reponse des Reformés. —— Requeste des habitans de Dieppe à M. de la Curée. —— Ceux de Dieppe n'obtiennent point l'objet de leur requeſte. —— Le prince de Condé fait ſa paix ſans y comprendre la Reyne d'Angleterre. —— Le Roy fait ſon entrée à Dieppe, le 3 aouſt 1563. —— Demande de la Reyne Mere à M. de la Curée & ſa reponſe. —— La Reyne Mere demet M. de la Curée du gouuernement de Dieppe parce qu'il eſtoit de la religion reformée. —— On met en ſa place M. de Sigongne, à la recommandation du marechal de Briſſac. —— Le 18 feurier 1563, Poltrot bleſſe le duc de Guiſe deuant Orleans, dont il mourut le 24. —— Les reformés de Dieppe obtiennent du Roy Charles la maiſon des Charités pour faire l'exercice de leur religion. —— Sentence renduë par M. de la Mailleraye ſur le different entre les Anciens de l'eſgliſe & les maiſtres des Charités. —— M. Letellier deuxieme paſteur à Dieppe fut enuoyé à l'eſgliſe de Ruë. —— Artifices de M. de Sigongne. —— Le 25 nouembre de cette année, on commença à catechiſer à Dieppe. —— Prophetie de l'amiral de Coligny à l'egard de M. de Sigongne. —— Touſſaint Tiboult reçeu à Dieppe pour paſteur ordinaire auec M. de Saint Paul. —— Diuiſion dans l'Eſgliſe à ſon occaſion. —— Sigongne ſouffle le feu de cette diuiſion. —— L'Eſgliſe eſt agiſtée, pendant quelques années, par des deſordres inteſtins, ſans que les coloques & les ſinodes puiſſent y mettre ordre. —— L'an 1567, en ſeptembre, M. le prince de Condé prend les armes. —— Belles paroles de M. de Sigongne. —— Ses promeſſes & ſes ſermens. —— Conſideration des plus eclairés de Dieppe. —— Sigongne forme le deſſein de piller la ville de Dieppe. —— Il fut porté à cela par ſon extreme auarice, & l'enuyé de s'enrichir des deſpouilles des habitans. —— Il commence par les calomnier au conſeil du Roy, quy ordonne à M. de la Mailleraye de l'aſſiſter de ſa perſonne & d'vn regiment de gens de pied. —— Il conduit ſecretement ſon entrepriſe pour les prendre à depouruü. —— Il les entretient de belles paroles & de promeſſes qu'il reitera ſolennellement, le 25 octobre, deux jours auant l'execution. —— La nuict du 26 au 27 octobre, M. de la Mailleraye entre du château, par la citadelle, auec 1200 hommes de pied sans que les habitans de la ville s'en aperçeussent. —— Ceux de la religion vont au temple en la maison des Charités, quand, sur le milieu du sermon, une femme papiste entre & crie : cessés ! tout est perdu ! nous sommes trahis ! —— Consternation des habitaus ; quelques vns courent aux armes. —— On leur repond qu'il faut rendre les armes & receuoir garnison dans leurs maisons de gré ou de force, & on ne leur donne que deux heures pour se resoudre. Les Eschevins raportent à l'Hostel de ville cette reponse. —— Les plus riches sont d'aduis de faire volontairement ce qu'on leur veut faire de force. Les autres disent qu'ils aimoient mieux deffendre leur religion & leur liberté. —— Tous conuiennent de renuoyer les personnages les plus honorables pour tacher d'obtenir de meilleures conditions ; mais on les retient prisonniers au chasteau. —— Chacun dans la ville suit son aduis particulier. —— On enuoye du chasteau M. Bouchard quy fait vne espece de harangue pour intimider les habitans, & les obliger à mettre bas les armes. —— Il est interrompu par l'vn des assistans quy le couche en joue. —— 300 bourgeois seulement se decident à la deffence & font des baricades auec les camions. —— Le cannon tire sur la ville.

II

Apres cela, M. de Montmorency (26) fut enuoyé à Dieppe, auec deux compagnies de gens d'armes & quatre de gens de pied : deux de François & deux de Lanfquenets, où ils arriuerent le 2 de nouembre & s'y comporterent fort modeſtement, pendant trois jours qu'il y ſejourna. Seulement il fit dire quelques meſſes ſeches à St Jacques. Les portes de la dite Eſgliſe furent fermées apres ſon depart, n'y ayant aucun preſtre & peu ou point de papiſtes en la ville. Il laiſſa le ſieur de Ricaruille, capitaine au chaſteau, auec trois cens hommes de garniſon, preſque tous de la religion, & le ſieur de Bacqueuille, gouuerneur en la ville, que les habitans auoient demandé au Roy, comme faiſant profeſſion de la religion, lequel leua cent ſoldats auſſy tous de la religion, pour ſa garde, &, par ſon moyen, obtindrent du Roy, vers lequel ils enuoierent à Euréux, remontrer qu'il leur eſtoit impoſſible de viure ſans le pain ſpirituel quy eſt la parole de Dieu; liberté de l'exercice de la religion moyennant que ce fut ſecretement de nuiƈt, en des maiſons particulieres & en petit nombre de trente & quarante perſonnes au plus,

Charles IX
1562

& dont pourtant ils n'eurent permiſſion que verballement de la Reyne Mere, & ſans bruict.

Mais comme Dieu leur auoit donné des gouuerneurs fauorables, au lieu de leurs paſteurs quy s'eſtoient retirés, il leur en ſucita quatre, ſçauoir: les ſieurs du Perron (27), de Feugueray, Tardif & d'Outreleau, & incontinent, apres encore quatre autres, quy faiſoient journellement huict sermons, & ainſy ſubuenoient à toute l'eſgliſe quy n'oſoit paſſer le nombre de quarante perſonnes quy eſtoit limité en chacque aſſemblée, y allant à tour de rolle. On n'eſtoit reçeu ſans marreaux, ce quy ne dura que viron ſix ſemaines. Ainſſy Dieu les abattant d'vne main les releuoit de l'autre. Il s'y retira auſſy pluſieurs fidelles, tant de Roüen que d'ailleurs, pour leſquels fut faite vne colecte par les Anciens de l'eſgliſe.

Pendant ce temps, l'eſgliſe de Dieu jouiſſoit d'vne grande tranquillité & repos, juſques au dimanche 20 decembre, quy eſtoit le lendemain de la bataille de Dreux, dont pourtant les nouuelles n'eſtoient point encore venuës à Dieppe, que grand nombre de perſonnes s'y eſtant gliſſées, peu de jours auparauant, ſous pretexte de la religion, le nommé le capitaine Gaſcon, enuoïé par M. de Montgommery, quy eſtoit au Haure de Grace, & le ſieur de Catteuille Malderée, auec enuiron cent ſoldats, entreprirent de tuer le ſieur de Ricaruille & ſe ſaiſir du chaſteau; & quoy qu'il en eut eſté auerty, tant pour la Reyne que par les eſcheuins de la ville, ne peut efuiter de tomber entre leurs mains. Ceux cy donc, pour l'execution de leur deffein, qu'ils auoient failly le jeudy auparauant, le 21 decembre, dimanche, à huict heures du matin, enuoyerent quatre foldats, de ceux, qui eftoient dans Roüen, lors de la prife, jufques fur la plate forme, pres & à l'entrée du chafteau, laquelle depuis a efté reuettuë de pierres & de briques par le fieur de Sigongne le pere, auquel le Sr de Ricaruille fortant du chafteau, pour aller voir fes cheuaux, au lieu où on tient aujourd'huy franc marché, en la maifon appartenant au fieur Ellye Suzanne Senardant, quy les menoit, refpondirent qu'ils defiroient voir la place & s'arrefterent fur la dite plate forme où il y auoit quelques pieces de cannon chargées & amorcées. Ils l'attendirent jufques à fon retour. Luy, paffant outre, & comme fe deffiant de quelque chofe, dit à celuy quy l'accompagnoit : « ces ruftres là feroient auffy bien gens pour tuer vn capitaine que gens qu'on fçauroit trouuer!» Et à fon retour, voyant l'vn d'eux quy vouloit mettre le feu à l'vn des dits cannons, mit la main à l'efpée & s'auança pour l'en empefcher : mais l'vn des autres, nommé Jean Hocqueton, ayant empoigné vne hallebarde quy eftoit à l'entrée de la dite plate forme, luy en donna au trauers du corps, & les autres l'achéuerent à coup d'efpée, puis tirerent vn coup de cannon, au bruict duquel les dits Gafcon & Catteuille, quy eftoient en embufcade, affés proche, accoururent auec leurs gens, & à l'ayde de la plupart des foldats du fieur de

Charles IX
1562

Ricaruille, quy eſtoient de l'intelligence, ſe ſaiſirent du chaſteau. Le ſieur de Bacqueuille, auerty de ce quy ſe paſſoit, monta promptement à cheual, auec quelques vns de ſes domeſtiques, & des plus apparens de la ville, & en fort petit nombre, accoururent pour y donner ordre ; mais rencontrant le dit capitaine Gaſcon & les troupes au Puis Salé, & ne pouuant induire la bourgeoiſie à l'aſſiſter, d'autant que le dit Gaſcon les auoit deja preocupés, leur faiſant entendre que ce qu'il en faiſoit n'eſtoit que pour plus grande liberté de l'Euangile, & que la partye n'eſtoit pas eſgale. Il fut contraint de ſe retirer en ſon logis où, deſliberant auec les eſcheuins de ce quy eſtoit à faire en telle occurence, le dit capitaine Gaſcon entra en ſa chambre, accompagné de gens armés de piſtolets, interrompit ſa deliberation, & le faiſant monter ſur le cheual ſur lequel le dit Gaſcon eſtoit venu, l'amena au chaſteau ; mais ſur les quatre heures apres midy, il fut renuoyé à ſon logis, auec ſure garde &, le lendemain, il ſe retira en ſa maiſon de Bacqueuille ; ce quy fut au grand mecontentement des habitans quy portoient grande amitié aux dits ſieurs de Ricaruille & Bacqueuille, quy les maintenoient en grand repos, comme ils s'en plaignirent depuis au Roy, en ſe purgeant de la dite entrepriſe ; & il y eut meſme quelques vns des principaux en pays eſtrangers, de peur que l'on ne leur en imputat la complicité &, qu'à cette occaſion, on les mit en peine. Neamoins ils s'accomoderent au temps ; rapelant le sieur de St Paul, leur pasteur ; se saisissant des temples, & y celebrerent la cene le jour de Noël, 25 decembre en suiuant ; lesquels ils ne rendirent que par la paix.

Le 29 arriua le sieur de Montgommery (28) auec quantité de gentilhommes & gens de guerre, quy y sejourna viron deux mois, pendant lesquels il travailla fort les habitans par taxe, leuée de deniers, & par coruée qu'il faisoit faire aux fortifications; & les siens par exactions, pilleries & outrages, & notament par le meurtre commis en la personne du nommé Nicollas Selles, cannonnier de la ville, par l'enseigne du capitaine de Vouilly, pour ce qu'il reprenoit vn soldat de ce qu'il vouloit prendre deux cheuaux à vn pauure marchand, dont peu s'en falut qu'il n'arriuat grande sedition, dont les habitans firent plainte à M. l'Amiral, quy estoit alors à Caen, & se plaignoient, outre les choses cy dessus, principalement de ce que les nauires du sieur de Montgommery, qu'il esquipoit en guerre, ruinoient leur trafic & leur reputation enuers les estrangers, dont ils tiroient toutes leurs subsistances, & maintenoient eux & leur ville, & que, par ce moyen, ils estoient gourmandés & ruinés ; outre qu'ayant gouté la douceur du repos sous le gouuernement des sieurs de Ricaruille & de Bacqueuille, ils trouuoient d'autant plus estrange le gouuernement present. Mais ce n'estoit rien au prix des maux qu'ils experimenterent sous le gouuernement suiuant; & vaudroit beaucoup mieux au peuple, en telle ou

Charles IX
1562

1563

Charles IX
1563

semblable occaſion, d'employer liberallement vne partye de leurs moyens pour obtenir vne condition tolerable & aſſeurée, qu'en penſant garder tout, perdre tout; & la liberté & ſouuent la vie. M. l'Amiral, quoy que grand ennemy des deſordres & violences, & notament des gens de guerre, ſy eſt ce que conſiderant les grands ſeruices que le ſieur de Montgommery auoit rendu & rendoit encore à la cour; que la guerre ne le pouuoit maintenir ſans moyens, & que le bruiƈt des armes fait faire ſilence aux loix, il n'en fit autre ſemblant; mais l'ayant mandé ſous autre pretexte, & comme ayant beſoin de ſa perſonne aupres de luy (*), il partit de Dieppe, le 28 de feurier en ſuiuant, laiſſant la garde de

(*) Violences de luy & de ſes gens. Pendant qu'il y ſejourna, il fit vne aſſemblée de ville pour la tirer de la ſeruitude des Guiſes quy abuſoient du nom & de l'autorité du Roy, leur demanda ſy ſa venuë leur eſtoit agreable; & ſur le delai d'vn jour qu'ils demandoient pour y repondre, il print occaſion d'vſer de toute rigueur contr'eux; fit proceder à l'eſlection de nouueaux conſeillers; enuoya M. de Bacqueuille priſonnier au Haure; fit trauailler aux fortifications; leua 15,000 l. ſur les habitans; fit vendre les biens de pluſieurs catholiques quy s'eſtoient abſentés de la ville; leua deux compagnies de gens de pied Anglois & trois de François, auec vne compagnye de cheuaux legers, & fit vne forte guerre à ceux d'Arques; defit dans le bourg vne compagnye de gens de pied Picards qu'il tailla en pieces; aſſiegea & print par force la maiſon du ſieur d'Aſſigny, au comté d'Eu, & en tira nombre de grains; battit auſſy la ville d'Eu, auec deux cannons, mais n'y fit rien; y laiſſa vn de ſes cannons, qu'il dit s'eſtre rompu. Les habitans s'en pleignirent.

la place au sieur de Presles, auec cincq compagnies de gens de pied, & vne d'argoulets à cheual.

Le 6 de mars, parurent bien sept ou huict mille hommes à la portée du cannon, quy furent salués & escartés à la Diane, par le cannon de la ville. On crut que c'estoit quelque entreprise pratiquée par le marechal de Brissac (29), gouuerneur de Rouen, dont les capitaines Carel, La Mule, Hocqueton & vn portier ordinaire de la ville furent soubsonnés ; mais il n'en fut rien decouuert.

Le lendemain, arriua le sieur de Gausseuille (30), enuoyé de la part de M. l'Amiral, pour commander à la ville. Il renuoya le sieur de Presles & ses gens, & gouuerna au contentement des habitans (*), jusques au 15 d'auril en suiuant que le sieur de La Curée, gentilhomme ordinaire de la chambre du Roy, fut receu en sa place.

Dès qu'il fut arriué, il fit tenir assemblée de ville, & dit que M. le Prince l'auoit enuoyé pour leur aporter nouuelle de la paix, laquelle quoy que moins aduantageuse que par l'edit de januier, ils auoient esté

(*) Le marechal de Brissac, gouuerneur de Rouen, gagna quelques personnes dans Dieppe, esperant surprendre la ville ; dont furent soubsonnés vn nommé Carel, sergeant major ; le capitaine La Mule ; Hocqueton, & vne partye de la ville ; de sorte que cette entreprise estoit tenuë sy certaine qu'on y venoit de pres & de loin, comme à vn pillage asseuré ; mais les Dieppois, ayant esté aduertis de l'heure que l'ennemy deuoit venir, se rangerent auec tant d'ordre sur les murailles que l'entreprise echoüa.

obligés d'accepter, sous esperance qu'elle seroit de durée & mieux obseruée, les ennemis de la verité n'ayant peu souffrir les trop grands aduantages qu'ils disoient que ceux de la religion auoient par l'edit; qu'en tout cas vne paix auec la liberté de conscience estoit toujours preferable à vne guerre desauantageuse & incertaine; qu'ils ne perdoient rien par la paix, ayant les mesmes aduantages qu'ils auoient par l'edit; & partant qu'ils en deuoient rendre graces à Dieu.

On poura mieux voir par la requeste qu'ils presenterent au dit sieur de La Curée, au lieu de reponse, & par deux misiues, vne qu'ils enuoyerent à M. le prince de Condé, & l'autre à la Reyne Mere, quel estoit alors l'estat de la ville & de l'esglise, qu'on ne le pouroit exprimer; telles pieces estant plus autentiques & certaines;

« Messieurs. Les Conseillers, Manans & Habitans de
« la ville de Dieppe, après auoir veu & entendu ce
« qu'il vous a plû leur proposer en vertu de la charge
« à vous donnée par le Roy, la Reyne sa mere, & M. le
« prince de Condé, lieutenant general du Roy & re-
« presentant sa personne partout le royaume, païs,
« terres & seigneuries, quy est pour faire publier l'edit
« du Roy touchant la pacification des troubles passés,
« & declarer la volonté de sa Maïeste aux dits habi-
« tans, pour le fait de leur gouuernement, vous font
« humble reponse qu'ils n'eussent peu receuoir plus
« joyeuse nouuelle, ny chose plus desirée par eux, que

« le bien de la paix & tranquillité publique, qu'il a
« plû à Dieu enuoyer en ce royaume, dont ils luy
« rendent graces immortelles, laquelle ils mettront
« peine de garder comme vn trefor inneſprimable, & ſe
« contenir en la ſuieſtion & obeïſſance qu'ils doibuent
« à la maïeſté du Roy, ſe ſoumettant en tout & partout
« à ſon bon plaiſir, quand au fait de leur gouuerne-
« ment ; le ſupliant neamoins tres humblement qu'il
« luy plaiſe leur bailler en cette ville vn capitaine de
« leur religion, afin qu'ils ſoient plus enclins & affec-
« tionnés à luy obeïr, & qu'il ait auſſy meilleur moyen
« de tenir en bride ceux de la religion contraire, quy
« ne ſe voudroient ranger à ſon obeïſſance, d'autant
« qu'ils ſont en beaucoup plus petit nombre que les
« autres, & d'autant que cette ville eſt du nombre de
« celles auxquelles il plait au Roy que l'exercice de la
« Religion Reformée ſoit continué en vn ou deux
« lieux, tel ou tels qu'il plaira au Roy ordonner. Les
« dits Manans, Habitans vous ſuplient, Monſieur,
« qu'il vous plaiſe faire entendre à ſa Maïeſté qu'il y
« a vn an ou enuiron qu'ils ſont en poſſeſſion du
« temple de St Jacques, où ils ont durant ce temps fait
« & continué l'exercice de la dite religion, & que la
« predication de l'Euangile a fait vn tel fruict en la
« dite eſgliſe que l'idolatrye en eſt entierement bannye ;
« tellement que durant le dit temps, il ne s'eſt offert
« vn ſeul preſtre pour y dire meſſe, encore que l'on n'y
« eut donné aucun empeſchement, & a eſté la plus

Charles IX
1563

« grande part du peuple de la ville conuerty & ad-
« joint à l'Euangile; mefme vne fy grande multitude
« qu'il ne fe trouuera en la dite ville vn lieu ou deux
« baty & couuert, fufifant pour les receuoir, que le
« dit temple. A ce qu'il plaife au Roy leur permettre
« & octroier qu'ils puiffent retenir le dit temple de St
« Jacques, pour l'effet que deffus, laiffant le temple de
« St Remy, quy refte en la dite ville, à ceux quy vou-
« dront viure en la religion de l'efglife Romaine, quy
« font tous gens de baffe condition, & en fy petit
« nombre, que le dit temple de St Remy eft beaucoup
« plus grand qu'il ne leur faut. C'eft pourquoy la plus
« grande partye des habitans quy doit emporter l'autre,
« & dont les predeceffeurs ont fondé, edifié, donné, &
« augmenté le dit temple (pourquoy il n'eft pas raifon-
« nable de les en priuer du tout) fera dedommagée des
« frais qu'il conuiendroit faire pour batir autre lieu;
« & ce fera le vray moyen de contenter les deux par-
« ties, & les tenir & faire viure enfemble en vnion &
« accord: joint à cela, qu'il n'y a en la dite ville au-
« cuns religieux, chanoines ny autres ecclefiaftiques
« quy y puiffent reclamer ou contredire; que les cu-
« rés, & que le curé du dit benefice de St Jacques n'y
« peut prétendre grand intereft ou prejudice, parce
« qu'il n'y a aucunes difmes ny reuenu temporel au
« dit benefice, mais feulement le baifemains & autres
« menuës obligations, quy font venuës prefque à
« neant, & qu'au dit benefice de St Remy, il y a difmes

Charles IX
1563

« quy demeurent au curé, d'autant que la paroisse
« s'etend hors la ville, jusques aux champs & terres
« labourables. Finallement, Monsieur, les dits Manans
« & Habitans vous suplient que vous trouulez le moyen
« de faire retirer hors de ce païs les gens de guerre,
« quy ne seruent qu'à le gater & detruire, & quy pou-
« roient donner occasion de nouueaux troubles, comme
« ceux du chasteau d'Arques & de Longueuille ; & les
« Allemans quy tiennent les champs ; & faire déchar-
« ger & exemter les dits Manans & Habitans de toutes
« garnisons, suiuant leurs priuileges, afin que desor-
« mais ils puissent viure paisiblement en la liberté que
« le Roy leur promet; & vous ferés bien, & seront les
« dits Habitans tenus & obligés de plus en plus de
« prier Dieu pour la prosperité de l'Estat, du Roy,
« de la Reyne Mere & de nos Seigneurs du conseil. »

Suit la teneur de la lettre adressée à M. le prince de Condé, qu'ils luy enuoïerent par vn gentilhomme de la maison de Bacqueuille, de la branche de Benouuille, apelé Nicolas Leconte :

« Monseigneur. Vous pourés entendre plus ample-
« ment par le sieur de La Curée, comme promptement
« à vous obey, à ce qu'il a voulu dire de la part du
« Roy & de vous, Monseigneur, ne pouuant auoir
« reçeu meilleure ny plus heureuse nouuelle que
« d'auoir ouy que votre cause, c'est à dire celle de Dieu
« & du Roy, à l'honneur de vous & des votres, & au
« repos de nous autres pauures peuples, vos très affec-

Charles IX
1563

« tionnés. Mais comme nous y sommes paruenus par
« votre moyen, auſſy, nous vous ſuplions tres hum-
« blement y eſtre auſſy, par vous meſme, maintenus
« & parce que nous auons principalement beſoin d'vn
« gouuerneur pour icy, il vous plaiſe, Monſeigneur,
« nous le faire donner tel, que la diuerſité de religion
« ne ſoit cauſe que nous fuſſions moins vnis, vous
« aſſeurant que l'Euangile a tellement profité dans ce
« lieu, qu'il ne ſemble pas qu'il y ait aucuns Papiſtes,
« ou s'il y en a, c'eſt en ſy petit nombre & de ſy viles
« perſonnes, qu'ils n'aparoiſſent ny ne ſe mettent aucu-
« nement en effet de paroiſtre ; de ſorte que, graces à
« Dieu, nous viuons tous librement & paiſiblement.
« Mais pour que certaines compagnies de gens de
« guerre, nous eſtant ſuſpectes pour les raiſons que le
« porteur vous deduira, ſe ſont approchées de cette
« ville & y demandent entrée, quy pouroit changer
« notre repos en quelque trouble, nous vous ſuplions
« qu'il vous plaiſe d'ouïr ce qu'auons donné charge,
« au preſent porteur de vous remontrer ſur cette
« affaire ; & nous, de nous ſeruir par vos bonnes
« graces ſi benignement que le Roy, ainſy que tous
« ſes predeceſſeurs, ſe veuille fier à nous de la garde
« de cette ville, ſans auoir garniſon de ſoldats, prin-
« cipalement de diuerſe religion. Auſſy, Monſei-
« gneur, pour ce qu'il nous ſeroit impoſſible de trouuer
« autres lieux aſſés ſpacieux pour la multitude de
« fidelles, que nous ſommes dans ce lieu, nous vous

« suplions pareillement qu'il vous plaise nous faire
« donner l'vn des deux temples de cette ville, lequel nous
« tenons, il y a plus d'vn an & jusques aujourd'huy
« sy paisiblement que personne ne s'en offence, parce
« que l'autre peut plus que suffire aux Papistes, quand
« ils voudront recommencer l'exercice de leur religion;
« vous asseurant, Monseigneur, que, par ce moyen,
« vous aurés encouragé de plus en plus le peuple de
« cette ville à s'employer, ainsy que nous tous, au
« seruice du Roy & de vous, Monseigneur, auquel,
« Monseigneur, presentons nostre tres humble recom-
« mandation à votre bonne grace, priant Dieu, le
« Createur, qu'il vous donne la sienne en bonne &
« longue prosperité. Dieppe, ce mardy, 20 auril
« 1563. »

Charles IX
1563

La teneur de la lettre qu'ils enuoyerent à la Reyne Mere, par Matias Eudes, Sr de Veules, lieutenant au gouuernement de Dieppe, qui estoit telle :

« Madame. Ayant obey tres promptement à la vo-
« lonté du Roy, & de vous, de faire cesser toute hostil-
« lité entre nous, & poser les armes. Nous sommes
« graces à Dieu, pour votre heureux gouuernement,
« en telle tranquillité & vnion, pour ce jourd'huy,
« auec tous nos voisins, que nous n'auons plus rien
« à desirer, sinon d'estre maintenus longuement en
« cet estat; ce que nous esperons par votre moyen.
« Mais pour ce que certaines compagnies de gens de
« guerre nous estant suspectes, pour les raisons que le

« porteur vous dira amplement, se sont aprochées de
« nous, & demandoient entrée en cette ville, ce quy
« pouroit changer notre repos en quelque trouble ;
« nous suplions tres humblement, qu'a l'exemple de
« tous nos rois, vos predecesseurs, lesquels s'estant tou-
« jours confiés en notre fidellité, dont ne leur est ad-
« uenu aucune faute, nous ont jusques à votre regne
« exemtés de garnisons. Qu'il vous plaise nous con-
« tinuer ce priuilege, & nous asseure que vous y tenés
« des forces assés sufisantes & tres asseurées : à sçauoir
« les braues & tres fidelles volontés de tout le peuple en-
« uers vous, auquel vous accroissés encore le courage
« de l'employer comme ils doibuent à votre seruice. Il
« vous plaise leur octroier pour l'exercice de la Reli-
« gion Reformée, l'vn des temples de cette ville, comme
« ils en ont esté paisiblement en possession par plus
« d'vn an. Nous vous en suplions aussy tres humble-
« ment, vous asseurant que c'est vn moyen de les en-
« courager de plus en plus, & au repos de tous, & sans
« facherye ny dommage de personne. Madame, nous
« nous recommandons tres humblement à vostre bonne
« grace, & prions Dieu qu'il vous donne bonne &
« longue prosperité. De Dieppe, le 20 auril 1553. Vos
« tres humbles & tres obeissans seruiteurs & sujets, les
« habitans de la ville de Dieppe. »

Mais quelque furent les reponses quy leur furent faites alors, ils n'obtinrent aucunes des fins de leurs requestes, car après la redition du Haure de Grace, au commencement d'aouft en fuiuant, que M. le Prince auoit mis es mains de la Reyne d'Angleterre, pour affeurance du fecours qu'elle luy donnoit, & ayant fait fa paix fans l'y comprendre, dont il fe repentit apres, tout à loifir, la dite Reyne luy reprochant cette action, &, à cette occafion, lui refufant le fecours dont il auoit befoin. Le Roy, accompagné de la Reyne fa mere, du conneftable de Montmorency, du marechal de Briffac & autres feigneurs, fit fon entrée à Dieppe, le 3 aouft 1563 ; au deuant defquels allerent les habitans, tous de la religion, plus de demy lieuë, en armes, plus de mil ou douze cens hommes, la plupart auec des arquebufes ; ce quy eft marqué parce qu'elles eftoient alors peu en vfage & particulierement entre les bourgeois de ville. A fon arriuée, ils mirent ceux de la Religion Romaine en poffeffion de leurs temples, & la Reyne Mere ayant demandé au fieur de La Curée [31], alors capitaine & gouuerneur de la ville & du chafteau, de quelle religion il eftoit, il luy repondit franchement qu'il eftoit de la Religion Reformée, en laquelle il defiroit viure & mourir, fous l'obeïffance du Roy ; a quoy la dite dame ayant repliqué que le Roy n'entendoit point auoir de capitaines en fes villes d'autre religion que la fienne, luy fit commandement de fe retirer ; ce qu'il fit incontinent. Ainfy, le dit fieur de La Curée partit, ayant efté viron quatre mois au gouuernement. Il eftoit vn gentilhomme de bonne & ancienne maifon, doué d'excellentes qualités, braue & vaillant,

Charles IX.
1563

sage & moderé, eſquitable, & d'vne probité exemplaire: bref, il auoit toutes les quallités propres pour gouuerner vn peuple. Ce n'eſtoit pas de telles gens dont on ſe vouloit ſeruir alors.

Au lieu duquel, il fut poſé au gouuernement, René de Beauxoncles, Sr de Sigongne, à la recommandation du ſeigneur de Briſſac, lieutenant au gouuernement de la prouince, duquel il eſtoit domeſtique, faſçonné de ſa main, & quy auoit eu la conduite de ſon fils, à Paris & ailleurs, & propre à executer ſes deſſeins.

Dès le 18 de januier precedent, jour de mardy gras 1563, que l'on comptoit encore comme eſtant deuant paſques, M. de Guiſe, quy auoit eſté cauſe de l'infraction de l'edit de januier & de la rupture de la paix, ayant eſté bleſſé par Poltrot (32) deuant Orleans, qu'il tenoit aſſiegé, auec le frere du Roy, dont il mourut le 24 du meſme mois, fit que la paix, dont il a eſté parlé cy deuant, fut concluë, les 13 & 18 mars en ſuiuant, mais ne fut publiée qu'à la fin d'auril, &, par icelle, liberté de conſcience accordée à tous, auec l'exercice de la religion es maiſons de ceux quy auoient haute juſtice ou plein fief de haubert pour tous venans; & de ceux quy auoient juſtice ſimplement, pour eux, leurs familles, & juſques à 30 perſonnes, lors de la celebration des mariages, bateſmes de leurs enfans; & pour tous les autres, vn lieu en chacque baillage, excepté la ville & preuoſté de Paris, dont Goderuille fut pour le Baillage de Caux, & oùtre les places quy auoient eu l'exercice depuis le

7 mars precedent, dont Dieppe en eſtoit vne, & ainſy l'exercice y eſtoit conſerué par le dit edit.

Charles IX
1563

Mais les habitans ſe voyant deſtitués de lieu pour y faire le dit exercice, par la redition des temples, qu'ils auoient eſté obligés de remettre es mains de ceux de la Religion Romaine, ſur la requeſte preſentée en leur nom, par M. le prince de Condé, obtinrent du Roy, le 5 aouſt 1563, conformement à l'edit, vne maiſon ſiſe vis à vis du lieu où a eſté depuis conſtruite la fontaine de la ruë d'Eſcoſſe, de l'autre coſté de la ruë, vulgairement nommée des Charités, pour y faire l'exercice de la dite religion; & le 22 de nouembre en ſuiuant, ils en furent mis en poſſeſſion, par Meſſieurs Jacques Viole, & Jean de La Gueſle, conſeiller en la cour du parlement à Paris, & conſeiller deputé pour l'execution de l'edit, nonobſtant le contredit par Nicolas Diacre, Nicolas Vierge, & Jacques Foſſé, pour lors adminiſtrateurs des quatre Charités de Dieppe, auquel la dite maiſon appartenoit; à la charge de payer les rentes reelles & foncieres duës par la dite maiſon, & que ſy elle eſtoit chargée de quelque obit, ils mettroient annuellement es mains des maitres des dites Charités les deniers qu'il conuiendroit pour le celebrer (*).

Mais quoy qu'ils euſſent eſté mis en poſſeſſion de la

(*) En cette année, les Reformés dreſſerent un colege pour l'inſtruction de leurs enfans; mais comme les Regens prenoient 25 sols par mois de chaque enfant, ils furent apelés au Conſistoire, le 15 juillet, pour les engager à prendre moins.

Charles IX
1563

dite maison, par les commissaires, & qu'ils en jouissent, ce ne fut pourtant pas paisiblement, les maitres des dites Charités leur sucitant journellement quelques troubles & procés, tant à cause des dites charges reelles & foncieres que du dit obit, jusques à ce que les Anciens de l'esglise, & les maitres des Charités de St Jacques & de St Remy, eurent choisy pour arbitre de leurs differens Messire Jean de Mouy, Sr de la Mailleraye (33), cheuallier de l'ordre du Roy, vice amiral de France & lieutenant de sa Maïesté au Baillage de Caux & de Gisors, sous compromission du 21 aoust 1563; lequel, par sentence, du 24 decembre en suiuant, ordonna que ceux de la religion pouuoient reedifier & construire la dite maison en la forme qu'ils auiseroient raisonnable & conuenable, pour l'exercice de leur religion, en payant annuellement es mains de Messieurs des Charités, par forme de pensions & louage, la somme de cinquante & cincq liures tournois pour toutes rentes & charges, dont ils demeureroient dechargés, mesme de l'obit, duquel la maison estoit chargée. Et quoy que les dits maitres des Charités ne s'en tinrent pas à la dite sentence, sy est ce que ceux de la religion en jouïrrent & payerent les dites cinquante cincq liures es années 1564, 65, 66 et 67, jusques à la prise & sac de la ville.

Pendant toute la dite année 1563, M. Nicolas Letellier assista le S^r de St Paul comme pasteur supernumeraire en l'esglise de Dieppe & jusques à ce qu'il fut enuoyé à l'esglise de Ruë : & dans le mesme temps il y auoit auſſy vne eſgliſe à St Aubin ſur Arques, vulgairement dit St Aubin le Cauf, à deux lieuës de Dieppe, en la maiſon du ſieur Deſmarets, en vertu de ſon priuilege & dont Mᵉ Jean de Monange (14) eſtoit paſteur (*).

Le ſieur de Sigongne, quy de vallet qu'il auoit toujours eſté, ſe voyant inſtallé au gouuernement d'vn chaſteau & d'vne citadelle conſiderable, comme il a eſté dit cy deſſus, ne penſa à autre choſe qu'a s'y maintenir; & ſachant bien que le gouuernement eſtoit alors annexé à la charge d'amiral, & que ſy M. l'amiral de Chatillon, quy eſtoit eſloigné de la cour, eut eſté preſent & en l'autorité de ſa charge, il n'eut pas permis que le gouuernement luy en eut eſté baillé, & quand il ſeroit remis en grace, il voudroit auſſy rentrer dans ſes droits, & y poſer vn capitaine de ſa main, n'y voit point de meilleur moyen que de s'accomoder au temps, diſſimuler & gagner les principaux des habitans, ce qu'il obtint aiſement, en les gouuernant auec douceur,

Charles IX
1563

(*) Auſſitoſt que l'on eut obtenu du Roy la maiſon des Charités pour faire vn temple, les paſteurs exorterent les particuliers de contribuer particulierement à vne œuure ſy ſainte; & on enchérit les deuantures de 300 l. pour leur location, & on s'en ſeruit pour conſtruire vne grange à Janual pour la conſtruction du temple des Charités. Ceux quy gouuernoient l'eſgliſe auoient ſoin de dreſſer des memoires ſur ce quy s'y paſſoit. Le 4 aouſt, le ſinode Nationnal deuant ſe tenir à Lyon, Mʳ Nicolas Letellier y fut enuoyé par l'eſgliſe de Dieppe, &, à ſon retour, il fut enuoyé à l'eſgliſe de Rué & remercié par l'eſgliſe de Dieppe. En ce temps là, les gages des Paſteurs ſe montoient à 300 l. par an.

Charles IX 1563

& se familiarisant auec eux, mesme auec le sieur de St Paul, pasteur, le traitant souuent à sa table; leur faisant entendre les grandes inclinations qu'il auoit à faire profession de la religion; n'attendant que le temps propice, jusques à ce qu'il alloit quelquefois ouïr prescher le dit sieur de St Paul, & voir celebrer la cene, se mettant en quelque maison voisine d'où il pouuoit ouïr tout ce quy se disoit, & voir tout ce quy se passoit, sans estre aperçeu. Il sçeut sy bien feindre & dissimuler que la plus grande part crut qu'il parloit à bon escient, & que veritablement il estoit tel qu'il le disoit; ce quy fit que sitost que M. l'Amiral fut rentré en grace, & qu'il pensoit à y mettre vn autre homme pour gouuerneur, & duquel il se peut asseurer, que Sigongne obtint des plus notables de la ville, & notament des escheuins, lettre de recommandations à M. l'Amiral, le priant de le laisser pour gouuerneur. L'Amiral respondit que les Dieppois ne sçauoient ce qu'ils demandoient, & qu'ils faisoient comme les grenouilles de l'apologie quy ayant demandé vn Roy à Jupiter, il leur donna vne sigongne quy les deuorast tous, &, neamoins, il le laissa au gouuernement à leur requeste; peut estre pensant qu'il l'en tireroit bien toujours quand il voudroit, s'il ne s'y comportoit comme il deuoit; ce quy pourtant ne fut pas apres en sa puissance. Et il est à remarquer que Sigongne se deffit de tous ceux qui auoient escrit en sa faueur; la plupart sous pretexte de l'entreprise de Catteuille, comme il

fera dit cy apres, & les autres par autre moyen. Mais Charles IX
il n'eut point de repos qu'il ne fe foit deffait de tous, 1563
& qu'ils ne fuffent tous morts de mort violente.

L'exercice de la religion fe continuant toujours en
la maifon des Charités, & l'efglife eftant groffe & popu-
leufe, requit encore vn pafteur : c'eft pourquoy on y
reçeut encore pour pafteur, auec M. de Saint Paul (35),
M. Touffaint Tiboult (36), natif de Criel, quy auoit efté
docteur en Sorbonne & chanoine theologal à Touloufe,
dont il s'eftoit retiré dès les premiers troubles, pour ce
qu'il eftoit foubfonné de fauorifer la religion, & qu'il
faifoit alors fa refidence à Dieppe, où il en faifoit profeffion ouuerte. Eftant appellé à la charge, il fut quef-
tion, fuiuant l'ordre & la difcipline ecclefiaftique, de
le prefenter au colocque de la claffe de Caux, pour y
propofer & fubir l'examen, auquel il comparut ; mais,
eftimant que ce fut chofe indigne de la grandeur docto-
rale, il refufa l'vn & l'autre abfolument ; & tout ce
qu'on peut obtenir de luy fut de faire quelques leçons,
& quoy que l'on vit bien que cela ne fufifoit pas pour
y obferuer & garder l'ordre & police de l'efglife, & que
mefme il s'y porta auec tant d'infolence qu'il eftoit aifé
dès lors de juger ce qu'il en arriva depuis ; fy eft ce
que ceux de Dieppe le demanderent auec tant d'inftance
qu'il le leur falut accorder pour pafteur ordinaire,
auec le dit fieur de Saint Paul, en feurier 1564, où 1564
en l'exercice de fa charge, il fe porta auec plus d'often-
tation que de doctrine & de pieté, & plus curieux de

s'infinuer en la bonne grace de fes auditeurs, & notament des femmes, que de leur inftruction, & edification de l'efglife; & encore qu'il eut, à ce qu'il fembloit, renoncé aux erreurs de l'efglife Romaine, il n'auoit point pourtant quitté les vices dont fa vie paffée eftoit entachée. Eftant accufé d'abufer par incontinence d'vne certaine femme de l'efglife, du commencement, tout honteux & comme furpris, ne le nia point, mais le confeffa tacitement à deux Anciens que le confiftoire auoit deputé vers luy pour luy en parler, & remontrer le fcandale qu'a porté à toute l'efglife fa frequente & licenfieufe conuerfation auec cette femme; auquel il repondit comme vn homme conuaincu, promettant faire mieux à l'aduenir, & enfin leur dit ces mots : « Mal vit quy ne s'amende. » Mais apres auoir raffeuré fon front, banny toute honte, & conferé auec fes plus confidens, il nia effrontement, encore qu'il y eût des preuues autant qu'on en pouuoit auoir en tel cas; & gagna tellement les particuliers de l'efglife, leur faifant croire que c'eftoit calomnye & bruict pour le defbouter de fa charge, & en attira tant à fon party qu'il fut impoffible de les defabufer; & le dit fieur Tiboult s'en print premierement au fieur de Saint Paul, fon colegue, & puis à quelques Anciens de l'efglife en particulier, & enfin à tout le confiftoire en corps, fe fentant fauorifé du peuple, quy fe laiffe aifement emporter aux aparences, pour les artifices dont il ufoit en la chaire, ayant vne grande facilité de s'exprimer auantageufement, ce quy cauſa de tres grandes & pernicieuſes diuiſions, tant en l'eſgliſe qu'au gouuernement politique de la ville, quy lors eſtoit entre les mains de ceux de la religion. Les vns diſoient qu'ils eſtoient de Paul, & les autres de Cephas. Mais comme il arriue en telle occurence, la moindre partye eſtant la plus forte & ſuiuye de la plupart du peuple, l'eſgliſe eſtoit en perpetuelle agitation, les paſteurs ſe picotant l'vn & l'autre en leurs ſermons, & le peuple faiſant encore pire en leurs conuerſations, & venant ſouuent à des paroles tres rudes & facheuſes; en ſorte que ce mal aportoit plus de domage à l'eſgliſe que n'eut fait vne rude & griefue perſecution. Ce que voyant, Sigongne, fin & cauteleux comme il eſtoit, & que ce luy eſtoit vn moyen pour paruenir à ſes deſſeins, ruiner les vns les autres, par eux meſmes, & s'enrichir de leurs deſpouilles, ſouffloit ce feu de toute la force de ſes poulmons, faiſant ſemblant de fauoriſer tantoſt l'vn & tantoſt l'autre des parties, par luy meſme & par de certains flateurs, dont il ne ſe voit que trop en pareilles occaſions, quy ne ſe ſoucient d'engager leurs corps & leurs ames, & ruiner leur patrye, pour acquerir la faueur des gouuerneurs, & quy, neamoins, par vn juſte jugement de Dieu ſont ſouuent les premiers quy en experimentent toute l'injuſtice & la violence (*).

Charles IX
1564

1565

(*) Au dit mois d'auril de cette année 1565, le capitaine Jean Ribaut partit de Dieppe pour aller au Breſil, auec quelques

L'efglife donc, & par confequent la ville, comme l'vne & l'autre ne faifant alors prefque qu'vn mefme corps, furent quelques années agiftées de ces troubles & defordres inteftins, outre les affauts exterieurs des ennemis, fans qu'on y peut donner aucun ordre, quelques peines que priffent les colocques & finodes, & quelques dilligences qu'ils y aportaffent, d'autant que le mal venoit d'où on deuoit attendre le remede, & qu'en telles occurences les plus fages & les plus moderés, quy donnent les meilleurs aduis, & les plus falutaires confeils, font ceux quy ordinairement font les moins crus ; au contraire les plus turbulans & eftourdis font le plus fouuent ceux quy s'en font le plus acroire & entrainent la plus grande partye apres eux. Mais tout royaume, dit l'Oracle, diuifé contre foy mefme fera defolé. Cependant le renard ne dort pas, il attend patiemment le temps & l'occafion qui s'offre. Enfin en l'an 1567, viron à la St Michel, M. le prince de Condé, pour les trop ordinaires infuportables infractions de l'edit, print les armes. Le Roy, où plutoft ceux quy gouuernoient l'eftat fous fon nom, l'ayant declaré rebelle & criminel de leze maïefté, & tous ceux quy le fuiuoient, prend neamoins en fa protection ceux de la

nauires. Il fit defcente à la Floride où il fut defait par l'armée Efpagnole, pris & tué de fangfroid par les Efpagnols. — Le 13 juin de l'année 1566, on fit vne collecte, dans l'efglife de Dieppe, en faueur des fidelles d'Auignon qui implorerent l'affiftance des efglifes reformées de France. La dite efglife donna 100 l, religion quy fe contiendroient en paix & demeureroient en leurs maifons ; promet de les maintenir en la liberté de leur confcience & l'exercice libre de leur religion, fuiuant les edits : artifice dont on s'eft toujours feruy pour les diuifer & pour leurer les plus credules, quy au fond ne pouuoient efperer de plus aduantageufes conditions que celles que Polipheme promettoit à Vliffe : qu'il feroit mangé le dernier de tous fes compagnons.

Le fieur de Sigongne prend cette occafion aux cheueux, fe prefente à l'Hoftel de ville, reprefente la declaration, exagere, auec beaucoup de belles paroles, la bonne volonté du Roy enuers ceux de la religion, quy fe tiendroient dans le deuoir, & quy ne fauoriferoient, ny de fait ny de confeil, ceux de leur profeffion quy auoient prins les armes ; les exorte & conjure de fe tenir dans l'obeïffance ; leur promet, auec beaucoup de fermens, de les maintenir & entretenir en la liberté de la confcience, & en l'exercice libre de la religion ; que fy quelqu'un, quel qu'il fut, les vouloit inquieter pour ce fuïet, affeure de les proteger & deffendre, & y employer auec eux jufques à la derniére goute de fon fang. Encore que tous connuffent affés les trop frequentes infractions aux edits ; la juftice des armes de M. le Prince, & de ceux quy suiuoient son party ; que les plus cleruoyans fçeuffent affés que ceux quy gouuernoient l'eftat ne leur vouloient pas plus de bien qu'aux autres de leur religion, & qu'ils ne doutaffent plus de la mauuaife volonté du dit Sigongne en particulier; fy eft ce qu'en confiderant leur condition prefente, qu'ils eftoient bridés par vn chafteau & vne citadelle, auec vne forte garnifon ; que les gentilhommes voifins, de leur profeffion, s'eftoient retirés vers M. le Prince; que tout le pays aux enuirons leur eftoit contraire, &, de plus, leurs propres diffenfions, quy faifoient qu'ils n'ofoient ny ne pouuoient fe fier les vns aux autres, fe refolurent de promettre de demeurer en l'obeïffance qu'on requeroit d'eux : ce qu'ils obferuerent auffy fort religieufement. Mais quand on veut tuer fon chien, on luy impute qu'il eft enragé. Sigongne, voïant fes deffeins fy bien acheminés, jugea qu'il eftoit temps de jouer la tragedye, dont pourtant la cataftrophe eut efté funefte à luy & aux fiens, s'il eut rencontré des gens quy euffent eu la tefte auffy bonne que le cœur.

C'eft veritablement vne chofe prodigieufe, quand ceux à quy on a commis la garde des places, & la conferuation des peuples, les pillent eux mefmes ; c'eft pourtant ce que fit alors Sigongne, quy de bas lieu, pauure & chetif, eftant paruenu au gouuernement d'vne bonne ville, au lieu de conferuer & maintenir les habitans en affeurance & tranquillité, comme le Roy luy auoit commandé, fe refolut de les piller & les ruiner entierement, & pour y paruenir il falloit fe rendre maitre d'eux de gré ou de force : de gré, il n'y auoit nulle aparence, & de force, il eftoit difficile & dangereux ; c'eft pourquoy il fe refolut de coudre vne piece à la peau du Renard, où celle du lion ne pouuoit ateindre.

Charles IX 1567

Les raisons quy le porterent à ces excés ne furent pas celles que quelques vns des partisans de Sigongne ont voulu faire croire. La crainte qu'il eut qu'en vn regne confus & remply de factions & partis, sous vn Roy fort jeune, quelques gentilhommes de la religion, sous la faueur & intelligence des habitans, se rendissent maitres de la place & le depossedassent, comme auoient fait quelques années auparauant le capitaine Gascon & le sieur de Catteuille, dont il n'y pouuoit auoir nulle aparence pour les raisons cy dessus dites: ny mesme la haine irreconciliable qu'il portoit à ceux de la religion, dont presque tous les habitans faisoient profession & notament les Escheuins, tant anciens que modernes, le Procureur Sindic, les Quarteniers, le Capitaine des bourgeois, bref tous les plus aparens de ceux quy auoient l'autorité, soit en la police, soit en la justice; mais vne extreme & insasiable auarice, quy le transportoit d'vn desir ardent & effrené de posseder des biens, & de s'enrichir des despouilles des habitans quy estoient estimés riches, comme en effet ils l'estoient en meubles, à cause du trafic & de la nauigation, & notament quelques estrangers Flamands quy lors estoient demeurant à Dieppe, soit à cause de la liberté de la religion, soit pour la comodité du trafic, quy ne furent nullement oubliés au sac & pillage de la ville.

Pour donc jouer son rolle, & faire autoriser son entre-

Charles IX
1567

prife, il fait entendre au confeil du Roy que fa maiefté ny luy n'eftoient nullement obeïs en la ville, quy n'eftoit remplye que d'Heretiques & de rebelles ; que luy ny la garnifon n'eftoient en aucune affeurance au chafteau ; que les habitans ne faifoient journellement qu'epier l'occafion de s'en faifir, & luy en faire autant que, peu d'années auparauant, ils auoient fait au fieur de Ricaruille ; ce qu'il perfuada aifement à ceux quy, tranfportés de haine & de rage contre ceux de la religion, furent incontinent portés à le croire, nonobftant le peu d'aparence qu'il y auoit à de pareilles allegations, & pourtant donnerent commiffion au fieur de la Mailleraye, lieutenant pour le Roy, au baillage de Caux, de l'affifter de fa perfonne, & d'vn regiment de gens de pied. Mais Sigongne cognoiffant le courage & la refolution des habitans, & que, s'ils auoient cognoiffance de fon deffein, ils ne fe laifferoient pas prendre fans moufles, conduifit fon entreprife le plus leftement qu'il luy fut poffible, pour les prendre à depourueu & les charger lorfqu'ils y penferoient le moins, les entretenant de belles paroles & promeffes dont il n'eftoit nullement chiche. Mais d'autant qu'il falloit leuer des hommes & que mefme on en leuoit au pays de Caux, l'entreprife ne peut eftre fy fecrete qu'ils n'en euffent le vent, & mefme ils furent aduertis, de diuers endroits, que c'eftoit contr'eux que ces preparatifs fe faifoient, & que c'eftoit à eux qu'on en vouloit : mais luy, au contraire, leur faifoit croire que c'eftoit pour Roüen, les amufant toujours de beaux difcours, de fermens & de promeffes, lefquels il reitera folennellement, le 25 d'octobre, deux jours deuant l'execution, qu'ayant mandé les principaux au chafteau, il fe pleignit des bruicts que quelques perturbateurs du repos public, ennemis de luy & des habitans, faifoient courir à fon prejudice, comme s'il eut eu quelque mauuais deffein à l'encontre d'eux & de leur ville; protefte que ce font toutes chofes fauffes & controuuées, pour femer de la diuifion entre luy & eux, & le rendre odieux à tous; fait des fermens horribles qu'il n'en eft rien, au contraire, qu'il eft preft d'employer fa vie pour leur conferuation; que fy ils ont le moindre doute ou foubfon de luy, il eft preft de mettre fa femme & fes enfans en otage entre leurs mains: bref leur offre en aparence toutes les affeurances qu'ils euffent peu defirer; ce quy ofta, ou pour le moins diminua de beaucoup le foubfon. Mais la plus forte raifon eftoit que Dieu les vouloit chatier du mepris qu'ils auoient fait de fa parole, ou de leurs difcuffions, & de leur arrogence & prefomption, fe fiant trop à leurs forces.

Cependant le fieur de la Mailleraye eftant entré au chafteau par la citadelle, la nuict d'entre le 26 & 27 d'octobre, veille de la fefte de St Simon St Jude, jour deftiné pour l'execution, auec vn regiment de 1200 hommes de pied, fans qu'aucun de la ville en fçeut rien, Sigongne, dès le matin, le traite magnifiquement, & fes capitaines & officiers; fait deffoncer quelques pieces de vin de Gafcongne qu'il abandonna aux foldats ; promet de les faire tous riches, & les affeure qu'ils ne rencontreront que peu ou point de refiftance. Les habitans n'ayant ny cognoiffance, ny pour la plupart deffiance de la partye qu'on leur dreffoit, vont à l'exercice de la religion en la maifon des Charités ; fur le milieu du fermon, vne femme de la religion contraire entra & cria : « ceffés ! tout eft perdu ! nous sommes trahis ! (37) il paroit quantité d'enfeignes, de picques & de hallebardes, comme des gens rangés en bataille en la citadelle ! ». Ce quy ayant caufé quelque rumeur, Tiboult quy prefchoit alors, ayant fçeu ce que c'eftoit, exortoit la femme de demeurer pendant que les hommes iroient pouruoir à la neceffité prefente. Eftant venus en la ruë, ils trouuerent que ce qu'on leur auoit dit n'eft dit que trop vray, & voulant fortir de la ville pour recognoiftre mieux ce que ce pouuoit eftre, trouuerent toutes les portes fermées, & virent les cannons du chafteau pointés contre la ville. Se trouuant en vne extreme perplexité, ne fçachant quel confeil prendre, fe voyant furpris, fans chef, fans ordre, fans refolution. Neamoins en vne fy grande & fy generale confternation, quelques vns, courant aux armes, s'atrouperent deuant l'hoftel de ville, auffy peu refolus de ce qu'ils auoient à faire qu'auparauant, deflibererent pourtant de vendre leur peau le plus cher qu'ils pouroient. Les efcheuins auffy efperdus & eftonnés que les autres, montent au chafteau vers le fieur de la Mailleraye,

où ils font de grandes proteftations de leur fidel- Charles IX
lité, & de toute la ville, au feruice du Roy, le fu- 1567
pliant tres humblement & tres inftament de fe depor-
ter de fon entreprife quy cauferoit vne perte infaillible,
& luy font plufieurs remontrances fur ce fuiet ; mais
ceftoit prefcher à des eftourdis. La reponfe leur fut
faite fur le champ, & en peu de paroles : qu'il faut
rendre les armes & receuoir garnifon, en leur maifon,
de gré ou de force ; & ne leur donne que deux heures
de temps pour s'y refoudre. Les efcheuins, ayant raporté en l'Hoftel de ville cette rude & factieufe refponfe,
quy ne leur importoit pas moins qu'vn arreft de mort,
la perte de leurs biens, l'honneur de leurs femmes &
de leurs filles expofées à la brutalité & l'infolence des
foldats, le refte de leurs familles, à leurs violences, &
la ruïne entiere de leur ville & de l'efglife, ne fçeurent
à quoy fe refoudre, voyant le mal fy grand d'vn cofté
que d'autre, & leur perte & ruïne ineuitable. Les vns,
notament les plus riches & autres, furent d'aduis de ceder au temps & de faire volontairement, ce qu'auffy bien
on leur feroit faire de force, & auec beaucoup plus de
rigueur ; les autres, quy l'emporterent de quelques
nombres de voix, dirent qu'ils aimoient mieux deffendre leur religion, leurs libertés, leurs vies & leurs
biens, & mourir courageufement auec les armes à la
main, quy fans doute eftoit le plus genereux (*) ; auffy

(*) Dès le matin, M. de Sigongne auoit mandé au chafteau,
fous diuers pretextes, les Efcheuins, les Centeniers, les Capi-

Charles IX.
1567

eſtoit ce le meilleur aduis, & tous concoururent en ce point qu'il falloit renuoyer les eſcheuins, accompagnés des plus honorables habitans, pour tacher d'obtenir quelque condition & capitulation plus tolerable; dont mal leur en prit, car ils y enuoïerent les capitaines & centeniers, & autres gens d'autorité & de commandement, quy leur euſſent bien feruy à l'occaſion, leſquels, au lieu d'obtenir quelque choſe furent retenus priſonniers au chaſteau. Il y eut encore vn autre mal plus grand; c'eſt que tous ne ſe rangerent pas à la reſolution quy auoit eſté priſe en l'hoſtel de ville, à la pluralité des voix, mais chacun executa ſon aduis en particulier, & non la reſolution commune. Ceux quy auoient eſté d'aduis de ſe ſoumettre s'eſtant retirés & cachés en leurs maiſons. En ces entrefaites, le ſieur Francois Bouchard enuoyé &, comme on croyoit, gagné par le ſieur de Sigongne, lequel eſtant monté ſur vn banc, ou ſur le bord de la cime ou tonnelle de la fontaine du marché ayant en ſa main vn eſcrit de la part du dit ſieur de la Mailleraye, leur repreſentant l'eſtat preſent de la ville; l'intention du ſieur de Sigongne quy eſt de ſe rendre maitre abſolu de gré ou de force; que pour cet effet, le ſieur de la Mailleraye & ſes troupes, qu'il fait encore plus grandes qu'elles n'eſtoient, pour les intimider, eſtoient prets de fondre

taines, le Procureur Sindic & les plus notables habitans.— On faiſoit alors la predication trois fois la ſemaine: le lundy, le mercredy & le vendredy, & deux fois le dimanche.

sur eux; le peu d'asseurance de faire resistance, ce quy causeroit la perte & ruine entiere de la ville; les exortant à mettre les armes bas & se remettre entierement à sa disposition; qu'il n'en vouloit qu'à trois ou quatre mutins, & encore pour ne leur point faire de mal, mais pour s'asseurer de leurs personnes de peur qu'ils n'en fassent; que les escheuins centeniers & plus notables habitans estoient au chasteau, quy auoient acquiecé & s'estoient soumis à sa volonté; qu'ils ne pouuoient esperer aucun secours tant le païs leur estant contraire, qu'on faisoit deïa souleuer contr'eux au son du toxin; que ceux de St Denis estoient trop esloignés & avoient bien d'autre besogne taillée (*). Comme il pensoit continuer son discours, quelqu'vn des assistans (dont le nom a esté inconnu), sans attendre la fin de la lecture de son libelle, l'interrompant dit : sont ce là les sermons & belles promesses qu'on nous faisoit, il n'y a que deux jours? ne sçauons nous pas quel traitement on fait à nos freres, partout? sy nous croyons à ce discours, nous n'auons qu'a tendre nos gorges à ses bourreaux, afin qu'il nous les coupent plus aisement! Et sur cela le coucha en joue pour le tuer; ce que voyant, le dit Bouchard descendit promptement & se mit en la presse de se retirer. L'assemblée neamoins diuiïée & en suspens,

Charles IX
1567

(*) M. Le Prince estoit à St Denis avec son armée quy donna la bataille dite de St Denis, le 29 octobre; Mezeray dit que ce fut le 10 de novembre que le combat se donna.

<small>Charles IX, 1567</small>

les vns aprouuant vne chose, & les autres, d'autres; & plusieurs se retirerent encore en leur maison, & mirent les armes bas. Les autres se resolurent vnanimement à la deffensiue, & sans autre deliberation, sans chef, sans ordre & sans conduite, prirent les cammions, dont ils auoient plusieurs à leur comoditté, la ville en estant toujours trés bien garnye pour les ports des marchandises; & dresserent trois baricades dans la Grand'Ruë: vne viron la maison nommée le Cerf Volant, qu'ils fortifierent de deux pieces de cannon de fer quy seruent à armer les nauires; la seconde viron le Bras d'Or; & la troisieme, a la maison de ville. Ce quy ne fut pas sitost fait, que le cannon du chasteau commença à tirer sur la ville, donner dans les ruës & foudroyer les maisons, dont la halle, quy alors estoit jointe, quy fut diuisée comme elle se voit aujourd'huy, ne pouuant endommager, par le cannon, les maisons plus proches du chasteau; ce quy estoit plus pour donner de l'effroy que pour auancer leur dessein. Mais on auoit à faire à des gens quy ne s'espouuantoient pas pour le bruict, & quy estoient accoutumés d'entendre cette musique dans leurs nauires.

Chapitre III.

SOMMAIRE.

Les troupes du chasteau descendent dans la ville & enfilent la Grand'Ruë. — Les bourgeois voulant se seruir de leurs cannons les trouuent encloués. — Diuision entre deux caporaux pour le commandement. — Les bourgeois sont chassés de la seconde baricade. — Les assaillans donnent le temps à 7 ou 8 bourgeois quy estoient dans la ruë au Sel, & autant dans la Poissonnerye, d'acourir au bruiĉt des ennemis. Ils font leur descharge sy à propos qu'ils renuersent 5 ou 6 des capitaines. — Les bourgeois mettent en fuite les assaillans quy regagnent le chasteau. — M. de la Mailleraye quy descendoit derriere ses gens, auerty de leur deroute, remonte promptement au chasteau. — Ceux quy ne peurent entrer, sautant la muraille à l'ayde de quelques cordes se laisserent rouler dans les fossés, pour y rentrer par la citadelle. — Cent vingt des assaillans furent tués, & grand nombre de blessés; des bourgeois, il y eut 5 seulement & vne femme. — Quelques faits memorables de ce combat. — Vn maure fait des prodiges à cette deffence & s'attira la haine de Sigongne quy le fit mourir. — Sigongne excite le maitre de ce Maure à le mettre en justice — Sa mort pleine de constance & de pieté. — Plusieurs autres quy se signalerent. — Noël Chrestien blessa,

& fit le capitaine La Caſtille priſonnier. —— Sigongne ſe
deffit dans la ſuite de ceux quy auoient montré du courage dans
cette occaſion. —— Mauuais ordre parmy les bourgeois ; fautes
qu'ils commirent. —— Ils abandonnent la ville. —— Sigongne
quy regardoit du haut du chaſteau, s'apperçut de la fuite des
bourgeois. —— Ceux des bourgeois quy eſtoient en faction,
apprenant la fuite de leurs compagnons, les ſuiuirent. La garce
d'vn ſoldat auertit ceux du chaſteau du depart des autres. ——
Sigongne fait mettre le feu à vne vingtaine de maiſons voiſines
du chaſteau. Le pillage commence dans les maiſons depuis le
chaſteau juſques à l'Hoſtel de ville, & les autres ſont rançonnées.
—— Le comte de Boinwel, ſeigneur Eſcoſſois, quy ſe trouuoit
dans la ville, parla à Sigongne, & fut cauſe que les maiſons quy
n'auoient point encore eſté pillées ne le furent point ; mais il ne
peut empeſcher qu'on ne les rançonnat. —— M. de la Maillie-
raye ordonne de ceſſer le pillage le 28, au ſoir, & le 29, au
matin, il fit reiterer la deffence apres que toutes les maiſons
furent pillées. —— Grande deſolation dans la ville. ——
Sigongne en perſonne eſt des plus ardens à piller & ſe reſerue
les meilleures maiſons. —— Il eſt recogneu par la femme de
M. le Canu, braſſeur, quoyque tres deguiſé. —— On met loger
à diſcretion 4 compagnies dans les maiſons des Reformés, & on
leur demande encore vne ſomme conſiderable quy fut aduancée
par le receueur du domaine, ſous les promeſſes que firent les
habitans de la rendre au dit receueur. —— L'exercice de la
religion ceſſe, les miniſtres s'eſtant enfuis auec les troupeaux.
—— Sigongne eſt fait cheualier de l'ordre, en recompenſe des
belles actions qu'il auoit faites au pillage de la ville. —— Paix
faite à Longumeau en 1568, le 20 mars. —— L'eſgliſe ſe
raſſemble au Pont Trancart & à St Aubin ſur Arques. —— En
juillet, on oſte aux reformés toutes leurs armes. —— En auril,
la paix eſt de nouveau rompüe. —— Entrepriſe faite ſur le
prince de Condé & ſur l'amiral de Chatillon à Tanlay. ——
Edit reuocatif des precedens quy ordonne aux miniſtres de

sortir du royaume. —— On reitere toutes les rigueurs contre les reformés. —— L'on vend le bien des absens deuant leurs portes. —— On interdit les auocats & les procureurs de leurs fonctions. —— Sigongne resolut aussy de perdre les gentilhommes de la campagne, & ceux des bourgeois quy l'auoient recommandé à l'Amiral. —— Sigongne fin & subtil. —— Ruse de Sigongne pour perdre la noblesse des enuirons quy estoit de la Religion —— Il employe le nommé Reuers pour executer son dessein. —— Reuers aussy habile que son maitre à calomnier les innocens, fait croire à Catteuille que la plupart des habitans estoient de son costé. —— Sigongne donne aduis au Roy qu'il y a vne entreprise sur la ville par les reformés, & demande des forces. —— Sigongne fait mettre en prison 40 bourgeois & plusieurs gentilhommes des enuirons de Dieppe. —— On les mene à Dieppe auec ceux des bourgeois dont on vouloit se deffaire. —— On trauaille d'abord lentement à leur procés, puis on le precipite. —— Ce jugement fut hasté de peur que les prisonniers ne fussent desliurés par la paix dont on parloit alors. —— Accusations mal fondées contre les prisonniers. —— Leur crime estoit d'estre de la Religion Reformée. La memoire de ceux quy auoient esté condamnés est rehabilitée, leurs biens rendus à leurs heritiers, l'arrest du Parlement cassé; les membres & les testes des condamnés rendus à leurs parens pour les inhumer. —— Suite des persecutions. —— Les autres personnes de la religion prises par les soldats de Sigongne, parce qu'elles vouloient sortir du païs, pour fuir en païs estranger, & conduites en prison à Dieppe. —— Autres persecutions de Sigongne quy loge encore de nouuelles troupes chés les reformés de Dieppe. —— La persecution n'estoit pas moindre à la campagne. —— Vn ministre est executé à mort à Rouen. —— Deffence aux reformés de se trouuer plus de trois ensemble. —— Arrest defendant de garder aucun domestique de la religion reformée. L'education des enfans ostée aux peres & meres apres l'age de trois ans. —— Arrest pour que tous ceux de la Religion fortent de Dieppe, & ce dans 24 heures. —— Aux feſtes de Paſques, Sigongne fit donner l'eſtrapade à deux bourgeois quy ne vouloient pas aller à la meſſe. —— Autres perſecutions. —— Quelques femmes obtenoient de certains preſtres des ateſtations comme elles auoient eſté à la meſſe & communioient. —— Sigongne meſme permet à quelques vns de reſter quelques mois dans la ville en payant. —— Exaction & concuſion de Violart, commiſſaire pour leuer les deniers en Normandye. —— Il ne deuoit leuer que 4,000 liv.; il en leua plus de 30,000. —— Violences & iniquités de Violart. —— Il eſtoit aſſiſté de Mrs de la Mailleraye & Sigongne. —— Quoyque la paix fut faite, Sigongne continuë à perſecuter. —— Dauid Pierre frapé d'vn coup d'eſpée & ſa femme battuë parce qu'ils chantoient des pſaumes dans leurs maiſons. —— L'eſgliſe ſe raſſemble à Bacqueuille chés la dame de Lanquetot. —— M. de Montmorency & d'autres commiſſaires pour l'execution de l'edit vinrent à Dieppe & enjoignirent aux vns & aux autres de viure en paix, & permirent aux Reformés d'aller aux lieux permis par l'edit, pour l'exercice de leur religion. —— L'exercice eſt retably, à St Aubin ſur Arques, dans la maiſon de M. Deſmareſt.

III

En mefme temps, les affaillans au nombre de douze compagnies de gens de pied, la plupart des vieux regimens de Piemont, enfilant la Grand' Rue de la ville, les douze capitaines de front, brauant & piafant le morion doré, & panache en tefte, le coutelas au poing & la rondelle fur le bras, dont ils fe couuroient, & leurs gens, quy les fuiuoient de pres, jurant & blafphemant, menafçant de fe beigner au fang des Huguenots, violer les plus belles femmes & filles & piller leurs biens; & ainfy affaillant la premiere baricade, Les deffendeurs les voyant aprocher & penfant fe feruir de leurs cannons, trouuerent qu'ils eftoient encloués, fans qu'on eut peu fçavoir par quy; ce quy les eftonna, croyant eftre trahis. Neamoins ils fe deffendirent & en jetterent plufieurs par terre jufques à ce que deux caporaux, quy eftoient feuls d'entr'eux quy euffent quelque commandement dans les compagnies des bourgeois, l'vn nommé Alexandre Legrand, dit Frimoufe, l'autre nommé Fournier (38), fe querellant fortement, foit qu'ils euffent eu quelque difficulté auparauant, foit que ce fut par jaloufye du

Charles IX
1567

commandement. L'vn ne voulant ny obeïr ny ceder à l'autre. Quoy qu'il en foit, il neftoit nullement temps de vanger les injures particulieres, ny defbats de fufifance & merite, lors qu'il falloit repouffer l'ennemy commun. Venant donc des paroles aux mains, & les autres, auffy imprudens qu'eux, au lieu de courir au plus preffé & refifter à l'ennemy, s'arrefterent, les vns à prendre le party de l'vn, & les autres, de l'autre; & d'autres tachant de les feparer & apaifer. Cependant les ennemis les forçerent d'abandonner la deffence & de fe retirer à la feconde baricade quy eftoit aux enuirons du Bras d'Or, à laquelle ils aporterent l'effroy & le defordre : ce quy fut caufe qu'ils en furent chaffés aifement.

Mais comme les affaillans emploïoient beaucoup de temps à fauter ou renuerfer la baricade & à remettre leurs gens en ordre, ils donnerent loifir à fept ou huict perfonnes, quy eftoient à boire en vne tauerne, à la ruë au Sel, & à neuf ou dix autres quy faifoient de mefme à la Poiffonnerye, quy font deux ruës affés extraites & vis à vis l'vne de l'autre, quy croifent la Grand' Ruë, affés proche du marché & la maifon de ville, d'acourir au bruict de l'aproche des ennemis quy crioient : Ville gagnée! & lefquels, entrant en mefme temps en la Grand' Rue, firent leur falut fy à propos qu'ils jetterent fur le paué cincq ou fix des capitaines entr'autres : La Mefniualle, La Ferrière, Treftort & La Caftille bleffés & prifonniers, & autres des plus asseurés des assaillans quy penſoient que ce fut vne embuſcade. S'eſtonnant, ils minutoient deja leur retraitte; & ſans doute que ſy ces quinze ou vingt euſſent enfoncé ils euſſent dès lors tourné le dos; mais n'ayant point ce deſſein, ils ſe retirerent au gros de leurs gens quy eſtoit en la maiſon de ville. Ce que voyant, les aſſaillans reprirent cœur s'entr'encourageant & auançant, mais lentement & froidement, comme ayant perdu leurs principaux chefs & eſtant preocupés de l'opignion de quelques embuſcadés. Ces quinze ou vingt, au contraire, ayant rechargé, & ſuiuis de la plupart de ceux quy eſtoient à la garde de la baricade viennent à la charge, & donnant de teſte & de queuë, maitriſſent les premiers quy ſe preſentent, &, apres quelque reſiſtance, les renuerſent les vns & les autres & mettent tout en deroute. Les fuïars ſe voyant preſſés, & quelques vns jugeant qu'ils auroient de la peine à repaſſer les baricades & qu'ils y pourroient eſtre atteins, enfilerent la rue au Sel, dont pluſieurs s'egarant dans le cimetiere de St Jacques & ailleurs, furent tués; & par la boucherye, poiſſonnerye & Puis Sallé, regagnerent le chaſteau; les autres regagnant leur chemin par la Grand' Rue, les pourſuiuant, & notament pluſieurs femmes, quy comme nouvelles amazonnes s'eſtoient jointes à eux, les menant toujours battant & deſarmant juſques à la fontaine de la Barre, où ils s'arreſterent & ceſſerent leur chaſſe. Le ſieur de la Mailleraye, armé à l'epreuue,

Charles IX
1567

descendit au petit pas apres ses gens; mais n'estant pas encore entierement descendu la moitié du chasteau, estant auerty par les plus diligens fuïars, de leur desroute, s'en retourne au plus vite vers le chasteau, tout tremblant & hors d'aleine, &, à cause du poids de ses armes, ne pouuant aller sy vite que sa peur luy persuadoit qu'il en estoit besoin, s'y fit transporter ou plutost trainer par deux soldats, & n'y fut pas sitost entré qu'il fit leuer le pont apres luy, de peur que les poursuiuans n'entrassent pelle melle auec les fuïars; se fait desarmer, seller & brider ses cheuaux, ce que fit aussy Sigongne pour se sauuer par la citadelle au cas qu'ils fussent pressés. Les fuïars venant à la porte du chasteau, pensant toujours estre poursuiuis, & trouuant le pont leué, viennent aux prieres; mais se voyant buttés & renuoïés auec injures, à l'aide de quelques bouts de corde, qu'ils rencontrerent à propos, se coulerent auec iceux du haut en bas de la muraille de la ville, & pour ce qu'elle estoit trop courte sautoient le reste, se laissant rouller au fond du fossé, gagnoient la citadelle, entrant par le dit lieu dans le chasteau, & ne croyant estre en seureté qu'ils ne fussent renfermés; où ils furent reçeus auec beaucoup d'injures & de reproches de s'estre laissés battre par sy peu de gens, & encore par des bourgeois de ville, non aguerris & sans conduite ny experience aux armes. En effet, s'ils eussent eu quelques personnes de commandement quy eussent fait poursuiure la victoire jusques aux portes du chasteau, on les auroit tous taillés en pieces, ou on les auroit contrains de se rompre bras & jambes à sauter la muraille, & en presentant quelques echelles, ils se fussent aisement rendus maitres de la place, que les sieurs de la Mailleraye & Sigongne eussent sans doute abandonnée, comme ils auoient deia resolu, faisant tenir leurs cheuaux prest pour cet effet, tant l'effroy estoit grand, & les allarmés. Il demeura, en ce combat, encore sur le paué six vingt des principaux & des plus asseurés des assaillans, & grand nombre de blessés; & des bourgeois, il n'y en eut que cincq seulement & vne femme àgée de vingt ans, nommée Marie Miffant, femme de Nicolas Brunet, sieur de S.t Linard, quy estoit en grand soucy pour son mary & son frere, quy estoient au combat, se hazarda d'ouurir la fenestre de la maison dite: l'Etrille d'Or, vis à vis la ruë des Cordonniers, où elle demeuroit, pour voir sy elle les verroit; mais elle fut incontinent tirée & frapée d'vne arquebuse en la teste, dont elle mourut sur la place. Ses descendans sont encore demeurant à la ville d'Eu, sinon Madame de Sauqueuille, veuue d'Adrien de Lintot, cy deuant sergeant major, quy demeure encore à Dieppe, & elle estoit tante paternelle de feu capitaine Jacques Miffant (39), escuïer, dont le fils demeure encore à present à Quiberuille. Il y eut aussy vne fille d'Eloy Le Conte, demeurant dans la ruë au Sel, viron dans le milieu de la ruë, quy de la fenestre de sa chambre arracha le drapeau d'vn enseigne quy fuïoit par la dite ruë.

Charles IX
1567

Charles IX
1567

Entre ceux des habitans quy fe porterent vaillament au combat, il y eut un noir ou negre de la cofte d'Afrique, apelé vulgairement le More Poix Blanc, du nom de fon maitre, quy ayant efté pris & retiré des mains des Espagnols, quy le tenoient efclaue aux Indes, & amené à Dieppe, eftant bien inftruict & affectionné à la religion, fit merueilles d'vn efpadon à la main, toujours à la tefte des deffendans, qu'il encourageoit & par fes paroles & par fon exemple, dont Sigongne luy porta telle haine qu'il ne ceffa qu'il ne l'eut fait mourir, le faifant pendre deuant la porte de l'Echiquer, au Puis Sallé appartenant alors au dit Poix Blanc, fon maitre, pour quelques menafces dont il auoit vfé à l'encontre de luy, apres auoir efté outragé du dit Poix Blanc; pour lefquelles le dit Sigongne le perfuada de le mettre en juftice, & alors luy mefme le pourfuiuit en telle forte que le dit Poix Blanc ne l'en peut retirer quand il le voulut; & depuis, comme vn chatiment de Dieu, ne luy arriua que mal fur mal, & affliction; de riche marchand, & tres fameux, qu'il eftoit, mourut quelques années apres pauure & miferable, s'eftant mefme reuolté de la verité, quelques années auparauant, penfant par ce moyen donner meilleur ordre à fes affaires, que plufieurs attribuerent à la vangeance diuine, ayant trop precipitament mis en juftice, & par ce moyen liuré à la mort, le pauure negre, pour vne faute bien legere & quy ne meritoit que quelque mediocre chatiment. Mais il s'eftoit montré homme de cœur & affectionné à la religion, &, pour ce, Sigongne s'en vouloit deffaire. Il rendit beaucoup de temoignages de conftance & de pieté à la mort, ayant chanté le pfaume 51 : « *Mifericorde au pauure vicieux,* » à l'echelle ; à quoy il fut aidé par ceux de la religion, quy eftoient prefens, & ne fut interrompu que par le regret que les Papiftes mefmes auoient de fa mort.

Plufieurs autres auffy fe fignalerent en cette occafion, comme vn nommé Jacques Martin, ayeul maternel du fieur Guillaume Jourdain ; Eloy Le Conté, pere de celle qui arracha le drapau à l'Enfeigne des fuïars, tous deux vaillans & hardis. Ils furent tués & fort regrettés de leurs concitoïens ; Noël Chreftien, pere d'Abraham Chreftien, lequel print quatre drapeaux & quy ayant bleffé & pris prifonnier le capitaine La Caftille, le mena luy mefme chés m⁰ Jean Prefton, dit Dabredin, fameux chirurgien, demeurant alors en la maifon des Efperons, vis à vis du marché, où fe fit le combat, & luy recommanda de le medicamenter comme fy c'eut efté luy mefme ; dont le dit La Caftille eut toujours de la recognoiffance pour le dit Chreftien, quy eftant reuenu deux ans apres à Dieppe, fut aduerty par le dit La Caftille, de la mauuoife volonté que Sigongne luy portoit, & qu'il luy vouloit joüer vn mauuais tour, & partant qu'il fe tint fur fes gardes ; ce quy fit que le dit Chreftien quy fe retira en vne maifon qu'il auoit à Martin Efglife, penfant y eftre plus rasseuré ou plus caché; mais Sigongne l'y enuoya assassiner nuittament par de Reutot, enseigne de la compagnye, & trente soldats de la garnison, dont La Castille fut tres faché, &, ayant fait quelques pleintes, le dit Sigongne se resolut de luy faire aussy vn mauuais party, dont se defiant deslibera de se retirer; mais Sigongne suiuant sa dissimulation accoutumée, luy montra tres beau semblant, jusques à ce qu'il eut trouué, qu'il luy fit porter lettres d'Vrie (40), & le fit arrester à Rouen, luy faire son proces & executer à mort peu de jours apres. Ainsy, il se deffaisoit non seulement de ceux de la religion, quy estoient gens de courage & quy s'estoient portés vaillament, en la dite occasion, de peur qu'ils n'en fissent autant ou plus en quelques autres, mais aussy de ceux des siens qu'il croyoit les fauoriser & leur porter quelque amitié.

Mais pour reuenir à nos citoiens, lesquels ayant commencé sans conduite continuerent aussy sans ordre; & comme ils auoient montré dans le combat qu'ils auoient des cœurs de lions; en la poursuitte de la victoire, ils firent voir qu'ils n'auoient que des testes d'asnes.

Neamoins, quelques vns, de leur bonne volonté, & sans aucun commandement, se logerent dans les maisons prochaines de la descente du chasteau qu'ils percerent en diuers endroits pour empescher ceux quy en voudroient descendre pour les assaillir; les autres au lieu de seconder vn sy bon dessein, & se preparer à assaillir le chasteau, ou pour le moins de garder les places & auenuës de bons corps de garde, ce que les mieux sencés jugeoient necessaire, &, pour y paruenir, ils leur persuaderent deslire vn chef d'entr'eux quy print la charge & conduite des bourgeois & leur donnast les ordres necessaires ; mais ce quy deuoit estre le lien de leur vnion fut l'occasion de leur diuision & la cause de leur ruine totale, par leur propre imprudence, car au lieu deslire vn homme d'ordre & d'autorité, d'autant qu'il y en auoit d'entr'eux, auquel tous se soumissent volontairement, ou pour le moins qu'il n'eut point de competiteur, ils nommerent le dit Frimouse, homme veritablement hardy & assés entendu au fait de la guerre, mais qui n'auoit pas l'autorité requise en vn chef, pour estre de basse condition & auoir des contredisans, ce qu'il ne pouuoit pas ignorer vu ce qui s'estoit passé pendant le combat entre luy & Fournier, quy auoit dès lors penssé tout perdre ; lequel, se voyant esleu, pratiqua quelques vns de ses parens, amis & voisins & autres mal contens de la dite ellection, de son coté, quy s'y opose sy bien que le desordre recommença plus grand qu'il n'auoit esté deuant, & ne se rencontrant aucun d'assés d'autorité pour apaiser les parties, tous jugeant que sy l'ennemy redescendoit, ils en auroient bon marché & qu'il n'y auroit nulle aparence de resister. En ces confusions, ils resolurent de pouruoir à la conseruation de leurs vies, par la perte de leurs biens, & d'abandonner tout,

Charles IX
1567

ne croyant rien leur eftre plus expedient que de quitter la ville & de s'enfuir le plus promptement qu'ils pouroient ; & pour ce faire, fans en aduertir ceux quy eftoient demeurés pour empefcher la defcente du chafteau; les vns s'echapperent par deffus les murailles de la ville, auec des cordes, les autres paffent par l'efcluse du moulin à l'eau, les vns par un endroit & les autres par vn autre, jusques à ce que la plus grande partye ayant enfoncé la plus petite & derniere porte du quay, vulgairement nommée la Portelette, proche la Tour aux Crabes, toutes les autres eftant murées, tous gagnent le Haure, & quelques vns, en beaucoup plus petit nombre, paffent au Pollet, &, nonobftant l'opofition des Polletois, fe retirent à Senerpont, Gamaches & autres lieux à refuge, fous la protection des feigneurs de la religion; mais la plus grande partye prirent la mer & fe retirerent, les vns en Angleterre, les autres en Hollande, Danemarc, La Rochelle & ailleurs.

Sigongne, quy eftoit alors dans vne extrefme perplexité, tant pour les mauuais fuccés de fon entreprife, dont il defefperoit du tout, que pour la perte de l'amitié de fon bon amy & compere, du fieur de la Mailleraye, qui fe plaignoit extremement de l'affront qu'il luy auoit fait receuoir, luy en faifant des reproches fanglans, confideroit du haut du chafteau, en grande inquietude, ce quy en eftoit, & qu'ils abandonnoient la ville ; ce qu'ayant fait voir aux capitaines & foldats, quy eſtoient entachés de leurs remords de cœur, & les perſuadant de reparer la faute & ſe vanger de l'affront qu'ils auoient reçeu ; & luy meſme penſant que ſans coup ſoufrir, il acquereroit cet honneur où les autres n'auoient reçeu que des coups & de la honte, s'offre de les y conduire, & enfin les perſuade, à cette condition, de les ſuiure. Il deſcend donc ſur les quatre heures d'apres midy, & peu auant ſoleil couché ; mais ſe voyant reçeu par ceux qui eſtoient en garde dans les maiſons proche de la montée du chaſteau, d'autre faſçon qu'il n'avoit attendu, il s'en refuit au plutoſt, reuole en ſon nid auec intention de n'en plus ſortir pour vne pareille entrepriſe.

Or la nuit venuë, & ceux quy eſtoient en garde auertis de ce quy s'eſtoit paſſé pendant qu'ils eſtoient en faction & qu'il ne reſtoit plus qu'eux en la ville, de ceux quy auoient eſté auſſy auec eux au combat, ny preſque aucun des autres, eſtonnés de la lacheté & ſupercherye de leurs concitoïens, quy les auoient abandonnés & laiſſés à la boucherye, ſe reſolurent incontinent de prendre le meſme party & de les ſuiure le plus promptement qu'il leur ſeroit poſſible. Eux donc partis, à peine reſtoit il vn homme en la ville qui eut le pouuoir ou le vouloir de faire reſiſtance, & néamoins ceux du chaſteau eſtoient en telle crainte qu'à peine oſoient ils regarder la ville, lorſque la garce d'vn ſoldat de la garniſon nommé Charles du Solier, dit Reuers, pere de ce Reuers, patiſſier, quy a aujour-

Charles IX 1567

d'huy sa boutique en la maison nommée l'Esperance, pres l'esglise de St Remy, & duquel il sera encore parlé cy apres en d'autres occasions, monta & en donna aduis à ceux du chasteau, quy furent longtemps sans le vouloir croire; mais apres plusieurs affirmations & sermens reïterés, se resolurent d'y enuoyer quelqu'vn des plus asseurés d'entr'eux, quy voyant qu'il estoit ainsy, & prenant l'occasion aux cheueux, & qu'ils ne craignoient plus de rencontrer leurs ennemis, sur les huict heures du soir, Sigongne commanda qu'on mit le feu aux maisons plus prochaines du chasteau, entr'autres à celles vis à vis des petits Puis & autres de la dite ruë, à celle nommée la petite Porte Dorée, & celle nommée la Pie, & d'autres jusques au nombre de vingt, qui bruslerent toute la nuict, sans qu'aucun se mit en estat d'eteindre le feu; autant pour donner de la terreur aux habitans que pour les diuertir, par ce moyen, de la deffensiue, s'il y en eut eu encore quy en eussent esté capables : mais n'en trouuant point, ils se mirent à fourager les maisons toute la nuict & le jour en suiuant, sans resistance & aussy sans effusion de sang; en sorte qu'ils regorgeoient de butin, & plus qu'ils n'en pouuoient mettre à profit. Ils ne pillerent point les maisons depuis l'hostel de ville jusques au Moulin à Vent, ruë du Haut Pas, des Quais, de la Prison & autres; mais ils se contentoient de les composer & en tirer ce que quelques vieilles femmes ou seruantes, demeurées seules ou quy se montroient pour toutes personnes es maisons, leur en accordoient pour en rachepter le pillage: les vns cent, les autres 200, 300, 400, 500 & six cens escus, plus ou moins selon la valeur des maisons ou la peur des composantes, &, par ce moyen, la ville fut entierement pillée & ruinée par son gouuerneur propre, quy estoit obligé de les conseruer & deffendre, & par la diuision & fausse conduite de ses habitans, quy auoient assés de courage & de force non seulement de se deffendre à l'encontre de luy, mais aussy pour le debusquer & chasser de la place, verifiant le prouerbe quy dit: qu'vne compagnye de cerfs conduite par vn lion, est plus forte qu'vne compagnye de lions conduite par vn cerf, ou sans conduite du tout.

Ce quy aida fort à la composition des maisons estoit qu'alors il se rencontra en la ville vn seigneur Escossois, quy attendoit la comodité du passage pour s'en retourner en Escosse, quy estoit logé chez vn marchand Escossois nommé Guillaume Acquemen, demeurant en la maison nommée des Auironniers, proche la porte Sailly, lequel ayant trouué moyen de parler au sieur Sigongne, luy remontra que son hoste & plusieurs autres marchands de Dieppe n'estoient que commissionnaires d'autres marchands Escossois demeurant en Escosse; que les marchandises que les marchands de Dieppe auoient en leurs maisons nestoient point à eux mais aux dits marchands demeurant en Escosse,

Charles IX 1567

Charles IX *1567*

quy n'auoient point d'intereſt aux troubles & diuiſions quy eſtoient en France, & n'y contribuoient aucunement ; que ſy on leur faiſoit tort, le Roy en feroit faire la raiſon. Penſant, par ſes raiſons, exemter du pillage les maiſons des dits Eſcoſſois reſidens à Dieppe ; mais ce qu'il peut obtenir fut vne compoſition ou rachat, à prix moderé, ou pour le moins qu'on eſtimoit tel, en comparaiſon du pillage de tout, &, à leur exemple, pluſieurs quy n'auoient pas encore eſté pillés firent auſſy compoſition.

Enfin, le lendemain, 28 du dit mois, ſur les 4 heures du ſoir, le ſieur de la Mailleraye fit faire commandement de ceſſer le pillage, lequel il fit encore reïterer le lendemain matin, 29 du dit mois, apres que toutes les maiſons de ceux de la Religion euſſent eſté pillées ou rençonnées, ou s'il y en eut d'exceptées, ce fut ſeulement deux ou trois, deſquelles Sigongne ſeſtoit ſeruy pour ſemer la diuiſion entr'eux & pour les abuſer, & ceux entièrement ruinés ; les biens de la plus grande partye ne conſiſtant qu'en meubles & en marchandiſes, dont ils n'auoient caché ny ſerré aucune choſe, ayant eſté ſurpris, ne ſe deffiant de rien & penſſant eſtre en ſeureté ſous la protection des edits, & ſapuïant ſur le roſeau caſſé des promeſſes & ſermens du dit Sigongne.

Ce fut ſans doute vn pitoyable ſpectacle de voir tant de pauures gens fuïr la ville & abandonner leurs biens & maiſons au pillage, laiſſant leurs femmes & leurs enfans deſolés & deſtitués de toutes choſes, courir &

tracaſſés, çà & là, comme brebis ſans paſteurs ; ſans auoir lieu de retraitte ; courus, outragés & moleſtés de tous ceux qu'ils rencontroient. Ce fut auſſy vne grande deſolation de voir la ville en feu, bruſler toute vne nuict & vn jour, ſans qu'aucun ſoldat ſe mit en effet de l'eſteindre, &, pendant ce temps là, les maiſons des habitans pillées & fouragées, &, entre les pillars, Sigongne, eſtant en perſonne, s'y montra des plus experts & des plus ardans, cognoiſſant les meilleures maiſons qu'il reſeruoit pour ſoy : comme il fit entr'autre de celle de Jean Le Canu, braſſeur, homme riche & opulent, demeurant en la maiſon apelée le Trou, où il print tout ce qu'il trouua, juſques à vn diamant qu'il arracha du doigt de la femme du dit Le Canu, laquelle l'ayant recogneu, quoy que traueſty & deguiſé, l'apelant par ſon nom, le prioit d'auoir pitié d'elle & de ſes enfans, & de ne les reduire pas à la mandicité, & que ce neſtoit pas là des effets des belles proteſtations d'amitié qu'il faiſoit à ſon mary. Mais quoy qu'elle peut dire, elle ne peut rien obtenir de luy, quy n'eut point de hònte d'eſtre ainſy recogneu en vne action ſy indigne du gouuerneur de la ville ; & comme il ne s'oublia pas en ceſte maiſon là, auſſy ne le fit il en pluſieurs autres.

Le meſme jour, 29e du mois, furent encore logées quatre compagnies en garniſon es maiſons de ceux de la religion, pour y viure à diſcretion, &, pour comble de miſeres, le ſieur de la Mailleraye leur demanda

Charles IX
1567

Charles IX
1567

encore ce mefme jour 16,000 l. pour fournir aux frais de cette guerre, & pour payer fes foldats quy auoient fy bien operé ; à quoy luy ayant efté fait reponfe qu'il n'y auoit nul moyen, attendu que tous leurs biens auoient efté pillés par ceux mefme pour quy ils demandoit l'argent, & qu'ils ne leur auoient rien laiffé ; pourtant il perfifta toujours en fa demande, & on ne le peut contenter qu'on ne luy accordat 6,000 l., defquels les habitans deuoient eftre rembourcés par le receueur du domaine, pour preft qu'ils en auoient fait au Roy, lefquels furent defliurés au fieur de la Mailleraye, moyennant la promeffe que les habitans firent de les rendre au dit receueur, & en cas que le Roy n'acceptat le dit payement. Et ainfi il s'en retourna.

La ville ainfy facagée, l'exercice de la religion ceffa, les miniftres s'en eftant fuïs, auec leur troupeau, comme ils auoient peu ; neamoins peu de temps apres, fy peu de gens de la religion quy eftoient reftés, quoy qu'ils fuffent en grande extremité, ne laifferent de reprendre courage au feruice de Dieu & apelerent vn miniftre voisin nommé M. Touffaint, quy continua d'y prefcher fecretement, par les maifons, jufques à ce que, l'affemblée eftant decouuerte, il fut print & mené en prifons de la ville, & depuis tranfporté en celle de la juridiction royale d'Arques, où on luy faifoit fon procès, & il y a aparence qu'ils l'euffent condamné à mort, n'eut efté qu'il fut defliuré par la paix.

Cependant, Sigongne, pour recompenſe du bon ſeruice & de la proüeſſe qu'il auoit fait paroiſtre au ſac & pillage de la ville, fut esleué en honneur & fut fait cheuallier de l'ordre, en recognoiſſance de quoy il n'oublia pas depuis de faire les plus mauuais traitemens qu'il peut à ceux de la religion, & d'vſer à l'encontre d'eux de toute rigueur.

Charles IX
1567

La paix eſtant faite à Longjumeau, le 20 mars 1568, & par icelle l'exercice permis conformement à l'edit de 1568, quy pour ſon peu de durée on apela la Petite Paix, ou Seconde Paix; & encore que ceux quy s'en eſtoient fuïs, ou retirés de Dieppe, pendant les troubles, euſſent la permiſſion de reuenir, toutefois l'eſgliſe commença à ſe raſſembler publiquement au Pont Tranquart, viron vne lieuë de Dieppe, puis à St Aubin ſur Arques, diſtant de deux lieuës, ſous la faueur & priuilege des Seigneurs des dits lieux; mais ce ne fut pas ſans troubles & ſans vexations, Sigongne & ſes ſoldats leur faiſant ordinairement des affronts, en allant ou reuenant du preſche.

1568

Le 5ᵉ de may, au dit an, il fit commandement à tous eſtrangers & forins de vider la ville, en dedans 24 heures, ſous peine de la hart; & le 20 juillet en ſuiuant fit faire recherche par les maiſons de ceux de la religion, & en enleuerent toutes les armes, juſques aux eſpées, fleches & poignarts, & les porterent à la maiſon de ville, leſquelles ils s'aproprierent apres.

La Paix eſtant entièrement rompuë au mois d'aouſt,

Charles IX. 1568

cincq mois apres qu'elle fut faite, par les entreprifes faites fur les perfonnes de M. le prince de Condé & de l'amiral de Chatillon à Tanlay; neamoins les troubles, ceux de la religion de Dieppe ne laifferent de continuer leurs exercices à St Aubin, quoy que les foldats, quy eftoient pofés à Arques & Archelles euffent pillé, battu & outragé quelques vns d'entr'eux, jufques au commencement d'octobre en fuiuant que par un edit reuocatoire des precedens, le Roy fit commandement aux miniftres de fortir hors du royaume, deffendant tout exercice de religion autre que la romaine.

Sy ceux de la religion auoient efté maltraités par Sigongne pendant la paix, lorfqu'ils eftoient fous la protection des edits, ce fut bien pis lorsqu'ils furent reuoqués. Les troubles recommencerent, car on reïtera toutes fortes de moyens & de pratiques qu'on auoit vfé auparauant pour les vexer; enjoignant de faire batifer leurs enfans à la meffe fitoft qu'ils feroient nés, & aux fages femmes, que fitoft qu'elles auroient defliuré d'enfant quelque femme de la religion d'en faire raport en juftice, deux heures apres; & incontinent les enfans eftoient rauis d'entre les bras des peres & meres & portés batifer à la meffe, quelques cris & opofitions qu'ils y puffent faire.

En mefme temps, on leur demanda des emprunts & on les contraignit par toute rigueur de fournir argent. Le pretexte eftoit pour foudoyer des foldats; pour empefcher la defcente que l'on difoit que ceux de la religion quy s'estoient retirés en Angleterre & ailleurs, & qu'on disoit roder la mer, deuoient faire, & l'on vendit publiquement les biens des absens devant leurs portes.

Auec cela, on interdit les auocats & procureurs de la religion de la fonction de leurs charges, & commandement reïteré à ceux de la religion quy n'estoient point natifs de la ville d'en vider; ce quy fut executé auec telle rigueur qu'on en fit sortir quy y estoient mariés & auoient pris femme au dit lieu de Dieppe, & quy y estoient depuis plus de trente ans.

Mais ce ne fut pas tout, car comme Sigongne auoit pillé & ruiné les bourgeois & habitans de la ville de Dieppe, en l'an 1567, ils se resolut aussy de perdre les gentilhommes de la campagne quy faisoient profession de la religion, & de faire donner la confiscation de leurs biens, &, par le mesme moyen, y enueloper ceux des bourgeois & habitans de la ville, qu'il haïssoit le plus, & dont il vouloit se deffaire; soit pour ce qu'ils s'estoient portés vaillament au sac & pillage de la ville, soit qu'il se deffiast d'eux, soit pour autre cause particuliere, mais toujours ceux quy l'auoient recommandé à l'Amiral, au commencement de son gouvernement, n'y furent nullement oubliés; par où il verifia la prophetie que le dit Amiral auoit predite, quy fut vne prodigieuse ingratitude; mais il estoit capable de tout pour assouuir son auarice & sa rage contre ceux de la religion.

Et, pour jouer fon rolle, comme il eftoit cauteleux, fin & fubtil, ayant remarqué l'honneur du fieur de Catteuille Malderée, gentilhomme, demeurant à trois lieuës de Dieppe, tirant vers la Picardye, quy veritablement eftoit vaillant, hardy & entreprenant, mais imprudent, temeraire & eftourdy. Il le jugea le plus capable de fe jetter dans le panneau, &, par ce moyen, foit à tort, foit à raifon, d'enueloper tous les autres dans le mefme filet (41).

Pour y paruenir, il apofta vn des foldats de la garnifon, nommé Reuers, duquel il a efté parlé cy deuant, qu'il recognoiffoit homme de jugement & de conduite, porté d'auffy mauuaife volonté contre ceux de la religion que luy, & propre pour fon deffein. Il l'inftruifit donc de feindre qu'il auoit efté extremement & ignomineufement battu à coup de baton par luy, & que, s'adreffant au fieur de Catteuille il luy en fit pleinte, & fit femblant de ne refpirer que vangeance à l'encontre de luy; qu'il n'auroit jamais de repos qu'il n'en eut eu raifon, à quelque prix que ce fut, quand mefme il en deuroit eftre pendu; qu'il luy venoit offrir fon feruice pour fe rendre maitre du chafteau, moyennant qu'il luy permit & promit de fe venger du dit Sigongne, quand il l'auroit mis en fa place, & mis le chafteau entre fes mains; &, pour mieux jouer la tragedye, ils firent dès lors courir le bruict, afin que cela fut cru, que le dit foldat auoit efté outrageufement & indignement traité par luy, ou fans raifons, ou pour vne faute fort legere.

Le foldat execute tres bien la commiffion, & fait fy bien le faché qu'il auroit peut eftre fait croire la mefme chofe à vn plus clairvoyant que le dit fieur de Catteuille : luy reprefentant la facilité de l'execution, que mefme auffy tous les habitans, & notament les plus notables, ne pouuoient plus fuporter fa tirannye & eftoient preft & refolus de fecoüer le joug ; dont plufieurs luy auoient donné parole, & ne demandoient autre chofe qu'vn chef tel que luy. D'autre part, Catteuille fçachant qu'vne telle entreprife luy auoit reüffy peu d'années auparauant, qu'il y rencontreroit la mefme chose & la mefme facilité, &, ainfy, à ce que l'on dit, il s'y embarqua aifement. L'entreprife refoluë, il ne refta plus qu'à trouuer des gens de credit & de courage pour la mettre à execution.

Sigongne, par le moyen de fon emiffaire, luy fugere ceux qu'il vouloit enlacer au mefme piege ; mais le dit Catteuille foit qu'il fe vit rebuté par ceux à quy il en parla, ou pour le peu d'aparence du fuccés, ou de la crainte du jeu double, fe deffiant de fa prudence & conduite, ou foit qu'il ne leur en parlat pas, pour n'en partager l'honneur auec luy, il fe refolut, à ce qu'on croit, de l'entreprendre feul, & s'affeurer de foldats pour cette execution ; & neamoins pour ne decourager le dit Reuers, il y a aparence qu'il luy fit croire que tous ceux qu'il luy auoit defignés eftoient de la partye ;

Charles IX
1568

ce qu'ayant raporté à Sigongne, lequel voyant l'affaire acheminée au point qu'il le defiroit, en donna aduis au Roy, & demanda ordre pour fe faifir de ceux qu'il difoit eftre de l'entreprife. Le Roy donna commiffion au fieur de la Mailleraye de l'affifter de fa perfonne & de forces fufifantes pour cet effet.

1569

Le 2ᵉ de feurier, fefte de la Chandeleur, Sigongne ayant fait tenir les portes de la ville fermées, defcendit du chafteau, accompagné du fieur de Pimont (4¹), & de grand nombre d'autres ; fait affembler les efcheuins & quelques autres bourgeois en la maifon de ville, leur dit qu'il y auoit entreprife fur la ville, par ceux de la religion, dont il auoit aduis certain, & qu'ils ne s'eftonnaffent point s'il fe faififfoit des coupables ; & du mefme temps va prendre prifonniers plufieurs bourgeois, bien au nombre de 40, & le mefme jour au foir on amena le fieur de Veules, & les jours fuiuans, les fieurs de Catteuille, Hambures & autres, & finallement le fieur de Lineboeuf. On remplit les prifons des plus notables habitans de la ville, qu'on difperfa en plufieurs lieux ; mais on amena à Roüen les gentilhommes & ceux d'entre les bourgeois dont on fe vouloit deffaire comme eftant deïa voués à la mort, coupables ou non, auant que de leur faire leur procés, auquel on trauailloit lentement de commencement, comme ne trouant chofe fufifante pour les conuaincre ; auffy n'y en pouuoit il point auoir, fy ce n'eftoit peut eftre que contre Catteuille ; & enfin on precipita en forte le proces que l'arreſt de la cour du parlement s'en enſuiuit, contre les vns, en octobre, audit an ; & contre les autres, en mars 1570, en ſuiuant, en execution de mort. Les cartiers des ſieurs de Linebœuf & Catteuille, leurs teſtes, & celles des ſieurs de Veules, Hambures & autres gentilhommes ; de François de Boſc Guerin, receueur de M. l'Amiral ; de maitre Jacques Canu, lieutenant general au Baillage de Dieppe, & pere de Mᵉ Dauid Canu, chirurgien ; de M. René Saualle, appoticaire ; d'vn nommé Viel ; d'vn nommé Fier à Bras, & d'autres bourgeois, au nombre de ſeize, plantées ſur des pieux, au pied du chaſteau. Le jugement fut haſté de peur que la paix, dont on parloit fort alors, & quy ne fut concluë qu'en juillet en ſuivant, n'en empeſchat l'execution (43).

Charles IX
1569

Pour le ſieur de Catteuille, s'il eſtoit, ou s'il n'eſtoit pas vray, qu'il ſe fut embarqué en la dite entrepriſe, il n'a pas eſté aueré, n'y ayant eu d'autre teſmoignage contre luy que celuy du ſoldat, qu'on auoit employé pour l'y embarquer ; neamoins pour ce qu'il eſtoit d'humeur à cela, quelques vns crurent qu'il en pouuoit eſtre quelque choſe : quoy qu'il en ſoit, il le nia toujours conſtament.

1570

On imputoit au ſieur de Linebœuf qu'il auoit eu cognoiſſance de l'entrepriſe, & qu'on diſoit que Catteuille meſme l'auoit confeſſé, quoy qu'il dit, à ſa deſcharge, qu'il l'auoit deſaprouuée & deconſeillée, meſme qu'il l'en auoit gourmandé & menaſcé d'en

Charles IX
1570

auertir le Roy, s'il continuoit dans ce deſſein ; ce que le dit ſieur de Catteuille craignant, faignit de s'en deſiſter & luy promit de n'y plus penſer ; ce que le dit ſieur de Linebœuf nia encore abſolument & affirma n'en auoir jamais parlé, & que le dit Catteuille ne luy fut jamais confronté. Neamoins, ſous ce pretexte, il fut condamné ; non pas qu'on le crut coupable, ou qu'il y eut choſe ſufiſante raportée contre luy, mais pour ce qu'il eſtoit de la religion, homme de qualité, eſtant de la maiſon de Bacqueuille, vaillant & en grand credit & autorité parmy ceux de ſa profeſſion ; & partant on s'en voulut deffaire.

Pour le fait du ſieur de Veules, on diſoit que Catteuille auoit depoſé qu'vn jour paſſant par Rouxmeſnil, lieu de la demeure du dit ſieur de Veules, eſtant auec le dit Reuers, il auroit enuoyé donner le bonjour de ſa part & s'informer de la ſanté du dit ſieur de Veules, quy eſtoit au lict, malade des goutes, & le prier de l'excuſer de ce qu'il ne le voyoit point ce jour là, mais de permettre qu'il fit vn tour en ſon jardin ; ce que le dit ſieur de Veules ayant accordé, le dit ſieur de Catteuille auoit toujours diſcouru, à ce que l'on diſoit, de la dite entrepriſe, auec le dit Reuers, ſe promenant en l'allée quy eſtoit contre le cheueſt du lict du dit ſieur de Veules, la paroy ſeulement entre deux ; dont on inferoit qu'il auoit pu ouïr quelques vnes de leurs paroles touchant la dite entrepriſe, & neamoins le peu d'aparence qu'il y auoit, & ſes conſtantes negations ; & pourtant il ne laiſſa pas d'eſtre condamné.

Quand à Boſc Guerin, outre ſa religion, ſon plus grand crime eſtoit d'eſtre receueur de M. l'Amiral & ſeruiteur de la maiſon de Montmorency, à laquelle ceux quy gouuernoient alors en vouloient.

Quand aux autres, les vns furent condamnés ſous vn pretexte, les autres ſous vn autre ; mais tous pour vne meſme cauſe, car alors ceſtoit eſtre aſſés coupable que d'eſtre de la religion, & on ne manquoit point de ſujet pour faire leur procès.

Mais en octobre ſuiuant, par arreſt du conſeil, quy ne fut pourtant executé que le 3 mars 1571, lorſque M. le marechal de Montmorency & les autres commiſſaires vindrent à Dieppe, pour l'execution des edits, furent, par leurs ordonnances, les cartiers des ſieurs de Lineboeuf & Catteuille, leurs teſtes & celles des autres renduës à leurs parens, pour les enterrer, & l'honneur retablye à leurs memoires ; leurs biens reſtitués à leurs heritiers : bref, l'arreſt de la cour du parlement de Roüen caſſé & biffé des regiſtres (44) ; mais leurs vies ne peurent eſtre rapelées du ſepultre.

Or, pour reprendre le fil des perſecutions & vexations faites à Dieppe par Sigongne contre l'euangile, que le diſcours de la pretenduë entrepriſe auoit interrompu, & lequel nous auons continué tout d'vne ſuite, pluſieurs tant de Dieppe, Bacqueuille, Luneray que d'autres lieux, & meſme quelques vns de Roüen,

Charles IX
1570

<small>Charles IX
1570</small>

voyant les dangers auxquels ceux de la religion eſtoient continuellement expoſés, penſerent à ſe retirer aux païs eſtrangers, & pour cet effet firent marché auec vn marinier pour les faire paſſer la mer, & quy les deuoit venir prendre la nuiɕt du 12 mars 1569, ſur le bord de la mer, à 4 lieües de Dieppe, proche de Veules; mais ſoit qu'ils fuſſent deſcouuerts par luy meſme par trahiſon, ou par imprudence, ou qu'ils euſſent eſté decelés par d'autres voïes, ils furent eſpiés & pris par les ſoldats que Sigongne auoit expreſſement enuoïés, & la plupart amenés priſonniers à Dieppe, où ils furent longtemps detenus & ſouffrirent beaucoup d'indignités; mais ſurtout on n'oublia pas de vider leurs bources qu'ils auoient garnies le mieux qu'ils auoient peu, comme penſant ſejourner en païs eſtrangers, & n'en ſortirent que par la porte Dorée. Entre iceux, il y auoit vn fort honneſte homme de Roüen nommé Girault (45), garde, quy, en haine de la religion, fut executé à mort & pendu à Roüen, le 20 auril en ſuiuant.

Cependant, Sigongne, ſous pretexte de la pretendüe entrepriſe, mentionnée cy deſſus, obtint encore les compagnies des capitaines Lion (46) & la Marcelliere, pour renfort de garniſon, quy furent logées aux maiſons de ceux de la religion, pour y viure à diſcretion, comme les autres, & il fallut encore qu'elles fuſſent païées à leurs deſpens, juſques au 20ᵉ de juillet qu'elles furent mandées pour aller au camp; mais pendant qu'elles y furent, ce fut à quy moleſteroit plus ſon hoſte, elles prenoient les enfans de force, les faisant rebatiser à la messe, bien qu'ils aient eu six ou sept ans & mesme plus & qu'ils auoient esté batisés au presche : ce quy continua assés longtemps, les prestres allant par les maisons de ceux de la religion sommer les peres & meres de leur representer leurs enfans, quy auoient esté batisés par les ministres, pour les rebatiser, & faute de se faire, ils les faisaient condamner par le juge royal d'Arques.

Charles IX 1570

La persecution estoit tres grande en la ville; mais elle n'estoit pas moins à la campagne, car diverses compagnies de gens de guerre, quy estoient au païs de Caux, pillerent les maisons de ceux de la religion, rauissant tout : principalement la compagnye de Riberpré, gouuerneur d'Abbeuille, s'y faisant remarquer par dessus toutes; laquelle ayant pris vn ministre de l'euangile, pres du Neufchastel, nommé M. Valence, quy fut mené à Rouen, où ayant souffert patiemment & constament beaucoup de tourmens, y fut enfin executé à mort. On mettait aussi garnison es maisons des gentilhommes, à leurs despens.

Au mois de may en suivant, on deffendit, sous de grandes & rigoureuses peines, à ceux de la religion de s'assembler plus de deux ou trois ensemble, soit en la ville ou dehors, & aux hosteliers & cabaretiers de la religion de receuoir ou loger aucun de quelque religion qu'il fut.

Le dernier d'octobre en suiuant, fut publié vn arrest

Charles IX
1570

par lequel eſtoit deffendu à toutes perſonnes, de quelque qualité ou condition qu'elles fuſſent, de receuoir & retenir feruiteur ou feruante, domeſtique ou mercenaire de la religion, mais les chaſſer dans trois jours ; de plus, que ceux quy auroient femmes, feruiteurs, commis ou clercs de la religion ne feroient reçeus à aucuns offices de judicature, & ceux quy eſtoient reçeus feroient interdis ; que l'education des enfans de ceux de la religion, apres l'age de trois ans feroit oſtée aux peres & aux meres, parens, tuteurs & gardiens de la religion, & baillée à leurs parens ou aux perſonnes de la religion romaine, & pour ce leur feroit ordonné certaine ſomme de deniers à prendre ſur les biens des peres & meres ou des mineurs, ſy biens auoient ; lequel arreſt quy fut tres inique, fut encore plus iniquement & rigoureuſement executé.

Et quoy que l'opreſſion & la vexation fut au comble, neamoins leurs ennemis leur firent experimenter, le dernier de janvier 1570, qu'il s'en falloit beaucoup qu'ils ne fuſſent encore au bout, par la publication quy fut faite que tous ceux de la religion de quelque age & condition qu'ils fuſſent, euſſent à ſortir de la ville de Dieppe en dedans 24 heures, & n'approcher à ſix heures de la coſte, à peine de la hart, à moins qu'ils ne vouluſſent aller à la meſſe & viure à la romaine ; dont pluſieurs furent contrains d'abandomner leurs maiſons & de ſe retirer, non ſans grands dangers, à Gamaches, Senerpont & autres lieux, ſous la faueur & protection des seigneurs de la religion; d'autres s'enfuirent en Angleterre, Escosse, Flandres & autres païs estrangers; autres aussy se montrerent laches & aimerent mieux faire breche à leurs consciences, & viure en captiuité que d'abandonner leurs maisons; d'autres se tindrent cachés, sans obeïr ny d'vne maniere ny dans vne autre, entre lesquels furent descouuerts Robert Le Mire, chandelier, & Jacques Bacoüel, marinier, pris & mis en prison; & pour ce qu'ils persistoient, refusant d'aller à la messe, Sigongne leur fit donner l'estrapade en plein marché, les festes de Pasques au dit an; & pour ce que le maitre des œuvres ne les traitoit pas assés rudement à son gré, il mit luy mesme la main à l'œuvre, & en fut le bourreau; après quoy, il les fit remettre en prison, & ne sortirent que par la paix (*).

Vn pauure homme, nommé Raoulin Simon, fut promené, nud, en chemise & vne torche ardante en la main, par toutes les ruës de la ville, pour le mesme suïet, & sy maltraité qu'il en perdit le sens & puis fut

(*) Dans ces temps facheux, l'esglise de Dieppe se seruoit de la priere & de jeunes frequens. Le Consistoire ordonna qu'on celebreroit le jeune les 20 & 21 mars. Outre ces jeunes publics, chacun des Anciens & des Diacres en celebroit vn dans leur famille pendant deux semaines. On en celebra plusieurs autres pendant cette année.

Par la paix concluë au mois d'aoust 1570, quy estoit le 3e edit de pacification, on accorda aux Reformés des villes d'asseurance, sçauoir : La Rochelle, Montauban, Cognac & La Charité.

Charles IX 1570

banny. Vne pauure femme n'ayant voulu figner vne abjuration de la religion fut publiquement fuftigée.

Quelques vns, & notament des femmes, quy eftoient reftées en plus grand nombre, par des tours de foupleffe, obtenoient de certains preftres qu'elles cognoiffoient, ou par argent, ou par prieres, ou par ce qu'ils n'eftoient pas fi contraires à la verité, des ateftations de leurs confeffions & communions à la romaine, croyant que comme elles mettoient, par ce moyen, leurs corps & leurs biens à labry, elles defchargeoient auffy leur confcience deuant Dieu : mais telles gens euffent beaucoup mieux fait de fe retirer comme les autres, car il fe faut non feulement garder du mal, mais auffy de toute aparence de mal ; outre qu'obtenànt & fe feruant de telles atteftations eftoit toujours en quelque forte y adherer, & quoy que la perfecution fut telle, & la rigueur fy grande, Sigongne donna permiffion à quelques femmes de demeurer quelques mois en la ville, fans eftre recherchées pour le fait de leur confcience, en payant, & fous pretexte de leur groffeffe & autres indifpofitions.

Et pour les acheuer, Violart, confeiller en la cour du Parlement de Paris, & commiffaire pour leuer les deniers pour le Roy en Normandye, lequel apres auoir rodé par toute la prouince, où il exerça des injuftices & des concufions innouïes, vint enfin à Dieppe, en ce malheureux temps, où il n'oublia aucuns tours de fubtillité, tyrannye & cruauté, en vexant & tourmentant ceux de la religion, tant prefens qu'abfens, pour vider leurs bources & tirer tout leur argent. Il n'auoit commiffion que de leuer 4,000 l. de Dieppe, & neamoins il en exigea, auec toute la rigueur poffible & violence, plus de 30,000 l., en tres peu de jours, par emprifonnement de perfonnes, faifies, ventes des biens des abfens. Des mediocres, il tiroit 200 & 300 l., & de ceux quy eftoient plus fufifans, 500 & 600 l. & plus; &, de tous ceux qu'il eftoit auerty qu'ils pouuoient payer, mefme dauantage. Le plus court eftoit de payer promptement fa cotifation, non feulement pour efuiter la prifon & vente de leurs biens deuant leurs portes, mais auffy de peur que la fomme fut augmentée, comme cela arriua à quelques vns. Il contraignit les fermiers & debiteurs de rentes de payer & auancer deuant le terme efchû; quand il n'en pouuoit auoir autrement, il les contraignoit de repayer ce qu'ils montroient par quittance auoir deïà payé; &, ce quy eftoit du tout indigne de l'equité & grauité d'vn juge, il fe moquoit infolament de ceux quy luy venoient faire des remontrances, fur l'excés de leur taxe, & des prieres de les moderer, repettant leurs paroles, d'un accent ridiculement piteux; fe mettant à genoux & faifant les pleureux, comme les femmes quy venoient luy demander moderation auec larmes. A vne quy n'auoit point pour fa fubfiftance, il luy dit qu'elle eftoit affés jeune pour en gagner. A vne autre quy fe plaignoit qu'elle eftoit chargée de nombre de petits enfans, il luy dit

Charles IX
1570

qu'il les falloit jetter dans vn lacq, en l'eau, & que c'eſtoient autant d'ennemis du Roy ; & autres telles paroles & actions injurieuſes, inſolentes & de mocquerye. Bref, pour exprimer ſufiſamment les pilleries, exactions, inſolences & inhumanités de Violart, il en faudroit faire vn volume entier. En ſes exactions, il eſtoit aſſiſté & ſecondé par le ſieur de la Mailleraye & par Sigongne, ce quy faiſoit croire à pluſieurs qu'ils auoient part au gatteau, & qu'encore que la paix fut faite dès le mois d'aouſt 1570, ſy eſt ce que ceux de Dieppe ne reçeurent guere meilleur traitement que pendant la guerre, car encore que les priſons fuſſent ouuertes à ceux quy auoient eſté empriſonnés, & à Roüen, neamoins Sigongne chaſſa de la ville ceux quy ſortoient des priſons de Dieppe, & ne permettoit à ceux quy ſortoient de Roüen de rentrer à Dieppe ; comme auſſy ils ne permettoient point à ceux quy s'en retournoient à Roüen, pendant les troubles, de reuenir en leurs maiſons. Ceux quy y eſtoient en cachette en eſtoient incontinent mis hors, & meſme ce n'eſtoit point ſans danger de leurs perſonnes, ainſy qu'il arriua à vn nommé Jean Saualle, mercier groſſier, quy eſtant entré clandeſtinement en ſa maiſon penſa y eſtre ſaccagé la nuict, & fut contraint de ſortir le lendemain de grand matin.

Au mois de ſeptembre au dit an, Dauid Pierre, drapier chauſſetier, fut frapé d'vn coup d'eſpée, & ſa femme battuë par vn ſergeant, pour ce qu'ils chantoient des pfaumes en leur maifon; &, le lendemain, maitre Guillaume Lefeure, auocat fifcal, à Dieppe, dit, en jugement, que s'ils euffent efté tués, il n'en eut efté autre chofe, & qu'on n'en eut fait aucune peine au fergeant, d'autant qu'ils deuoient fçauoir que tout exercice de la religion leur eftoit deffendu.

Charles IX
1570

Outre cela, on vouloit empefcher ceux quy auoient flechi fous la perfecution, & auoient efté ou auoient fait femblant d'aller à la meffe pendant les troubles, de reuenir au prefche & faire de rechef profeffion de la religion. Car fitoft que la paix fut faite, l'efglife fe raffembla chez la dame de Lanquetot (47) à Bacqueuille quy n'eft qu'à trois lieuës de Dieppe, & vn certain patiffier quy auoit efté à la meffe, ayant fait batifer fon enfant au prefche, fut conftitué prifonnier. Deux des filles de Chauuel de l'Oranger, reuenant du prefche de Bacqueuille, furent rencontrées par Sigongne à la porte de la ville, quy leur demanda fy elles n'eftoient pas de celles quy auoient figné d'aller à la meffe, & les ayant fait affigner deuant le juge, il les fit conftituer prifonnieres.

Ce quy dura jufques au troifieme de mars 1571 en fuiuant, que M. de Montmorency & autres commiffaires pour l'execution de l'edit de pacification, eftant venus à Dieppe & ayant ouy les parties, enjoignit aux vns & aux autres de viure en paix, fans s'entremolefter ny fe ramenteuoir les chofes paffées; permettant à ceux de la religion de viure en leurs maifons fans eftre re-

1571

Charles IX / *1571*

cherchés & d'aller aux lieux permis par l'edit, pour l'exercice de leur religion, quy ne peut eftre retablye en la ville & quy ne peut eftre auffy tenuë pour vne des villes de la prouince où l'exercice eftoit permis, pour tout venant, vu les trop grandes difficultés & opofitions quy y furent aportées, l'edit ne s'obferuant qu'en bien peu de lieux : dont fe voyant fans exercice, ils aimerent mieux auoir recours aux priuileges des maifons de fief, que de s'en voir plus longtemps priués. Pour ce, ils le retablirent au mois fuiuant à St Aubin fur Arques, vulgairement dit St Aubin le Cauf, en la maifon & fous la faueur & priuilege de Robert Defmareft, efcuier, Sr de St Aubin, comme ayant plein fief de haubert, auquel l'exercice de la religion eftoit permis par l'edit, pour tous venans. Et l'efglife de Dieppe y fut recueillye & entretenuë affés paifiblement, par l'efpaee d'vn an & plus, Me Treuel, fieur de La Grouë (48), y eftant pafteur ordinaire, fecouru de fois & autre par M. Duual, pafteur de l'efglife de Boiffay (*).

(*) Le Colocque de la claffe de Caux s'y tint le 7 decembre 1571. Peu apres l'efglife remerciant M. Duval, pafteur de l'efglife de Boiffay de fes trauaux, il s'en retourna dans fon efglife. On choifit auffy pour cimetiere vne prairye proche la porte de la Barre, &, par ordonnance du confiftoire, du 20 juillet 1572, on accorda aux foffoyeurs 2 fols pour vne petite foffe, 4 fols pour vne grande.

Chapitre IV.

SOMMAIRE.

Mafacre de la St Barthelemy à Paris & à Roüen. —— Les mafacreurs vont de ville en ville pour egorger ceux de la Religion. —— 20 ou 25 de ces bourreaux viennent à Dieppe & logerent chés Nicolas Dupont. —— Ils furent empefchés d'exercer leur ragé, par Sigongne. —— Motifs quy y engagerent Sigongne. —— Ces mafacres rendent le nom François odieux aux Eftrangers. —— Eftat pitoyable de ceux quy resterent. —— Paix faite à la folicitation des Ambaffadeurs de Pologne, le 17 januier 1573. —— M. Cartault continuë l'exercice de la religion à Dieppe. —— Paix du mois d'auril 1576. —— Ceux quy eftoient à la Rye reuiennent à Dieppe. —— On donne aux Reformés deux maifons pour faire l'exercice de leur religion. —— En decembre, l'exercice de la religion eft de nouueau interdit. —— Lettre de cachet publiée le 12 du mois de feurier 1577. —— Les Pafteurs fe retirent en Angleterre. —— Autre paix concluë à Poitiers, quy permet l'exercice de la religion. —— Les Pafteurs font rapelés par l'efglife de Dieppe. —— L'exercice eft retably à Pallecheul : les officiers de la vicomté d'Arques s'y opofent pendant cincq mois. —— L'efglife prend pour fecond pafteur ordinaire M. de Licques. —— Tiboult fe reuolte & retourne à la meffe. —— Terrible tempefte. —— Mort de Tiboult. —— Tremblement de terre, le 15 auril 1580.

—— Minimes inſtallés à Dieppe. —— Sigongne toujours auare & cruel s'empare des communes de Longueil & Pouruille. —— Sa mort. —— Jugement de Dieu ſur Sigongne. —— Ses mauuaiſes qualités. —— Le fils de Sigongne, pourueu du gouuernement par Henry IV, diſſipe le bien de ſon pere & celuy de ſa femme. —— Apres la mort de Sigongne le pere, le gouuernement fut donné au commandeur de Chaſtes. —— Depuis les maſacres, les Proteſtans nauoient pas permiſſion de porter leurs morts en terre. —— Ils ſe ſeruoient de portefais qu'ils louoient à prix d'argent. —— Permiſſion à ceux de la Religion de porter eux meſmes leurs morts en terre. —— Requeſte de l'auocat Lefeure pour que le corps de ceux quy mouroient de la peſte ne fuſſent plus enterrés dans les temples. —— Maladye & mort de l'auocat Lefeure. —— Mort du duc d'Alençon frere du Roy à Chaſteau Thierry. —— Proceſſions blanches. —— La Ligue forme le deſſein de chaſſer le Roy de ſon troſne pour y mettre le duc de Guiſe. —— M. de Chaſtes ne ſe fye point aux Catholiques & ordonne aux Reformés de monter la garde la nuict dans differens endroits de la ville. —— La Ligue oblige le Roy de ſe joindre à elle pour exterminer les Proteſtans. —— Edit par lequel tout exercice de la religion autre que la Romaine eſt interdit dans tout le royaume. —— Moderation du gouuerneur. —— Le terme de 6 mois donné pour ſortir fut reſtreint à celuy de 15 jours. —— Joie des catholiques romains à la publication de l'edit. —— Tout exercice de la religion reformée ceſſe à Dieppe, & l'eſgliſe paſſe en Angleterre auec les Paſteurs. —— Cet exil volontaire tourne en bien aux reformés de Dieppe. —— Perte de la flotte eſpagnole apelée l'Inuincible. —— Les refugiés en Angleterre jouiſſoient d'vn quart du reuenu qu'ils auoient en France. —— Artifices des ligueurs pour faire haïr le Roy par ſes ſujets. —— Preſque toutes les autres villes du royaume ſe reuoltent contre le Roy ; en Normandye, il n'y eut que Caen & Dieppe qny reſterent fidelles. —— Le gouuerneur de Dieppe rapele les refugiés d'Angleterre. —— Mort du Roy Henry III, tué par Jacques Clement. — Henry IV est assiegé à Dieppe par le duc de Mayenne. — Le 16 septembre 1589, le Roy fait faire le culte dans son logis à Dieppe. — Les habitans recommencent l'exercice de la religion reformée. — Noms de plusieurs maisons où l'on faisoit l'exercice de la religion reformée. — Protection du gouuernement enuers les protestans de Dieppe. — Les reformés sont admis à faire garde jour & nuict à Dieppe. — Le Roy change de religion. — Le Roy vient à Dieppe auec sa soeur le dernier d'octobre 1593. — Sacre du Roy à Chartres le 27 feurier 1594. — Le duc de Bouillon va en Angleterre pour renoueller l'alliance. — Raisons que le gouuernement auoit de fauoriser les reformés. — Dieppe seruoit d'asile aux reformés quy s'y retiroient des villes liguées. — Assemblée de Chastellerault en 1597. — Plusieurs maisons où on fait le culte à Dieppe. — Mariage de Mme Caterine soeur du Roy, en 1599.

IV

Mais les nouuelles de la cruauté exercée le 24 d'aouſt, feſte de la St Barthélemy, aux matines pariſiennes & autres jours en fuiuant, eſtonnerent tellement l'egliſe de Dieppe, qu'elles firent retirer le paſteur & diſperſerent les troupeaux. Pluſieurs ſe retirerent en Angleterre, dès le premier jour de ſeptembre & autres jours en ſuiuant. Le maſſacre ayant eſté fait à Roüen quelques jours après, fit que le reſte choiſit plutoſt l'impitoïable eſlement de la mer pour azile que de demeurer expoſés à la rage & non jamais aſſés deteſtée cruauté de leurs voiſins & compatriotes.

Ce quy ſera incroyable à la poſtérité, eſt qu'il y auoit vn certain nombre de bourreaux ou plutoſt de bouchers de chair humaine, alterés & jamais ſoulés du ſang des fidelles, qui alloient de ville en ville pour les eſgorger, comme brebis à la boucherye; ce quy s'executoit preſque partout ſans contredit, comme eſtant annoncés & autoriſés des puiſſances ſuperieures & aſſiſtés ou pour le moins favoriſés de la plus grande partye des peuples, le temps eſtant venu que ceux

Charles IX
1572

Charles IX
1572

quy les mettoient à mort penfoient faire fervice à Dieu.

Vingt ou vingt cincq de ces loups acharnés au carnage eſtant venus à Dieppe, furent reçeus & logés pour la pluſpart par Nicolas Dupont (49), pere de celuy quy a eſté depuis procureur indigne de la ville, & apres auocat du Roy en la juridiction d'Arques, & grand pere de celuy quy l'eſt aujourd'huy, & de celuy quy eſt Elye Dupont demeurant alors en la Grand'Rue en la maiſon nommée l'Image de St Georges, proche du Bras d'Or, appartenant aujourd'huy au ſieur de Sauqueville, ſergeant major de la ville; leſquels ſe preparant à leur infame & execrable exercice, en furent empeſchés par Sigongne, quy les fit ſortir de la ville, menaçant de les faire tailler en pièces; en aparence, pour ce qu'ils eſtoient venus en la ville, en ſon inſçeu, ſans le venir ſaluer & montrer leur commiſſion, & luy demander la permiſſion de la mettre à execution, mais en effet pour qu'il ne reſtoit plus en la ville que quelque peu de femmes, les petits enfants & bien peu de vieillards decrepits, que leur âge & incommodités, auoient empeſchés de ſe retirer auec les autres, leſquels tenant la mer, auoient menacé de faire les meſmes traitemens à tous ceux quy ſortiroient du port & autres quy tomberoient en leurs mains, qu'on feroit à ceux des leurs quy eſtoient retirés en la ville. Outre que peu d'années auparauant, ils s'eſtoient enrichis de leurs deſpouilles ne croyoit plus alors y faire grand butin, ne doutant point qu'ils n'euffent emporté auec eux ce qu'ils auoient de meilleur.

Les maffacres n'ayant pas produit l'effet que ceux qui les auoient commandés en auoient efperé; au contraire, vne fy vilaine & eftrange boucherye contre la foy publique ayant rendu le nom François, & particulierement celuy de l'auteur, odieux & execrable aux eftrangers, fit que la perfecution fe ralentit vn peu ; mais encore que, par les edits reiterés, les abfens fuffent rapelés en leurs maifons, mefme fous peine de faifye & confifcation de leurs biens & fous promeffe & affeurance de bon traitement, neamoins ceux quy s'eftoient retirés ne s'y ofoient fier, & ne voulurent abjurer la verité, à quoy ils euffent efté obligés s'ils fuffent reuenus. Ils fe tindrent vn an en Angleterre, où ils groffirent de beaucoup l'Efglife Françoife de Londres & en drefferent vne à la Rye (50), fous la fauorable protection de cette imcomparable princeffe Elifabeth, Reyne du dit royaume (51).

Ceux quy refterent à Dieppe fe trouuerent en vn lamentable eftat, & beaucoup pis qu'auant la paix precedente; car non feulement ils eftoient obligés de fe prefenter deuant les juges, de jurer & figner de demeurer en l'vnion de l'efglife Romaine, fous l'autorité des edits, mais auffy de reprefenter ateftation du curé, ou preftre quy les auoit ouïs en confeffion & adminiftré la communion à la faſçon de l'efglife romaine, dont ils ne fe pouuoient exemter que par le mefme moyen

Charles IX
1573

1573

Charles IX
1573

dont ils s'eſtoient ſeruis auparauant, en mendiant des ateſtations des preſtres de leur connoiſſance qu'ils auoient ſatiſfait à l'edit.

Et encore que par la paix, faite à la ſolicitation des ambaſſadeurs de Pologne, le 17 de juin 1573, il y eut permiſſion à Dieppe, comme partout le royaume, de viure en ſa maiſon ſans recherches pour la conſcience, & ſoleuniſer les bateſmes & mariages à l'accoutumée, en l'aſſemblée de dix perſonnes ſeulement outre les parens; neamoins il n'y eut que bien peu de perſonnes quy pouſſées du deſir naturel de reuoir leur païs, ou par la grande neceſſité de leurs affaires, reuinſſent à Dieppe (*); la plus grande partye demeurerent en Angleterre & ils ne reuindrent qu'au mois de may, apres la paix de l'an 1576.

1574

Et quoy qu'il n'y eut autre permiſſion, l'exercice de la religion ne laiſſa d'eſtre conſtitué à Dieppe par M. Cartault (52), ſous le nom du ſieur de Carual, de fois à autre, ſelon que les temps eſtoient plus ou moins difficiles, mais toujours en cachette & en petites aſſemblées, en des maiſons particulieres de la ville, où l'on n'eſtoit reçeu qu'auec des marreaux. Le dit ſieur Cartault y fut depuis paſteur ordinaire.

Henry III
1576

Enfin, la paix eſtant faite au mois d'auril 1576, nommée la Paix de Monſieur, & l'exercice de la religion libre & permis par toutes les villes du Royaume, ſans

(*) Le roy Charles IX mourut le 30 may, jour de la Pentecoſte, 1574.

restriction que de Paris seulement. Ceux de Dieppe estoient reuenus de la Rye, le mois suiuant, apres y auoir esté trois ans neuf mois, l'exercice de la religion y fut retably à la Pentecoste, par le Roy Henry III, quy estoit alors à Dieppe, & on faisoit l'exercice en deux maisons de la ville qu'on estimoit les plus commodes, sçauoir : vne en la ruë du Haut Pas, nommée le Moutier Blanc, appartenant alors à Pierre de Caux (53) & aujourd'huy à Elye & Jeremye Boucheret freres (54); l'autre, en la ruë d'Escosse, en vne maison sise proche la fontaine de la dite ruë, vis à vis de la maison des Charités, appartenant alors à Bertran Lebrument, & depuis à Jacques Fizet, & aujourd'huy à Pierre Blondel, drapier, es qu'elles on faisoit l'exercice comme en deux paroisses. Le dit sieur Cartault, alors pasteur ordinaire, assisté extraordinairement de M. Bardin Paris, on continua l'exercice libre & sans interruption, jusques à ce qu'au mois de decembre en suiuant tout exercice de la religion fut interdit par les estats tenus à Blois; les Ministres, Anciens & Diacres chassés & bannis du royaume, & la guerre declarée à ceux quy ne vouloient obeïr; neamoins ils continuerent encore à Dieppe jusques au commencement de feurier 1577 (*). On marioit alors apres vne annonce faite.

Henry III
1576

1577

(*) Le sinode prouincial tenu à Alençon, au mois de juillet 1576, depose quelques Anciens de l'esglise de Dieppe, & on en esut d'autres. Le 25 du mesme mois on celebra vn jeune pour qu'il pleut à Dieu d'inspirer sur le choix des dits Anciens.

Henry III 1577

Le 8ᵉ de feurier 1577, M. de Sigongne, gouuerneur de Dieppe, auertit les Anciens de ceſſer les preſches, pour ne pas contreuenir à la volonté du Roy, quy ne vouloit plus ſouffrir d'autre religion que la romaine en ſon royaume.

Ils s'aſſemblerent deuant le ſermon & firent apeler les chefs de famille pour ſuiure leurs aduis. Apres auoir celebré vn jeune & fait d'ardantes prieres à Dieu, ils s'aſſemblerent ſur les onze heures, conſiderant ce quy leur eſtoit enjoint par leur gouuerneur, quy les auertiſſoient qu'il ne pouuoit autrement les garantir du danger.

Ils firent reflection ſur pluſieurs aduis qu'on leur donnoit de Londres & de la Rye, par leſquels on leur conſeilloit de ceder plutoſt qu'en s'opiniatrant tomber dans des inconueniens ſemblables à ceux qu'on auoit reçeu à Caen. Il fut arreſté qu'on enuoieroit vers le gouuerneur le prier qu'il accordaſt vne fois la ſemaine ou deux fois le mois, ou bien l'exercice ſecret auec promeſſe qu'on ne les rechercheroit point. Il accorda la derniere demande, & liberté pour les enterremens, & le lendemain, quy eſtoit le ſamedy, ils firent des prieres extraordinaires & leur fut permis de preſcher le dimanche, & ce jour là on acheua de lire le liure du prophete Oſée, & le peuple fut exorté à ſon deuoir, par prieres, de perſeuerer conſtament en la vocation.

Il y auoit longtemps qu'on s'apperceuoit des infractions de l'edit, ce quy faiſoit aprehander d'autant plus cette deffenfe, &, dès lors, le confiftoire accorda de faire accomplir les mariages apres vne feule annonce, ce quy fut confirmé par le colocque tenu à Harfleur, le 22 de januier 1577.

Depuis les pourparlers du fieur de Sigongne, gouuerneur, il fut refolu de ne rien faire de dix à douze jours, à moins qu'il n'y eut des batefmes; fecondement, que les affemblées particulieres ne feroient au plus que de vingt perfonnes; que pour le foulagement des Anciens, ils choifiroient, en leurs cartiers, des dixmiers; que le Confiftoire ne s'affembleroit qu'vne moitié à la fois, par ordre alternatif; qu'on prieroit M. Paris d'affifter cette efglife: ce qu'il promit.

Comme l'efglife auoit refolu de continuer encore l'exercice & toujours en fecret, à caufe da la difficulté du temps, elle en fut empefchée par vne lettre de cachet, publiée le 12e de feurier, tellement que les pafteurs fe retirerent en leur azile, certein & ordinaire, d'Angleterre, & tout exercice ceffa jufques à la fin de feptembre en fuiuant que la paix fut concluë à Poitiers, par laquelle l'exercice de la religion fut permis, mais feulement es maifons quy auoient haute juftice ou plein fief de haubert, pour tous venans; & aux autres, quy auoient moins de priuileges, pour vn certain nombre limité. L'efglife de Dieppe rapela les fieurs Cartault & Paris, fes pafteurs, & retablit l'exercice fous l'autorité de Robert de Rocquigny, efcuyer, fieur de Pallecheul (55), viron à vne lieuë de Dieppe, le 1er de decembre au dit

Henry III
1577

Henry III
1577

an, auquel fut donné de grands empefchemens par les officiers de la vicomté d'Arques, pendant quatre ou cincq mois, penfant que le fief de Pallecheul ne fut plus de haubert (56), & de la condition requife par le dit edit, pour receuoir tous venans, & que plus de 40 perfonnes n'y pouuoient eftre admifes ; ce quy fit que pendant le dit temps nul n'eftoit reçeu en l'affemblée fans marreau, comme on auoit fait lors que l'exercice fe faifoit en cachette & fans permiffion, de peur qu'y venant en trop grand nombre cela ne fit tort au dit

1578

fieur de Pallecheul, jufques à ce que le 19ᵉ d'auril en suiuant, le dit fieur ayant obtenu arreft en fa faueur, & tout empefchement eftant leué, l'exercice s'y fit publiquement & librement pour tous venans.

L'exercice fe continuant paifiblement & fans empefchement à Pallecheul, l'efglife apela au mois de juin

1581

1581 Mᵉ Antoine de Licques, fieur des Authieux (57), gentilhomme de l'illuftre famille de Licques, en Boulenois, pour y eftre pafteur ordinaire auec les fieurs Cartault & Paris. Le dit fieur de Licques exerçoit alors fon miniftere en l'efglife françoife de la Rye.

Tiboult, autrefois miniftre de l'efglife de Dieppe, où il auoit aporté beaucoup de mal, comme il a efté dit cy deuant, continua toujours depuis de brouiller & troubler les efglifes, jufques à ce que par fes mauuais comportemens, il fut fufpendu des facremens & de fa charge au colocque de la claffe de Caux, en l'an 1580. Enfin ayant leué le mafque, il rétourna à fon vomiffement & se reuolta en mars 1581, & prescha le jour de Pasques, le 26 dudit mois, à Roüen, la premiere fois apres sa reuolte ; jour signalé par vne effroyable tempeste quy abattit plusieurs edifisses, & entr'autre vne muraille à St Remy ; apres quoy estant reuenu à Dieppe, il ne suruequit que jusques au mois de decembre en suiuant, où sa mort fut telle que sa vie : car ayant vecu en prophane, il mourut en athée, n'ayant voulu prendre les sacremens à la fasçon de l'esglise romaine ; mais aussy n'ayant montré aucun signe de repentance dont on eut eu cognoissance. Neamoins ceux quy auoient esté ses plus familiers amis & plus passionnés partisans crurent qu'il auoit desiré de les voir à sa mort & de leur donner des tesmoignages d'amitié, mais que ceux entre les mains desquels il estoit ne leur voulurent pas permettre l'entrée de la maison en laquelle il mourut.

En ce temps là (auril 1580) il y eut vn tremblement de terre en Normandye ; il commença à Dieppe sur les six heures du soir.

Jusques alors, il ny auoit à Dieppe que les deux paroisses de St Jacques & de St Remy ; mais le cardinal de Bourbon, estant à Dieppe, achepta vne maison, au mois de mars 1580, qu'il donna aux religieux Minimes. Depuis, ils en achepterent plusieurs autres, dont ils agrandirent leur couuent, & du reste en firent des louages, quy seruent de reuenus aux dits religieux ; comme la maison de Marion de La Nos, le long de

Henry III
1581

Henry III
1581

laquelle paſſe le conduit, ou eſgout, des eaux de la ville, nommé le Trou Püant, par le prix de 2,600 l. Ils acheptereur auſſy le logis nommé le Cheual rouge, joignant, par l'autre coſté, le dit eſgout d'eaux. Ils eurent auſſy vne autre place vers la ruë d'Eſcoſſe, appartenant à Belanger d'Eſpinay, bornée d'vne maiſon appartenant à Guillaume Daual, quy ne leur voulant point vendre arreſta le cours de leurs acquiſitions.

1582

Ceſte inextinguible ſoif d'amaſſer des richeſſes, quy eſt la racine de tous maux, & quy ne dit jamais : c'eſt aſſés! non plus que le ſepulcre, poſſedoit tellement l'eſprit de Sigongne, que non content d'auoir pillé les habitans à l'entrepriſe de Catteuille, luy fait encore trouuer les communes de Longueil & de Pouruille à ſa bienſeance, conſiſtantes en prairies. Celles de la valeur de 1,800 à 2,000 l. de rente, & celles de 1,200 à 1,500 l., il les en depoſſeda, &, par ce moyen, ruina entierement les pauures paroiſſiens. La juſtice de Dieu, quy vient ſouuent à pas de tortuë, mais auſſy quy eſt infaillible, & d'autant plus qu'elle eſt tardiue auſſy eſt elle plus exemplaire & n'outrepaſſe jamais le temps deſigné par la prouidence. Sigongne venant de viſiter ſa nouuelle conqueſte de Pouruille, quy n'eſt guere qu'à vn quart de lieuë de la ville de Dieppe, accompagné de quelques gentilhommes, & monté ſur le cheual de bataille de feu M. de Linebœuf, qu'il auoit eu de la confiſcation de ſes meubles, lequel quoy que deїa vieux eſtoit neamoins vigoureux, paſſant la riuiere, se mit en vne fondriere & le renuersa en l'eau; le dit cheual se debattant pour s'en retirer, luy donna vn coup de pied dans l'estomac, dont estant retiré palpitant & presque deïa mort, par ceux de sa compagnye, & principalement par vn boucher de Dieppe, nommé Robert de Loray, quy se rencontra là, fortuitement, le renuersant & luy faisant reuenir la plupart de l'eau qu'il auoit dans le corps, & le firent raporter à Dieppe, où ayant vecu encore trois à quatre jours, enfin, il expira, le 7 de nouembre 1582 (*), sans que l'art & toute l'industrye des medecins luy peurent faire reuenir ses sens; soit de la trop grande quantité d'eau qu'il auoit beü, ou, plutost, du coup de pied qu'il auoit reçeu de son cheual, non sans vn euident & insigne jugement de Dieu, quy permit que le cheual du sieur de Linebœuf, qu'il auoit sy malheureusement fait mourir, par son enorme trahison, fut l'instrument, & la prairie des pauures Pouruillais, l'occasion & le motif de sa triste & lamentable fin; & que cela arriua sur les lieux, & deuant leurs yeux, comme pour les consoler de leur perte, par vne sy notable vangeance. Ainsy mourut le dit Sigongne (58) haÿ de tous, & regretté

Henry III
1582

(*) Le 4e jour d'octobre de cette année 1582, on retrancha dix jours du calendrier, de sorte que le lendemain fut compté le 15 octobre au lieu du 5, afin de remettre, par ce moyen, l'equinoxe du printemps au 21 de mars, comme il estoit du temps du concile de Nicée, & cela suiuant l'ordonnance du pape Gregoire XIII. (Voir la page 152, de l'*Vsage des globes*.

Henry III
1582

de personne. Il estoit homme d'esprit & de conduite, esloquent, & quy persuadoit aisement ce qu'il vouloit, &, auec cela, merueilleusement flexible & ployable à des mouuemens contraires, pour paruenir au but de ses desseins ; mais d'autre part, dissimulé, trompeur, perfide, ingrat, vindicatif & aveuglé d'vne sy extreme auarice qu'elle le portoit mesme à la cruauté ; ne se souciant pas par quelle voye il amassoit des biens, pourueu qu'il en eut. Aussy en l'espace de 18 à 19 ans qu'il fut gouuerneur de Dieppe, par pilleries, ransçonnemens, exactions & autres voies illicites, de pauure, chetif & tout desplumé qu'il estoit, quand il y fut establi, il s'empluma, deuint riche & opulent, & acquit plus de 40,000 l. de rentes, qu'il laissa à ses deux fils ; mais le troisieme heritier n'en jouit point paisiblement, comme estant bien mal acquis. La Riuaudiere, son second fils, mourut jeune. Son fils ainé ayant esté cornette blanche de la Ligue, & apres la paix de Veruins, en 1598, estant venu en bonne grace de Henry le Grand, pour les mesmes raisons, & par les mesmes moyens que les sieurs de Roquelaure, La Varenne, Descures & autres, quy y ont esté auancés, fut par luy pourueu au gouuernement de la ville de Dieppe, apres la mort du sieur commandeur de Chastes ; & quoy qu'il eut espousé vne femme riche de 20,000 l. de rentes, il les dissipa par ses profusions & débauches, non seulement son bien propre, mais aussy celuy de sa femme entierement, en sorte qu'il mourut fans enfans, pauure & endetté. Sa veuue fut contrainte de renoncer à fa fucceffion & de chercher condition pour fe pouuoir maintenir; fes meubles ayant efté vendus au pied du chafteau, à la requefte de fes creanciers. Le jeune Sigongne, fon neueu, fils de la Riuaudiere, fon frere, ayant, en moins de deux ou trois années, prodigalement diffipé trois ou quatre mille liures de rentes quy luy eftoient reftées de la fucceffion de fon pere, s'accofta de quelques faux monnoyeurs, à Paris, quy à caufe de la reputation que fon oncle auoit eue, penfoient qu'il les pouroit mettre à labry en cas qu'ils fuffent decouuerts. Il fe trouua enfin enuelopé en mefmes condamnations qu'eux; & n'eut efté que par l'autorité de la Reyne Mere, nouuellement fortye de regence, en l'an 1615, il en obtint fa grace à la folicitation de quelques amis de fon oncle, il deuoit & eftoit deftiné à enfanglanter vn honteux efchaffaud & feruir de fpectacle & d'exemple, comme ont fait fes compagnons, & prouuer qu'en grands & en petits, Dieu punit l'iniquité des peres fur leurs enfans, jufques à la troifième & quatrieme generation, de ceux quy le haïffent.

Apres la mort de Sigongne pere, fucceda frere Aymar de Clermont de Chaftes, cheualier de l'ordre de St Jean de Jerufalem, vulgairement dit de Malte, commandeur de St Paul & de l'Ormeteau, pofé au gouuernement par M. l'amiral de Joyeufe. Le dit gouuernement & celuy du Haure de Grace eftant vnis

Henry III
1582

1583

alors à la charge de l'Amiral. Il fut reçeu à Dieppe le 13 de mars 1583. Homme traitable & debonnaire, aimant les habitans & aimé d'eux, & quy maintint toutes choses en paix, autant que la confusion du temps & la rigueur des edits le peurent permettre; aïant pour lieutenant au gouuernement de la ville, le sieur de Cusson, & pour sergeant major, M. de Fauet.

Le cardinal de Bourbon ; son neueu, fils du prince de Condé, & le duc de Guise, poserent la premiere pierre du couuent des Minimes, à Dieppe, le 7 juillet 1583.

Quoyque le libre exercice de la religion se continuat toujours paisiblement à Pallacheul depuis la paix, sy est ce que ceux de la religion n'auoient point permission de porter leurs morts à la terre, mais depuis les massacres auoient toujours esté contrains de se seruir de porte fais, qu'ils louoient à prix d'argent, &, pour cet effet, accompagnés d'vn sergeant quy les conduisoit jusques au lieu, jusqu'en l'an 1583, que la contagion estant tres grande à Dieppe, les brouettiers refuserent de les porter quelque prix qu'on leur eu peu donner, craignant le danger ; dont ceux de la religion sestant plains au sieur commandeur de Chastes, offrirent de les porter eux mesmes s'il leur estoit permis, lequel les renuoya au baillif de Dieppe pour y donner ordre. Maitre Guillaume Frere, auocat fiscal, quy leur estoit extremement contraire, ayant ouy, s'y oposa dabord ;

mais apres, ne voyant pas de meilleur expedient que celuy qu'ils auoient propofé, il y confentit, à la charge qu'ils porteroient eux mefmes tous les corps des leurs à la terre, de quelque maladye qu'ils mouruffent, mefme de la maladye contagieufe & epidemique ; ce qu'ils accepterent volontiers, &, dès lors, ils recommencerent à les y porter auec conuoy, comme ils auoient fait autrefois, & ce quy s'eft toujours continué depuis. Le dit Auocat fifcal requit dès lors que les corps de ceux quy mouroient de pefte ne fuffent plus inhumés dans les temples ; & comme on luy repondit que cela pouroit arriuer à quelques notables habitans, quy auroient rendu de grands feruices à l'efglife, il replica que ce mal n'eftoit que le mal de la racaille, & s'opiniatra ; en sorte qu'il le fit ainfy ordonner, ne croyant pas s'en exclure luy mefme, car, en fortant de la juridiction, il fut pris de ce mal, dont il mourut deux jours apres, ayant fort prié qu'on n'eut point d'égart à fa requifition, ny à l'ordonnance comme la recognoiffant inique. Auant fa mort, il fit brufler plufieurs memoires & informations qu'il auoit dès longtemps fait dreffer contre les principaux de la religion, & particulierement contre ceux qu'il pretendoit s'eftre apropriés les meubles & ornemens de l'efglife es années 62 & 63. Il attendoit que le temps leur fut plus contraire pour les mettre à execution : cependant tous attribuerent fa maladye & fa mort à vn jufte jugement de Dieu ; ce qu'auffy il recogneut luy mefme.

Henry III
1583

Henry III
1584

La grande Ligue apelée par les auteurs d'icelle: la Sainte Vnion, couuée quelque temps auparauant à Nancy & efclofe à Peronne, en may 1576, & en mefme temps reçuë, efleuée & fortifiée à Paris, & autres des plus notables villes du royaume, voïant fes deffeins auancés par la mort de M. François duc d'Alençon, frere du Roy & prefomptif heritier de la couronne, au Chafteau Thierry, le 20 de juin 1584, le Roy fe voyant hors d'efperance d'auoir lignée, fe refolut de mettre les fers au feu ; & que d'vn cofté on ne voyait que proceffions blanches de perfonnes nuës, fans chemifes, & pour toutes chofes n'ayant qu'un linceul ou drap de lin, dont ils couuroient tout leur corps, marchant lentement auec vn chant fort piteux & lugubre, ce quy eftoit vn fpectacle fort eftrange & fort nouueau. Pour pretexte, ils difoient que c'eftoit pour prier Dieu de donner lignée au Roy, mais c'eftoit au contraire pour attirer des partifans à l'vnion ; pour debouter le Roy de fon trofne & mettre le duc de Guife, chef d'icelle Ligue, en fa place, & changer la couronne royale en vne monachalle, fous les pretextes de tyrannye & d'herefie qu'ils luy imputoient qu'il fauorifoit ; & cela ne fufifant pas pour paruenir au but de leurs deffeins, ils mettent des troupes aux champs, contre la volonté du Roy & au prejudice de fes deffences.

Le fieur de Chaftes, quy eftoit bon feruiteur du Roy, fon maitre, ne pouuant fe fier aux papiftes de la ville, qu'il fçauoit eftre ou de la Ligue en effet, ou affectionnés à icelle, resolut de se seruir de ceux de la religion qu'il sçauoit estre fidelles au Roy, & n'auoir aucune communication auec elle, leur ordonnant de se tenir sur leurs gardes, de s'assembler toutes les nuicts, en diuerses maisons & en diuers endroits de la ville, & y tenir corps de garde, afin d'estre toujours prest à toutes occasions ; leur commandant de se tenir toujours coye & en repos, s'il ny auoit point de bruict, & leur donna des ordres necessaires en cas d'entreprise ou de tumulte. Encore qu'ils n'eussent lieu de faire l'exercice de leur religion qu'à Pallecheul, ils ne laissoient pas de passer la nuict de leur garde à la lecture de la parole de Dieu ; & en prieres de jour, n'ayant rien à craindre, ne pouuant pas estre surpris sy aisement. Ce quy dura jusques à ce que la Ligue obtint du Roy, quy estoit intimidé par la reyne Mere, non seulement d'autoriser ses armées, mais aussy de s'y joindre & se rendre chef d'icelle, pour exterminer les Huguenots & leur religion ; c'est à dire, de Roy & de souuerain, se rendre partisan, & de sa main gauche couper la droite ; ce quy enfanta l'edit de juillet, par lequel tout exercice d'autre religion que de la romaine, fut interdy par tout le royaume. On enjoignit à tous d'abjurer la religion & d'aller à la messe ou d'emigrer. On donna temps de six mois pour s'y desliberer ou sortir ; & la guerre declarée contre ceux quy ne voudroient obeïr.

Ce grand & subit changement estonna merueilleusement ceux de la religion ; neamoins il fallut ceder &

Henry III
1584

1585

s'accomoder au temps. Ce qu'ils auoient de meilleur, eſtoit que le ſieur de Chaſtes, homme pacifique & modéré, quy connoiſſoit leur fidellité & quy ne les haïſſoit pas, encore qu'il fut deuenu ligueur comme ſon maitre, ne laiſſa pas de les entretenir aſſés paiſiblement en la ville, & en la continuation de l'exercice de la religion à Pallecheul, juſques au 15 d'octobre en ſuiuant que le terme de ſix mois, donné par l'edit de juillet, ſemblant trop long à l'impatience des ligueurs, ils obligerent le Roy à le reſtreindre à 15 jours de la publication de l'edit quy fut alors donné pour les hommes, à peine de confiſcation de corps & de biens ; à la publication duquel il n'y eut à Dieppe que feus de joye, cris d'allegreſſe, feſtins publics en pleine ruë par les papiſtes, croyant auoir tout gagné, & que toutes choſes leur viendroient à ſouhait ; mais ils comptoient ſans leur hoſte, ne conſiderant pas que, par ce moyen, ils attiroient l'indignation & les fleaux de Dieu ſur leurs teſtes, comme ils ne les reſentirent que trop les années ſuiuantes, où la mortalité ſuiuit ainſy que la famine & la guerre, rauageant de tous coſtés.

Entre ces deux edits de proſcription, ceux de la religion, quy ſe reſolurent de ſe retirer, pouruurent à leurs affaires au mieux qu'il leur fut poſſible ; les vns vendant leurs meubles ou les faiſant tranſporter ; d'autres engageant ou alienant leurs maiſons, terres & autres immeubles, quoy que ce retranchement des edits en ſurprit pluſieurs, quy, croyant auoir encore aſſés de temps, ne s'estoient pas hastés esperant rencontrer quelques occasions plus aduantageuses auec le temps ; en l'engagement ou alienation de leurs biens ; mais le jour venu, la plus grande partye de l'esglise se retira, & cessa tout exercice de la religion à Dieppe, au mois de decembre en suiuant. Presque toute l'esglise passa en Angleterre, auec les sieurs Cartault & de Licques, leurs pasteurs, où elle fut rassemblée à la Rye, lieu quy leur fut destiné par la Reyne Elisabeth, princesse vraiment protectrice de la foy & des fidelles, & sy peu quy resterent, dont il n'y en auoit que presque vn de chacque maison, pour la conseruation du tiers de leurs biens, quy en ce cas leur estoit accordé par le dit edit, furent contrains d'aller à la messe & de hurler auec les loups.

Mais la Prouidence & admirable bonté de Dieu a esté sans doute admirable & fauorable enuers ceux de la dite esglise; leurs ennemis les faisant exiller l'auoient penssé en mal, mais Dieu l'auoit penssé en bien, car il les retira en vn païs d'abondance & de fidellité ou rien ne leur manqua, toutes choses estant à vn prix tres modique & en abondance en Angleterre, jusques à ce qu'ils enuoÿoient le pain tout cuit à leurs amis restés à Dieppe, pendant que toute l'année 1586 la famine & la cherté estoient sy grandes en France qu'on ne rencontroit sur les chemins que pauures gens allangouris, & espirant de faim. La mine de bled, quy ne valloit ordinairement qu'vn escu ou quatre liures, val-

Henry III
1585

1586

Henry III
1586

loit alors jufques à 24 & 26 l. Ils efuiterent auffy la mortalité quy fuiuit la famine, & les defordres & confufions quy arriuerent alors, eftant comme dans la terre de Goffen, pendant que les tenebres couuroient toute l'Egypte.

Pendant le profond repos dont ils jouiffoient en ce païs, ils furent reueillés par cette grande armée nauale apelée l'Inuincible par les Efpagnols, quy l'auoient preparée pour la rüine de l'Angleterre, laquelle ils virent perir & auffy toute diffipée, eftant le jouet des vents es mois d'aouft & feptembre 1588 (59).

1588

Quelques François refugiés en Angleterre furent s'abituer en la ville de Winchefter (60), diftante de la Rye d'enuiron deux mille, & y drefferent vne efglife françoife de laquelle M. de la Touche (61) eftoit pafteur.

Les abfens de France, quy faifoient aparoitre annuellement leur refidence en païs d'amis, & quy n'auoient aucune communication auec ceux de la religion quy eftoient en armes, avoient la permiffion de jouïr du quart de leurs immeubles qu'ils faifoient recueillir par procureur, le refte eftant faify es mains du Roy; ce quy fe faifoit de peur qu'il ne fe joigniffent aux autres & ne les renforçaffent d'autant, & afin que ce fut vn moyen pour les retenir fans rien faire, pour ne perdre ce petit benéfice quy leur reftoit encore.

Quoy que le pretexte de la Ligue fut l'auancement de la religion romaine & l'extirpation, comme ils le difoient, de l'herefie, fy eft ce que ce n'eftoit nullement le but des chefs quy offroient à ceux de la religion toute asseurance & liberté, & toutes les asseurances & aduantages qu'ils eussent peu desirer moyennant qu'ils les aidassent à paruenir au but de leurs desseins; ce qu'ils ne pouuoient obtenir d'eux, & sachant qu'ils n'estoient pas gens à se faire tuer ou chasser, sans coup ferir, pour le moins aux endroits où ils estoient les plus forts: à joindre que Henry de Bourbon, Roy de Nauarre, premier prince du sang, & alors heritier presomptif de la couronne, n'estoit pas prince pour abandonner sy legerement ses droits, & que par ce moyen ils engageroient le Roy à la guerre, qu'il ne pouuoit faire sans argent; que pour en auoir il falloit charger le peuple d'impost; qu'on crieroit contre, &, d'autre part, en criant contre les impost, ils le vouloient obliger à s'en decharger, tellement qu'ils le vouloient reduire à cette extremité: ou d'entreprendre vne guerre sans argent pour la soutenir; ou, s'il imposoit des charges, de le diffamer comme prodigue, exacteur & tiran; ou s'il ne l'entreprenoit pas, l'accuser d'estre fauteur d'Heretiques. Ainsy de quelque costé qu'il se tournast, il estoit toujours en butte & exposé à la haine ou plutost à la rage de ses suiets, & notament des ecclesiastiques: en tout cas, que sy le Roy & le peuple de Nauarre se faisoient la guerre, ils ne pouroient faillir de se deffaire ou affoiblir l'vn l'autre, ce quy seroit toujours vn grand aduantage à leurs desseins.

Ce que le Roy Henry III sçauoit bien, & pour les

Henry III
1588

Henry III
1588

vouloir preuenir, Henry de Lorraine, duc de Guife, chef d'icelle Ligue, ayant efté tué à Blois, pendant la tenuë des eftafts, le 23 de decembre, par fon commandement, & le lendemain, le cardinal de Guife, fon frere, ce quy releua aux pauures exillés les efperances de reuenir bientoft en leur pays, puifque ceux quy eftoient caufe de leur exil n'eftoient plus; ce quy auffy leur arriua incontinent, mais non pas pour les raifons qu'ils auoient cruës, car apres, & à caufe de la mort des dits fieurs de Guife, prefque toutes les villes du royaume fe reuolterent contre le Roy, & notament toutes celles de Normandye excepté Caen, quy eftoit encore mal affeuré, & Dieppe, où le fieur de Chaftes, ne fe pouuant fier aux papiftes, qu'il fçauoit fauorifer la Ligue, rapela de fon autorité priuée, mais pour s'en fortifier pour le feruice du Roy, ceux quy eftoient en Angleterre; lefquels, fans fe reffouuenir des injures paffées, s'en racoururent incontinent, preffés tous pour s'acquitter de leurs deuoirs & rendre feruice au Roy. Ils furent bien reçeus du fieur Commandeur, comme s'affeurant de leurs affections & fidellité; mais ils n'eurent point encore l'exercice de leur religion fy ce n'eftoit fort rarement & fecretement, en des maifons particulieres de la ville, jufques à ce que le Roy Henry III

1589

eftant mort le douziefme d'aouft 1589, d'vn coup de couteau qu'il auoit reçeu au petit ventre, le jour precedent, de Jacques Clement, jacobin, eftant alors à

St Cloud (*), tenant Paris fiegé & ferré de pres. Par fa mort, Henry IV, Roy de Nauarre, eftant monté fur le trofne, vénant à Dieppe, le 26 du dit mois d'aouft, fit prefcher publiquement en fon logis, nommé la Penfée, ruë de la Prifon, quy eft aujourd'huy aux preftres de l'Oratoire, ce quy fit que le refte de ceux de la religion quy eftoient encore reftés à la Rye repafferent promptement, apres y auoir efté quatre ans. Ils ne furent pas plutoft arriués que le Roy, quy eftoit allé faire vn tour à Roüen, où fes troupes eftoient, y reüint le 8 de feptembre, où il fut affiegé par le duc de Mayenne, quy fut fait chef de la Ligue en la place du feu duc de Guife, fon frere, fous le nom de Lieutenant General de l'eftat & couronne de France.

Henry IV
1589

Apres la mort de Henry III, la guerre eftant ouuerte entre le party du Roy Henry IV & celuy de la Ligue, quelques gentilhommes formerent vne compagnye, entre lefquels le fieur de Reufoffe, capitaine de la religion, eftant logé auec fa compagnye au vilage d'Offranuille, fut chargé par la garnifon du Haure. Il foutint l'attaque toute la nuict, mais l'ennemy ayant mis le feu dans la maifon où ils s'eftoient jettés, il y fut tué, luy troifieme, le 31 de may 1589. Le lendemain il fut apporté à Dieppe & inhumé au cimetiere des Reformés, fuiuy de fa compagnye & de grand nombre de nobleffe.

(*) Dans la mefme maifon & dans la mefme chambre où il auoit prefidé à la refolution des maffacres en 1572.

Cette fepulture fe fit fans murmure & fraya le chemin à ceux qu'on y enterra depuis.

Le Roy Henri IV eftant reuenu à Dieppe, le 8 feptembre, fit faire des tranchées au dehors du bourg d'Arques, au deffus d'vn petit bois, & y fit mettre fix pieces de cannon en batterye, qu'il auoit amenées auec fon armée compofée de 1200 chéuaux, 1800 hommes de pied, françois, & de 4000 fuiffes, pour y attendre l'armée ennemye ; laquelle arriua du cofté de la porte du Pont, & s'empara, le 16 feptembre, des vilages prochains. Son auant garde eftoit à Neufuille & fon cannon à Greges, au nombre de quarante mille hommes effectifs, fous la conduite de Charles de Lorraine, duc de Mayenne, frere des duc & cardinal de Guife, tués à Blois, fous le titre de Lieutenant General de l'eftat & couronne de France.

Le mefme jour du fiege, fçauoir : le 18 de feptembre, le Roy fit faire le fermon en fon logis & continua quelques jours en fuiuant ; mais, fur les murmures qu'il entendit de quelques vns des fiens (62), il le fit faire au jeu de paume du Pollet, où il y eut pourtant quelque bruict quy fut apaifé par les Suiffes & foldats de fa garde.

Mais Madame Caterine de Bourbon, fa fœur, fit toujours faire le prefche public, mefme dans fon logis, appartenant au fieur Richard de Burés (63), à la Grand' Rue.

Pour les habitans, ils recommencerent dès lors l'exer-

cice en la ville ; du commencement, ils le faifoient en
fecret, &, peu apres, en public, en diuerfes maifons, les
plus comodes qu'ils pouuoient trouuer ; ceux d'vn
cartier en vne maifon, & les autres en vne autre ; les
vns en vn jour de la femaine, & les autres en vn autre,
en forte qu'il n'y eut prefque aucune grande maifon en
la ville, appartenant à ceux de la religion, ou occupée
par eux, où on ne fit l'exercice de la religion de fois à
autre, comme aux maifons des fieurs Robert Peigné &
Jean de Montpellé (64), appartenant aujourd'huy au fieur
Jacques Mel ; des Auironniers, rue Sailly, en celle du
fieur Jean Mel, & celle de vis à vis où demeuroit alors
Daniel Oulfon, rue de la Prifon, à la grand cour ; en
celle du fieur Darcourt & de Nicolas Defpinay, rue du
Haut Pas ; en celle de l'Image de St Martin & de la
Grand' Ruë ; en celle de Jean Leplu, rue d'Efcoffe, &
plufieurs autres, mais principalement en celle nommée
le Moutier Blanc, rue du Haut Pas, où on l'auoit faite
en l'an 1576, & en celle quy alors appartenoit au fieur
Guillaume Crucifix, rue Noftre Dame, quy eftoient
comme deux paroiffes où on faifoit le prefche tous les
dimanches, comme eftant plus grandes & plus comodes. Les pafteurs prefchoient tous les jours d'exercice ordinaire, deux fois chacun, & trois ou quatre fois,
dans les extraordinaires ; ce quy continua affés paifiblement, fous la faueur & protection du commandeur
de Chaftes, gouuerneur, quy quelquefois, felon les
occurences, auertiffoit de s'abftenir du chant des

Henry IV
1589

Henry IV
1589

pſaumes ou de n'en chanter que peu de verſets, & en baſſe notte, & de n'aporter les choſes en montre par les ruës de peur du bruict ou eſmotion des papiſtes, que quelquefois il ne pouuoit tenir en bride ſy bien qu'il eut voulu ; meſme quelquefois il donnoit aduis de ſe tenir ſur ſes gardes; ſy bien que chacun baricadoit ſes portes de nuict, & quand pluſieurs de la religion eſtoient voiſins, les maiſons eſtant jointes les vnes aux autres, ils les perſçoient pour s'entredonner du ſecours au beſoin. Ce quy faiſoit que ceux de la religion eſtoient plus en crainte, eſtoit, qu'encore qu'ils fuſſent armés & admis à faire perſonnellement garde de jour & de nuict, neamoins il n'y auoit aucun d'eux quy eut charge dans les compagnies ; mais à meſure qu'il en mouroit quelques vns, ou que quelques vns remettoient leur charge, pour quelque conſideration, le ſieur de Chaſtes rempliſſoit ſa place d'vn de la religion ; en ſorte qu'auant la paix, il y eut preſque la moitié des chefs quy en eſtoient.

1590

Ceux de la religion firent election de nouueaux Anciens & Diacres. Ils requirent quelques vns de ceux quy auoient eſté anciens en l'eſgliſe de Roüen, & quy eſtoient de retour d'Angleterre, de leur ayder en cette charge juſques à ce que l'on eut peu y dreſſer vn ordre plus precis; ce quils accepterent, entr'autres : Meſſieurs Miré, Dutas, Paris, Maillard & Eſtart.

Ils retablirent auſſy l'ancien ordre de publier les annonces par trois dimanches conſecutifs.

L'esglise de Dieppe, reprenant courage, ordonna, le 12 de januier 1590, qu'on feroit batiser les enfans le plutoft qu'on pouroit, & tant que faire se pouroit, en quelque maison du cartier mesme, dans laquelle le pasteur feroit le batesme en presence de six personnes pour tesmoins, auec vn billet quy seroit baillé à l'Ancien, du nom du pere, de la mere, du parin & de la marine, dont il feroit fait regiftre, & ne donneroient des noms eftrangers.

Le 26 du mois de januier, fut accordé aux proprietaires du pré, quy seruoit de cimetiere aux religionnaires, 28 l. par an, & promefse de la rente, contant du passé. Durant tout ce temps, M. de la Ruë, miniftre de Caén, affiftoit l'esglise de Dieppe de ses sermons. Meffieurs Cartault & de Licques, miniftres de Dieppe, & M. de Vateblé, miniftre de Luneray, eftoient encore à la Rye.

En ce temps là, auffy, l'esglise de Geneue oprimée par les courses violentes du duc de Sauoye, chargée de pauures, auxquels elle ne pouuoit subuenir, requit quelques esglises de France de l'affifter. Celle de Dieppe quoy que peu affermye, à cause des grandes secoufses qu'elle auoit euës, ayant veu les lettres de Geneue quy eftoient dattées, du 14 de septembre 1590, trouua à propos d'en aduertir en chaire le peuple ; ce quy fut fait le 2ᵉ de feurier fuiuant, & fut donné, par quelques particuliers, la somme de 192 l., quy fut defliurée à M. Leet leur deputé.

Henry IV
1590

M. de la Ruë, eſtant redemandé par ſon eſgliſe, eſcriuit à la Rye à Meſſieurs Cartault & de Licques de reuenir à Dieppe, par le premier paſſager, pour reprendre leurs charges de paſteurs. M. de Licques paſſa le premier en France, & arriua à Dieppe, le 10 de may 1590; dont on aduertit M. de Chaſtes, gouuerneur, afin qu'il ne trouua mauuais qu'on l'eut fait reuenir ſans l'en aduertir.

Durant le temps que M. de la Ruë eſtoit ſeul paſteur à Dieppe, le Roy cherchoit l'occaſion de donner bataille au duc de Mayenne, & l'ayant rencontré dans la plaine d'Iury pres de Mantes, l'Eſgliſe ſe mit en prieres par l'aduertiſſement que les Anciens donnerent à chacun en ſes cartiers, le 9e de mars, & le 14e du dit mois, Dieu ayant donné la victoire au Roy, les nouuelles en furent aportées à Dieppe le 18, & à l'inſtant fut arreſté que toutes les aſſemblées en rendroient graces à Dieu toute la ſemaine.

La ville de Neufchatel, quy eſt à ſept lieuës de Dieppe tenoit le party de la Ligue (65). Le Roy s'y achemina au leuer du ſiege de Dieppe, la remit en ſon obeïſſance & y poſa pour gouuerneur, M. de Pallecheul, gentilhomme de la religion, en la maiſon duquel l'eſgliſe de Dieppe auoit eſté depuis l'edit de 1577 juſques à celuy de 1585. Il pria l'eſgliſe de Dieppe de luy donner vn paſteur pour faire le preſche en ſon gouuernement, par lettre qu'il leur eſcriuit, le 22 auril 1590; mais n'ayant alors d'autre paſteur que M. de la Ruë, quy estoit sur son depart, pour retourner en son esglise de Caen, on ne luy peut accorder sa demande, & on luy conseilla d'escrire à la Rye pour auoir M. de Vateblé quy y estoit, jusques à ce que Dieppe estant fourny de ses pasteurs, on luy en peut prester quelquefois.

Encore que les prieres & actions de graces rendues à Dieu pour la victoire du Roy, fussent trouuées fort bonnes par le gouuerneur, la liberté de leurs exercices ne leur fut pourtant pas accordée : au contraire, on n'osoit y aller en sy grandes troupes que ces assemblées n'offençassent les superieurs ; c'est pourquoy, le 6 de may 1590, il fut dit au consistoire que personne ne seroit receu aux assemblées sans auoir vn marreau (66) de l'Ancien ; mesme ceux quy prestoient leurs maisons, pour faire l'exercice, n'y pouuoient apeler aucun sans le communicquer à l'Ancien.

L'esglise ne voulant pas perdre l'occasion d'obtenir plus de liberté, fit dresser des memoires de ces pleintes & pria M. de Fouquerolles (67), quy alloit en cour, de les presenter à Messieurs de Montigny (68) & Clairuille, ministres d'estat, pour auoir l'exercice libre ; & de plus deputa M. de Beruille, auocat à Rouen, afin d'en oser faire les solicitations au conseil, par le resultat du consistoire de la dite esglise, dès le 6 & 8e de may 1590 ; & en attendant l'issuë, il fut arresté, ce mesme jour, qu'on supercederoit l'exercice, & qu'à l'aduenir les annonces des mariages seroient reduites à 15 jours, à cause des troubles. Cette ordonnance fut arrestée au

Henry IV
1590

consistoire, le 29 de juin 1590. M. Anthoine Gueroult, quy de curé deuint proposant, fut enuoyé de l'esglise d'Angleterre à Dieppe, où il proposa, le 17 aoust au dit an, & fut receu ministre le 20 du dit mois, & presté à M. de Pallecheul, gouuerneur de Neufchastel, pour s'en seruir jusques à ce que l'esglise de Luneray, à laquelle il auoit esté affecté, en eut affaire. Il y alla le dernier jour d'aoust 1590, & en ce temps estoient à Dieppe, Messieurs de Licques & de La Haye; ce dernier estoit ministre de l'esglise de Rouen, mais demeuroit à Dieppe, à cause que Rouen tenoit le party des Ligues[69]. Ils faisoient l'exercice ordinaire. Entre temps, M. du Menillet [70] fut apelé à la charge de surueillant à Dieppe, pour se fasçonner; il auoit esté proposant à Londres, & depuis son introduction, quy fut le 7e de septembre, & les deux semaines suiuantes, le peuple fut exorté de redoubler ses prieres, & celebrer le jeune pour le succés des armes du Roy.

L'esglise de Dieppe cherchant par tout moyen d'auancer la liberté des exercices, deputa M. de Feugueray, ministre de l'esglise de Rouen, & M. Viard [71], ancien d'icelle, vers le Roy, le 7e d'octobre suiuant, où ils estoient exerçant leurs charges de Pasteurs & Anciens, & cependant on resolut qu'on prieroit Madame d'Andelot, quy estoit alors à Dieppe, de s'employer pour la dite esglise, enuers M. le commandeur de Chastes, promettant au dit gouuerneur qu'on ne s'y assembleroit à l'aduenir sans vn marreau, & encore de nuict, le plus qu'on pouroit. Ainſy quoyque l'eſgliſe fut fort trauer‑ ſée, elle ne laiſſait de cultiver la vigne du Seigneur, par la preparation de pluſieurs Propoſans, afin que s'il luy plaiſoit de la conſerver, il ſe trouuat des ouuriers en icelle, entr'autres; M. Pierre de La Motte & M. Le Bre‑ ton, quy depuis ont ſeruy de paſteurs en la Prouince de Normandye. Ils firent auſſy leurs efforts pour rete‑ nir encore trois mois. M. de La Haye Feugueray (72), à quy ils promirent 100 l., par cartier, ce qu'il accepta.

M. le vicomte de Turenne (73) & autres ſeigneurs de la religion eſtant à Dieppe, furent ſalués par M. de La Haye Feugueray & M. de Licques, & priés de s'em‑ ployer vers le Roy & le conſeil pour la liberté de la dite eſgliſe, ce qu'ils promirent de faire.

M. Cartault eſtant reuenu d'Angleterre peu de temps après, il continua ſa charge, auec les autres paſteurs. On eſcriuit auſſy à la requeſte de ceux de l'eſgliſe de Roüen, refugiés à Dieppe, à l'eſgliſe de Londres pour auoir ateſtation de la ſufiſance de René Bochart, quy fut auſſy reçeu paſteur; ſeulement qu'ils continuerent l'exercice du miniſtere des bateſmes & des mariages dans leurs maiſons, ſans interruption, es années 1591, 1592 & 1593, que le Roy, changeant de religion, fit profeſſion de la Religion Romaine, le 25 de juillet 1593, durant leſquelles années, ils jouiſſoient de la bienueillance du ſieur de Chaſtes, leur gouuerneur, quy les admettoit à faire toujours garde de jour & de nuict, armés, auec les autres habitans.

Henry IV
1590

1592

Henry IV
1593

Le changement de religion du Roy & fon facre celebré à Chartres, augmentoient encore les empefchemens de la liberté, & fembloit couper le filet de l'efperance des reformés pour la permiffion des exercices qu'ils demandoient à Dieppe ; mais le mardy, 10 d'aouft 1593, vint vne treue & feffion d'armes pour trois mois, quy auoit efté arreftée le dernier juillet, ce quy commença à releuer leur courage : enfuite le Roy & madame Caterine de Bourbon, fa fœur, arriuerent à Dieppe le dernier d'octobre. Elle demeura au logis du fieur de Bures jufques au 28 de nouembre qu'elle en partit, vn jour auant le Roy.

Pendant que Madame Caterine de Bourbon fut à Dieppe, quy fut viron vn mois, elle fit toujours prefcher publiquement dans fa maifon, & l'on y commença à chanter les pfaumes & à faire la lecture de la bible.

1594

1595

1596

Quoy qu'il en fut & que quelquefois les temps fuffent tres difficiles, particulierement es années plus prochaines du fiege, & que le Roy eut changé de religion, dès le mois de juillet 1593, & qu'ils n'euffent autre permiffion que la treue faite en l'an 1589, entre le Roy Henry III & le Roy Henry IV, & quy mefme eftoit expirée il y auoit longtemps, n'ayant efté que pour vn an ; neamoins l'exercice y continua publiquement, de la forte jufques à ce qu'après la paix il y eut vn temple baty, & cela en l'efpace de 11 à 12 ans. La ville de Roüen s'eftant mife fous l'obeïffance du Roy, auec plufieurs autres places, on en celebra la rejouïffance à Dieppe, le 31 de mars, ce quy donna fujet à ceux de Roüen, quy feſtoient refugiés à Dieppe, de s'en retourner, emmenant auec eux les fieurs de La Haye Feugueray & de Menillet, leurs paſteurs, quy redreſſerent l'eſgliſe de Roüen. Apres auoir fait apparoir au ſinode prouincial tenu à Caen, en auril 1594, le congé à luy accordé par l'eſgliſe de Luneray, à laquelle il auoit feruy auparauant, & par le meſme moyen, le miniſtere du ſieur de Menillet fut preſté à l'eſgliſe de Pontorſon.

Le damnable attentat fait fur la perfonne du Roy par Pierre Barriere, natif d'Orleans, arreſté à Meſlun, où eſtoit ſa maïeſté, le 27ᵉ aouſt 1593, & par Jean Chaſtel, de Paris, fils d'vn drapier, quy, le 27 de decembre 1594, frapa le Roy d'vn coup de couteau dans la la leure d'en bas, quy luy rompit vne dent, ralentit de beaucoup les injures & les pourſuittes quy ſe faiſoient contre ceux de la religion, & l'horreur des confeſſions de ces deux celerats donna de la pouſſiere au viſage des jeſuites & autres eccleſiaſtiques, de forte que cela les rendit moins outrageux contr'eux, & la guerre deſclarée à l'Eſpagnol, le 17 januier 1595, fit qu'ils eurent quelques relaſches. En fuitte de quoy, le Roy tenant vne forme d'eſtat à Roüen, renouuella cette belle aſſemblée quy auoit eſté longtemps enfeuelyé par la guerre, & en aſſigna la tenuë au 4 de nouembre 1596, où eſtant receuë la confirmation de l'alliance contractée de longtemps auec la Reyne d'Angleterre par les mains du

Henry IV
1596

Henry IV
1596

comte de Salifbury, quy prefenta au Roy la jartiere en figne de l'ordre d'Angleterre, & en reuange de cette courtoifye, M. le duc de Bouillon, fut depeché par fa maïefté, pour aler de fa part renouueller fon alliance auec la dite Reyne. Il print en paffant M. de Chaftes pour l'accompagner, & ils retournerent par le mefme lieu, le 24 de feptembre 1596. Cette genereufe princeffe aimoit les gens de bien, & auoit fort bien fçeu le bon traitement que le fieur de Chaftes auoit fait aux perfonnes de la religion, dont elle luy parla, & cela luy fut encore vn efguillon pour augmenter fa bonne volonté vers eux, dont l'efglife de Dieppe en refentit les effets durant fon gouuernement. On remarquoit tant de bonté en ce feigneur qu'il fuportoit beaucoup de deffauts que la licence des reformés leur faifoit commettre, & il auoit de la peine à retenir les difcours que faifoient journellement contr'eux les maitres des Charités & autres ecclefiaftiques, quy luy remettoient fans ceffe deuant les yeux fon ordre de cheuallier de Malte quy requeroit qu'il s'emploieroit contre les Heretiques, ainfy qu'ils apelent les reformés; d'ailleurs qu'eftant abé de l'abaye de Fefcamp, dont il auoit efté pourueu depuis quelques années, il ne deuoit pas les fuporter. Il fe contenta d'aduertir les Anciens que les femmes ne portaffent plus de chaifes par les ruës en allant au fermon, & qu'on n'entendit plus le chant des pfaumes par les ruës : il le fit deffendre dès le 12 de januier 1596, n'empefchant pourtant pas la tenuë d'vn colocque à

Dieppe, en la maiſon de M. Cartault, le 17 januier en ſuiuant, ſoit qu'il n'en eut point de cognoiſſance, ou que, l'ayant ſçeu, il n'en fit point de ſemblant. On celebra auſſy la cene le dimanche des Rameaux & le ſuiuant au dit an, mais ſans chanter les pſaumes, ſinon en la maiſon du Moutier Blanc où il permit de chanter ſeulement au commencement & à la fin du ſermon; mais quelques perſonnes venuës du dehors apres la cene acheuée, on leur promit qu'on la celebreroit pour eux le jeudy ſuiuant, en la maiſon du ſieur Claude Le Balleur, alors ancien de l'eſgliſe.

La raiſon pour laquelle le commandeur de Chaſtes fauoriſoit ainſy ceux de la religion, contre ſon bon naturel & affection au ſeruice du Roy, eſtoit, ou qu'en effet il s'eſtoit trouué à la mort du duc de Guiſe, ou qu'il en fut accuſé des vns, &, pour ce, ils le pourſuiuoient à mort, comme tous les autres quy y auoient aſſiſté, juſques à ce que le cheualier de Guiſe tua encore pour ce ſujet, à Paris, le baron de Luce agé de pres de 80 ans, en l'an 1613, & plus de 24 ans apres la mort du dit ſieur de Guiſe; à cauſe de quoy le ſieur de Chaſtes fut obligé de ſe tenir ſur ſes gardes tout le temps de ſa vie, ce quy ſans doute luy fut vn peſant eſguillon, & embraſſa le party du Roy à ſon auenement à la couronne, lorſque preſque tous les Papiſtes quy auoient ſuiuy le feu Roy l'abandonnerent. Dieu, par ſa prouidence, ayant fait rencontrer cette occurence, tant pour le bien des affaires du Roy que pour la con-

Henry IV
1596

1597

seruation de l'esglise de Dieppe, & pour seruir d'asile à ceux de la religion quy s'y retiroient des villes liguées, ce quy grossissoit & renforçoit de beaucoup l'esglise, en laquelle le sieur de Feugueray exerça son ministere jusques à la reduction de la ville de Roüen à l'obeissance du Roy, quy fut en mars 1596, qu'il y retourna auec ceux de son esglise quy y estoient & l'auoient entretenu à Dieppe.

Comme la Ligue estoit sur son declin, & que le Roy alloit à la messe, toutes les villes, prenant cette occasion, venoient en foulle se remettre au seruice de sa Maiesté & arboroient ses enseignes. Le Roy d'Espagne quy s'estoit declaré leur protecteur pour, dans cette confusion, aduancer ses affaires au préjudice de celles de la France, fit ses efforts pour trauerser les armés du Roy, & fit dilligenment marcher son armée vers Callais; la battit, la força & fit vne cruelle boucherye des assiegés, ce quy donna suiet à plusieurs des enuirons, faisant profession de la religion, de se retirer à Dieppe, desnuées de toutes comodités; ce quy donna occasion à vne colecte quy se fit en l'esglise par l'exortation quy en fut faite aux quatre sermons du dimanche, 12ᵉ de mai 1596.

Au commencement de janvier 1597, M. Dauid Doublet fut receu Baillif de Dieppe & se montra bon justicier, aimant sa patrye, & estoit assés fauorable aux reformés. Il demeura en cette charge jusques au mois de may 1601, qu'il la vendit à M. Louis Ofmont, pour fe retirer à Rouen.

A l'affemblée quy fe tint à Chatellerault cette année 1597, pour pouruoir aux demandes que ceux de la religion deuoient faire, fut deputé M. Legrand, conseiller affeffeur en la vicomté d'Arques, pour y porter les pleintes de ceux de Dieppe & de Rouen, fur lesquelles pleintes furent compilés les cahiers presentés lors de l'edit de Nantes.

Au temps que les efglifes commençoient d'efperer quelques meilleurs ordres, les nouuelles de la prife d'Amiens arriuerent, furprife par Hernand Tillo, gouuerneur de Dourlens pour l'Espagnol, le lundy, 10ᵉ de mars 1597, ce quy fut un arreft aux profperités du Roy ; toutefois il l'affiegea, & fit tant de dilligence qu'elle fe rendit par compofition, le 25 de septembre en fuiuant. La prife de cette place d'importance mettoit les pauures fidelles en allarmes. Les efglifes firent prieres & jeunes pour le bien de l'eftat & profperité du Roy ; celle de Dieppe ordonna, le 8 d'aouft, qu'on feroit prieres extraordinaires, le mercredy, 13 du dit mois, à 5 heures apres midy, comme on auoit commencé le dimanche precedent, pour la neceffité des affaires du royaume.

Apres la redition d'Amiens, les reformés de Dieppe viuoient auec un peu plus de liberté ; ils faifoient leurs exercices de pieté trois fois la femaine, fçauoir : le mardy, en la maifon de M. Mel ; le mercredy, chés

Henry IV.
1597

Henry IV
1597

M. Crucifix, & le vendredy, chez M. Peigné (74). On commença cet ordre le 3ᵉ d'octobre, & le 10 du dit mois, le fils aîné de M. Cartault (75) fit à Dieppe sa premiere propofition.

En fuitte de tant de guerres quy auoient trauaillé fy longtemps le royaume, & caufé tant d'alarmes aux eglifes, la paix entre la France & l'Espagne fut enfin concluë, le 9ᵉ de may 1598, fignée par le Roy à Paris, le 21, & par le Roy d'Espagne, le 12 de juillet en fuiuant. Cette paix fit reftituer les villes & places de part & d'autre.

Au mois d'aouft fuiuant, fe conclut le mariage de Madame Caterine, fœur du Roy, agée de pres de 40 ans, auec Henry duc de Bar (76), fils de Charles, duc de Lorraine. Diuerfes difficultés, pour le fait de la religion, l'auoient fait trainer plus de deux ans. Ses noces furent au commencement de l'année en fuiuant, les deux parties eftant peu contentes d'eftre facrifiées par leurs parens à des intereft d'eftaft, contre le fentiment de leur confcience.

Chapitre V.

SOMMAIRE.

Edit de Nantes. — *Le Pollet deſigné pour y batir le temple des Reformés.* — *Commiſſaires enuoyés pour les mettre en poſſeſſion.* — *Le cardinal de Bourbon s'y opoſe.* — *On propoſe de changer cette place pour le faux bourg de la Barre.* — *Les reformés acceptent le changement.* — *M. Michel Mel, Ancien de l'eſgliſe, donne vn champ qu'il auoit ſur le chemin de Pouruille.* — *Conſtruction du temple.* — *La juridiction d'Arques eſt renuoyée au faux bourg de la Barre, en 1600.* — *Cimetiere accordé aux reformés par l'edit, & dont ils furent mis en poſſeſſion.* — *Mort de la Reyne Eliſabeth.* — *Couronnement de Jacques Stuart.* — *Mort de M. de Chaſtes, gouuerneur de Dieppe.* — *Bonnes qualités de M. le commandeur de Chaſtes.* — *Charles de Beauxoncles, fils ainé de M. de Sigongne, eſt placé au gouuernement de Dieppe.* — *Mort de M. de Licques, paſteur ordinaire à Dieppe. M. Nathanael de Laune eſt reçeu paſteur.* — *Nicolas Dablon depoſé du ſindicat.* — *Machine pour prendre Oſtende.* — *Chariot de Pompée ruiné à coup de cannon.* — *Jubilé à Dieppe en 1605.* — *Conſpiration des poudres en Angleterre; trahiſon de Mairargues.* — *Vn aſſaſſin veut tuer le Roy.* — *Vn vent impetueux fait tomber le temple des reformés.* — *L'eſgliſe*

obtint vne maifon pour y faire l'exercice prouifoirement. —
Sigongne fit cette faueur dans l'efpoir d'vne gratification. —
La place du temple abatüe deuient odieufe aux reformés. — Ils
pourfuiuent pour en obtenir vne autre. — Sigongne les trauerfe
autant qu'il peut. — Le fieur Mangot vient à Dieppe pour les
mettre en poffeffion d'vne autre place. — Le Roy leur donne
de fon plein gré, vne place au faux bourg de la Barre, à la
rencontre des chemins d'Appeville & de Pouruille. — On
commence à trauailler dès le lundy fuiuant. — Le Roy fait
vn don. — La veille de St Mathieu le temple fut acheué. —
Structure du temple de Dieppe. — Somme à laquelle monta
le temple. — Banniffement de fix pafteurs Efcoffois auxquels
on donne affiftance. — Autre affiftance donnée aux fugitifs
de Saluces. — Arreft contre le cardinal de Sourdis. —
Il folicite du Roy de faire publier en France le concile de
Trente. — Le marquis de Rofny fait duc de Sully en
mars 1607. — Plufieurs inquietudes données aux reformés
de Dieppe. — Grand hyuer en 1608. — Pleintes des
reformés au juge d'Arques contre le jefuite Gontery. —
On delibere de faire tirer à l'arbalete pour vn prix de vaiffelle
d'argent. — Endroit où fut tiré le prix. — Ordre de la
marche. — M. de Sigongne retablit les 8 officiers des 8 compagnies bourgeoises, & on en met de l'vne & l'autre religion.
— Les juges royaux d'Arques ordonnerent que les marguilliers tendroient deuant les maifons des reformés au jour de la
Fefte Dieu. — Mort de M. Cartault, miniftre. — Le jefuite
Gontery vient à Dieppe, & y prefche fedicieufement. —
Meffieurs de Sigongne, de St Cere & Gontery meditent d'obliger
les miniftres à vne conference, croyant qu'ils ne l'accepteroient
pas. — Les miniftres de Dieppe par l'aduis du confiftoire,
acceptent. — Plufieurs gentilhommes reformés viennent pour
s'y trouver. — M. de Sigongne & le jefuite cherchent à
efuiter la conference. — M. de St Cere fe range du cofté des
catholiques romains — Vn colporteur feditieux eft condamné à

faire reparation aux reformés. —— Le gouuerneur se montre contraire aux reformés de Dieppe. —— Il faisoit quelquefois fermer les portes de la ville pour les empescher d'aller au temple & d'en reuenir. —— Le Lieutenant general faisoit aussy de son costé tout son possible pour les trauerser. —— Le 4 may 1610, Rauaillac tuë le Roy Henry IV. —— Different entre M. de Sigongne & M. de Cusson, lieutenant au gouuernement. —— Il maltraite les habitans sous diuers pretextes. —— Mort de M. de Sigongne, gouuerneur de Dieppe. —— Ses vertus & ses vices. —— Il mande ceux qu'il auoit offencés pour se reconcilier auec eux. —— Ses meubles sont vendus à la requeste de ses creanciers. —— Pierre de St Paix est receu lieutenant general au gouuernement. —— Le 29 du mois d'auril 1611, M. de Villers Houdan fut reçeu pour gouuerneur. —— M. de Sauqueuille est fait sergeant major. —— Concini en grande faueur aupres de la Reyne regente. —— Les reformés conuoquent vne grande assemblée à Saumur. —— Trahison parmy eux, dont le duc de Bouillon & Ferrier, ministre, sont les principaux. —— Ferrier ministre est conuaincu d'auoir trahy au sinode national & suspendu de sa charge. —— Ferrier se descouure luy mesme. —— Ferrier se voyant decouuert se reuolte. —— D'autres traitres furent encore decouuerts en diuers temps. —— Le temple se trouuant trop petit on fit faire des galeries autour. —— Le cimetiere fut aussy agrandi de 6 perches. —— M. de Caux est reçeu pasteur de l'esglise de Dieppe. —— L'esglise fait clore le cimetiere de fossés. —— M. de Laune, pasteur ordinaire, deuient chagrin & demande son congé. —— Il estoit né en Angleterre & desiroit y retourner esperant trouuer vn bon benefice. —— On fut contraint de luy accorder son congé. —— M. de Caux demande aussy son congé, faisant les mesmes pleintes que M. de Laune. —— On luy accorde son congé. —— Au mois d'octobre suiuant, M. de Montdenis fut reçeu pasteur en sa place. —— M. de Villers Houdan, gouuerneur, se montre aussy ennemy des reformés que ses predecesseurs. —— Embarras que le gouuerneur caufe aux reformés & aux catholiques en mefme temps. —— Pleintes à ce fujet au confeil du Roy. —— Commiffaires enuoyés pour donner des reglemens touchant l'heure des offices, les enterremens, la celebration des mariages. —— On fit clore, en 1618, la cour du temple. —— Le finode de la prouince exorte l'efglife de Dieppe à former vn college pour l'inftruction de la jeuneffe. —— Le Roy donne le gouuernement de Normandye à M. le duc de Longueuille, auec permiffion de mettre au gouuernement de Dieppe quy bon luy fembleroit. —— M. de Montigny pofé pour gouuerneur, en fon abfence, & M. de Buffeaux, pour lieutenant. —— M. de Villers Houdan cede fa place. —— Ses bonnes & fes mauuaifes qualités. —— Les reformés demandent d'eftre admis aux charges de la ville. —— Vfage des efcheuins quy fortoient de charge, pour exclure les reformés. —— Les reformés deputent 4 Anciens pour faire leur demande; M. de La Leau porte la parole. —— Les efcheuins fortant de charge s'opofent à la demande. —— On procede à l'eflection. —— Quoyque M. de Longueuille fut abfent, il auoit nommé vn indiuidu pour efcheuin, vn pour receveur, laiffant le refte à l'eflection des habitans. —— Le Roy va en Bearn où il retablit les ecclefiaftiques dans les biens de l'efglife. —— Contrauentions à l'edit de Nantes. —— Affemblée de Loudun. —— Affemblée de La Rochelle. —— Le Roy affiege St Jean d'Angely. —— On defarme les reformés de Dieppe. —— M. de Longueuille prend des mefures pour que l'on ne s'en doutaft point. —— Le dimanche, 9 may 1621, à huiét heures du matin, il fait monter les capitaines catholiques au chafteau. —— Il fe difpofe à executer fon projet. —— Ceux quy defcendirent du temple à midy furent bien eftonnés de trouuer la porte de la Barre fermée & les murailles bordées de gens armés. —— Quelqnes vns alerent à Pouruille & trouuerent moyen de fe faire porter à bord du nauire de M. de Caen, quy eftoit en rade. —— Le lendemain, M. le Duc manda les pafteurs au chafteau. —— Declaration du Roy, du 17 mars 1621, quy ordonne aux

Protestans de comparoitre aux greffes des baillages. —— Craintes des reformés à ce sujet. —— Plusieurs se retirent du royaume, & surtout les ministres. —— On dispense les pasteurs de Paris de faire le serment. —— Les gouuerneurs, quy estoient sur les passages, laisserent passer auec difficulté ceux quy se retiroient. —— L'esglise de Dieppe reste sans pasteurs. —— Le consistoire donne congé aux pasteurs, sans le consentement de tous. —— M. Drelincourt vient à Dieppe. —— M. de Losses, pasteur de Gisors & Sancourt, presche à Luneray. —— Il vient aussy prescher & batiser à Dieppe. —— Deux autres viennent aussy à Dieppe. —— Le pasteur de Callais y vient aussy. —— Les reformés de Dieppe sont toujours en crainte, leurs ennemis leur sucitant toujours de mauuaises affaires. —— 36 des plus notables catholiques de Dieppe jurent & signent le masacre de leurs concytoïens reformés. —— Dieu, par le moyen de M. Dubusq, couserue l'esglise. —— Moyen par lequel cela fut connu. —— Continuelles allarmes des reformés de Dieppe & d'ailleurs. Paix concluë à Montpellier.

V

Enfin, par l'edit donné à Nantes en 1598, verifié au parlement de Paris en mars 1599, enfuite aux autres parlemens, encore que, par les dits termes generaux de l'edit, les temples puffent & duffent eftre batis dans les villes, comme exercice libre & public quy fe faifoit non feulement es années 1597 & 1598, jufques au mois d'aouft, mais dès l'an 1589, &, jufques alors fans interruption; fy eft ce que, par les cincq articles des particulieres, le faux bourg du Pollet fut fpecialement choify pour batir vn temple pour ceux de Dieppe, fans qu'on eut pu fçauoir la raifon de cette exception & changement, fy ce n'eft, peut eftre, pour ce que le Roy fçauoit que toute la ville eft du temporel de l'archeuefché de Roüen, n'y ayant que les faux bourgs quy foient royaux ; à joindre qu'il fe pouuoit reffouuenir que luy mefme, eftant à Dieppe, il auoit fait faire le dit exercice pour luy mefme au dit faux bourg du Pollet, auec autant de comodité & moins de jaloufye que dans la ville.

Henry IV
1599

Henry IV
1600

Mais comme meffire Anthoine Le Camus, fieur de Jambeuille, prefident au parlement de Paris, & M. de Heudeuille, commiffaire pour l'execution de l'edit en Normandye, furent venus à Dieppe, le 17 auril 1600, pour les mettre en poffeffion, M. le cardinal de Bourbon, archeuefque de Roüen, & en cette qualité comte & feigneur de Dieppe, y eftant venu expreft pour ce fujet, y fit opofer M. d'Eftrepagny, procureur du Roy au fiege d'Arques, quy rechercha plufieurs pretextes & mit en auant plufieurs allegations friuoles, non tant pour empefcher que pour perfuader à ceux de la religion de demander eux mefmes que le dit changement du faux bourg fut echangé en celuy de la Barre. En particulier, le dit fieur cardinal les fit foliciter par le commandeur de Chaftes, leur gouuerneur, d'accepter le changement de place & de la prendre au faux bourg de la Barre, qu'il offroit auoir pour agreable, & confentir que le temple y fut baty fans contredit, entremeflant les menaces aux promeffes, en cas de refus, à l'ordinaire des grands ; & eux confiderant que le lieu qu'on leur defignoit, encore que plus efloigné de la ville, leur eftoit autant & plus commode que celuy qu'on leur pouroit bailler au Pollet, dont le peuple de tout temps a efté fort contraire à la religion ; outre que telle opofition les renuoyait foutenir vn procés au confeil, quy tireroit en longueur, leur donneroit beaucoup de peine, & dont l'euenement feroit incertain outre qu'il leur couteroit beaucoup d'argent, quy feruiroit bien à batir vn temple dont, fans doute, le litige retarderoit la conftruction qu'ils defiroient paffionnement auancer.

Toutes ces confiderations, auec les prieres du fieur de Chaftes, duquel ils auoient reçeu beaucoup de gratifications pendant les troubles, firent qu'ils accepterent le changement de lieu, & accorderent de le prendre au dit faux bourg de la Barre, en vn champ appartenant à Michel Mel, efcuier, fieur d'Eftrimont (77), Ancien de la dite efglise, qu'il donna pour cet effet, à la charge que, s'il eftoit employé à vn autre vfage que pour l'exercice de la dite religion, il retourneroit à luy ou à fes fucceffeurs; duquel champ les dits fieurs commiffaires les mirent alors en poffeffion, pour cet effet, fous le bon plaifir du Roy, quy, par arreft de fon confeil, du 17 avril 1601 en fuiuant, confirma le dit changement de lieu, & a efté le premier des deux lieux, au baillage de Caux, permis par les edits pour y faire l'exercice pour tous venans, fans reftriction, & le Haure de Grace pour le second.

Auffitoft ils mirent les mains à l'œuure pour batir le temple; tous y trauaillant à l'enui & poferent la premiere pierre de fondement le 26e jour de juin en fuiuant, & fut acheué, & le premier fermon fait & la cene celebrée, le dimanche d'apres la Pentecofte, 26 juin 1601.

Le batiment quy eftoit grand, fpacieux, & capable de contenir cincq à fix mille perfonnes, eftoit de figure,

**Henry IV
1600**

quadrangulaire, mais plus long que large, ayant 90 pieds de longueur & 74 pieds en largeur, les ayles & galeries comprifes, & d'autant que le comble, à caufe de la grande largeur du batiment, eut efté extremement haut & incomode s'il eut eu fa jufte hauteur, on le diuifa en deux, mettant l'entre deux foutenu & fuporté que fur deux pilliers de bois, fans aucune liaifon par le bas auec le refte du batiment, & quy neamoins eftoit d'vne grande hauteur, ce quy, auec la foibleffe des murailles de briques des ayles quy portoient les galeries, & quy deuoient feruir d'arcs boutans & renforts au corps du batiment, fut caufe de la ruïne & chute d'iceluy peu d'années apres.

L'edit de Nantes, donné au mois de mars 1599, reftitua à ceux de la religion vne partye de leurs efperances par ce que, par les articles d'iceluy, l'exercice fut permis par toute la France.

Le 9 auril 1599, M. de Laune, miniftre de l'efglife Françoife de Londres, offrit à l'efglife de Dieppe fon fils, Nathanaël [78], qu'elle accepta & promit de luy fournir 20 l. fterlin par an, pour fon entretien, autant de temps qu'il continueroit fes eftudes à Cambridge & qu'il viendroit à Dieppe, pour eftre enuoyé à Geneue où on luy fourniroit 180 l. par an, auec les frais de fon voyage.

Le 5 de feurier, 1600, la juridiction d'Arques, quy auoit recommencé d'aller plaider au dit lieu fut, par arreft du confeil, renuoyée plaider au faux bourg de la porte de la Barre, comme ils auoient accoutumé.

Depuis que les fepultures de ceux de la religion ne furent plus permifes aux cimetieres publics des paroiffes de la ville, ils auoient toujours enterré leurs morts aux prairies de la ville quy font au long de la contrefcarpe du foffé qu'on nomme des Mareft, tantoft en un pré tantoft en un autre, que, pour ce fujet, ils prinrent à louage des proprietaires, pendant que l'exercice eftoit permis; & quand il ne l'eftoit pas, on les enterroit au chemin entre les prés & le foffé de la ville, jufques à ce que, par l'edit de Nantes, il leur en fut accordé vn au lieu le plus comode qu'on pouroit trouuer. Partant, messieurs les commiffaires, deputés pour l'execution de l'edit, les mirent en poffeffion d'vne demy acre de pré, le plus proche de la porte de la Barre, au mois de juillet 1602, nonobftant les contredits & empefchemens qu'on y aporta. Le prix de l'eftimation en fut payé à Simon Pierre de Blanc Bafton, efcuïer, fieur de Greges (79), proprietaire du dit pré, par ceux de la religion. Le 23e de juillet fuiuant, le corps de la femme d'Abraham Hebert, orfeure, demeurant en la ruë au Sel, fut mis le premier en iceluy, on la nommoit: Jeanne de Vernife.

Le 24 de mars, mourut cette grande princeffe Elifabeth, Reyne d'Angleterre, agée de 70 ans (Mezeray dit qu'elle mourut le 4 d'auril, agée de 69 ans & fix mois) & le premier jour de may au dit an, fut couron-

Henry IV
1600

1603

Henry IV
1603

né Jacques Stuart, Roy d'Efcoffe, 6e de nom, & le premier Roy d'Angleterre de ce nom ; c'eftoit le 107° Roy d'Efcoffe. Il fit luy mefme ces deux vers :

> Cent & fix bifaïeuls, de fuitte indiuifible,
> M'ont donné cette efpée & couronne inuincible

Le 13 may 1603, mourut, au chafteau de Dieppe, le fieur de Chaftes (80), apres auoir gouuerné 20 ans, & fut enterré au couuent des Minimes de Dieppe, le 21 d'aouft en fuiuant. Gentilhomme moderé, traitable, genereux & liberal, aimant le repos des habitans, quy le tenoient pour leur pere, & luy les tenoit pour fes enfans. Non exacteur ny entreprenant fur leurs priuileges; courageux, ayant rendu de bons & fignalés feruices au Roy, tant par fa fidellité que par fa valeur, & neamoins adonné aux femmes, comme font ordinairement ceux quy, par vn vœu temeraire & indifcret, fe priuent du remede que Dieu ordonne contre l'incontinence ; leur defferant beaucoup. A caufe de fa facillité, fe preoccupant aifement des premiers raports dont pourtant, apres fa colere paffée, il fe laiffoit defabufer. Bref, homme dont les vertus eftoient beaucoup plus eminentes que les vices, & dont la douceur deftrempa fort l'amertume du gouuernement de fon predeceffeur : auffy fut il regretté de tous.

A luy, fucceda au gouuernement Charles de Beauxoncles, fieur de Sigongne, fils ainé du fieur de Sigongne, autrefois gouuerneur, homme neceffiteux &

indigent, ayant diffipé, par fes profufions immences, non feulement les grands biens que fon pere luy auoit laiffés, mais auffy ceux que fa femme luy auoit aportés, & que par tout moyen il tafchoit de recouurir pour fournir à fa grande defpence. Il fut reçeu au gouuernement le 10 de juin 1603.

Le mercredy, 21 de feptembre 1603, Dieu retira de ce monde M. Anthoine de Licques, fieur des Authieux, pafteur ordinaire de l'efglife. On rapela M. Moyfe Cartault de l'efglife de S^t Lo, à laquelle il auoit efté prefté, pour remplir la place du dit fieur de Licques & eftre pafteur ordinaire à Dieppe. Il y arriua le 15e d'octobre au dit an.

Et pour ce que M. Cartault le pere eftoit viel, caduc, & langoureux, de peur que par fa mort la place ne fut vacante & l'efglife deftituée de pafteur, outre que les dits fieurs Cartault pere & fils ne s'accordoient pas fy bien qu'il eut efté à defirer pour le bien & repos de l'efglife, M. Nathanaël de Laune fut apelé & reçeu pafteur ordinaire de la dite efglife, le dimanche 16 de may 1604.

Le 19 de juillet 1604, les foffoyeurs des paroiffes de St Jacques & de St Remy de Dieppe prefenterent requefte deuant le juge pour eftre pouruus à faire auffy les foffes des morts des reformés, dont ils furent defboutés.

Le 29 de feptembre 1604, jour de St Michel, Claude Dablon ([81]), procureur findic de la ville de Dieppe, fut

Henry IV
1604

depofé de fa charge par vne affemblée de bourgeois, en l'Hoftel de Ville, accufé d'auoir taché malicieufement de femer inimitié entre le fieur de Sigongne, gouuerneur, & le fieur de Cuffon, fon lieutenant; mefme d'auoir voulu mettre en diuifion les bourgeois l'vn contre l'autre, fçauoir: ceux de la religion contre les catholiques romains; & en fa place, fut eflu pour findic, par la voix commune des habitans, Nicolas Dupont.

Au commencement de cette année, les affiegeans d'Oftande firent vn pont de 60 pas de long & 16 de large, tiffu de cordes à l'epreuue du moufquet, monté fur quatre rouës hautes de quinze pieds; la moitié fe tenoit droit, le long d'vn arbre, de 150 pieds de long, planté droit, & lorfque ce chariot feroit pres de la fortereffe, ils deuoient le laiffer tomber fur le rampart de la ville, & ainfy faire entrer les foldats aifement à l'affaut; mais les affiegés, en ayant efté auertis, auoient dreffé fur leurs remparts de groffes boifes debout qùy auroient foutenu le dit pont & ainfy l'auroient rendu inutile; mais il n'en fut point befoin, car ainfy qu'on l'approchoit, les affiegés rompirent vne rouë à coup de cannon. Ce chariot auoit efté inuenté par l'ingenieur d'Efpinola nommé Pompée, ce quy fit qu'on l'apela: le chariot de Pompée.

La France jouiffoit d'vn profond repos, & les efglifes auoient tout fujet de rendre graces à Dieu des faueurs qu'il leur auoit faites, Durant ce calme, le Pape

Paul V enuoya vn jubilé partout, dont les deffeins ne furent point connus du tout, fy bien qu'à Dieppe on fit de grandes proceffions, pour l'ouuerture d'iceluy, le 23 de nouembre 1605, auxquelles le peuple affifta fort deuotement pour gagner les indulgences.

En mefme temps, Thomas Percy, gentilhomme Anglois & penfionnaire du Roy, effaya de jouer vne autre tragedye : il auoit fait amas de poudres dans vne caue quy eftoit fous la falle du parlement d'Angleterre, afin de faire fauter le Roy, toute fa famille, auec les Princes & Seigneurs quy deuoient affifter au parlement, afin de faire retablir la meffe en Angleterre. Dieu permit que la trahifon fut decouuerte & le traitre puny (*).

Plufieurs affaires mal coufuës furent faites en ce moment là. Mairargues fut executé à Paris, pour auoir vendu à l'Efpagnol la ville de Marfeille, le 19e de decembre au dit an.

Jean de Lifle, fils d'vn procureur du Roy de Senlis, eftant fur le quay des Auguftins à Paris, voyant le Roy paffer, fe jetta fur luy, auec vn poignard empoifonné, luy penfant enfoncer dans le fein, luy perça feulement fon pourpoint & fes chauffes.

Toutes les efglifes de France, & notament celle de Dieppe, jouiffoient d'vn profond & affeuré repos, par la paix & par la bonté du Roy, lorfqu'vn vent de tempefte tres impetueux quy auoit commencé dès le ven-

(*) Mezeray décrit ce fait plus amplement ; comme auffy la trahifon de Mairargues.

Henry IV
1605

1606

Henry IV
1606

dredy 24 de mars 1606, continua les jours fuiuans & redoubla, le lundy des feftes de Pafques, 27 du dit mois; par fa violence renuerfa & abatit le temple, viron fur les neuf heures du matin, comme on commençoit de s'affembler pour la predication, fous les ruïnes duquel quatre vingt perfonnes furent enuelopées, dont 32 moururent fur le lieu, & entr'autre Michel Mel, efcuïer, fieur d'Eftrimont, ancien de l'efglife, quy auoit donné la place où il eftoit conftruit & quy trauailloit à retenir & releuer, auec des cordes, les auuens & contre feneftres, quy par l'agitation du vent caffoient les vitres; la plupart des autres furent bleffés, dont pourtant aucun ne mourut. Quelques vns mefmes, par vne fpeciale grace de Dieu, n'eurent aucun mal. Ceci fut comme vn figne tres euident du couroux & indignation de Dieu; auffy fut ce vn tefmoignage tres certain de fes compaffions paternelles & eternelles, voulant chatier & non pas entierement ruïner la dite efglife; ce quy fut arriué fans doute fy le malheur eftoit venu pendant l'vne des deux actions du jour precedent auquel on auoit celebré la fainte cene, ou mefme le dit jour, fy fçeut efté vne heure plus tard, & alors que tout le peuple eut efté affemblé.

Après vn tel defaftre, l'efglife n'ayant plus de lieu pour s'affembler, obtint du fieur de Sigongne, gouuerneur, vne maifon & jardin, fitués au mefme faux bourg de la Barre, aboutiffant à la contre efcarpe de la citadelle, & prefque vis à vis du carefour quy fait la grande & vieille defcente de la cauée du Mont à Cats auec le chemin & ruë du faux bourg, appartenant à Jeffrin Poftel, pour y faire l'exercice prouifoirement; ce dont le fieur Gabriel-Legrand & Jacques Dufrefne, deputés de l'efglife, obtinrent la confirmation du Roy, jufques à ce que par luy y fut autrement pouruû.

Sigongne fit cette faueur à ceux de la religion [82], de leur permettre l'exercice en vn lieu plus proche & plus comode, auant mefme que le Roy en fut auerty, fous efperance de quelque gratification ou prefent qu'il en attendoit en recompenfe, ce quy fans doute eut efté le plus expedient, comme l'euenement le montra; mais l'efglife ayant fait de grandes defpenfes, peu d'années auparauant, en la conftruction du temple alors abatu, & eftant obligée d'en faire encore de plus grandes pour obtenir vne autre place, la premiere leur eftant deuenuë odieufe, de mauuaife augure & trop expofée aux vents & tempeftes; & principalement en conftruction d'vn autre temple, n'ayant aucun fond pour y fubuenir, au contraire, eftant chargée de dettes. Mefme plufieurs du confiftoire jugeant la chofe de tres perilleufe confequence, & quy pouuoit porter vn gouuerneur auare ou neceffiteux à trauerfer expreft l'efglife pour tirer après de telles compofitions & gratifications pour l'apaifer; ce quy, auec le temps, pouroit bien tourner en coutume, & ce quy fit qu'on fe roidit à l'encontre & qu'on fe borna de le remercier de

Henry IV
1606

paroles, ce quy ne le contenta nullement & fit qu'il se montra fort contraire, en toutes autres occasions.

Ceux de la religion pourfuiuoient toujours au conseil pour obtenir vne autre place où ils puffent batir vn temple. De deux qu'ils propoferent, celle du jardin du Pollet, où ils faifoient deia l'exercice par prouifion, leur eftant refufée tout à plat, par l'opofition qu'y donna Sigongne pour les raifons cy deffus deduites, fous pretexte qu'il eftoit trop proche de la citadelle. N'ayant peu empefcher qu'ils n'obtinfent l'autre quy eftoit le pré de mademoifelle Marye Bouchard, veuue de Michel Letellier, quy eft le jardin appartenant aujourd'huy au fieur Guillaume Jourdain, le long du chemin d'Arques. Le dit fieur Sigongne auifa d'vne autre rufe pour leur en empefcher ou retarder la jouïffance, faifant employer des mots ambigüs dans les lettres quy en furent expediées, fçauoir : le Grand Pré, appartenant à Marye Bouchard ; en forte que le fieur Mangot, maitre des requeftes & commiffaire en cette partye, eftant venu à Dieppe, le lundy des feftes de Pafques 1607, fut empefché de les en mettre en poffeffion, par le contredit du dit Sigongne, par le maitre des Charités & autres de la religion contraire, pretendant que le pré defigné es dites lettres n'eftoit pas le pré de la dite Bouchard, mais celuy vulgairement nommé le Grand Pré appartenant au fieur de Manneuille, lequel, encore que plus efloigné de la ville, ils euffent peut eftre accepté pour efuiter aux difficultés prefentes & aux frais & retardement quy s'en eut enfuiuy, n'eut efté que le dit fieur de Manneuille menafçoit de s'y opofer, & mefme s'y opofoit formellement en cas d'acceptation; en outre ils auoient deïa contracté & achepté le dit pré de la dite Bouchard. Ce que voyant, le dit fieur Mangot donna acte aux parties de leurs raifons, les renuoya au confeil, & s'en retourna fans faire autre chofe.

De quoy le fieur Mangot ayant fait raport au confeil du Roy, faché de tant d'opofition & defbats, & n'en voulant plus ouïr parler, d'autorité abfoluë leur donna vne place au mefme faux bourg de la Barre, à la rencontre des chemins d'Apeuille & de Pouruille, contenant vne vergée & trois perches, appartenant à Nicolas Canu, Sr de Veules, par arreft du confeil, dont ils furent mis en poffeffion, fans contredit, par Me Adrien Soyer (8,), lieutenant general du baillif de Caux, au fiege d'Arques, le famedy, 19 de may en fuiuant. Ils mirent la main à l'œuure pour efplanader la place quy eftoit en coteau, dès le lundy, 21 du dit mois, & du prix de laquelle ils eurent toutes les peines du monde à conuenir auec le dit Canu, homme extrauagant & du tout efloigné de la raifon, quoy qu'il fit profeffion de la religion, auquel il fallut qu'ils payaffent 24 l. de rente fonciere & irraquitable; ce quy eftoit quatre ou cincq fois plus qu'elle ne valoit. En outre il fallut qu'ils s'obligeaffent de la faire clore de

Henry IV
1607

Henry IV
1607

1608

murailles à leurs defpens ; ce qu'ils ont auffy fait depuis.

Le Roy, touché de compaffion de leurs afflictions & de leurs pertes, leur donna de fes coffres 2,400 l., pour aider à la redification du temple, quy furent defliurées à Charles Le Cauchois, efcuïer, fieur de St Quantin, & à Jacques Lenoble, efcuïer, fieur de La Leau, Ancien de l'efglife, le 1er juillet 1608.

L'ouurage du temple fe continuoit fans intermiffion depuis le dit temps. Tous ceux de la religion y trauaillerent journellement en perfonne, à l'enuy l'vn de l'autre, fous la conduite de Samuel Lavollé (84) architecte & maitre charpentier de Rouen, expert en fon art. On n'oublia rien pour le renforcer, affermir & eftançonner, pour efuiter l'accident quy eftoit arriué, au premier batiment, jufques à ce qu'il fut acheué, le premier fermon fait, & la cene celebrée le 21 feptembre 1608. Sa matiere eft en bon bois de chefne, bien lié & entretoifé, ayant le comble double partout, d'vne ftructure tres belle, tres hardye & tres bien formée à quatre culs de lampe, & par bon ordre d'architecture, fans ports ny collonnes au milieu ; tout couuert d'ardoife, & l'entre deux des ports exterieurs quy ferment les ayles garny de briques. Sa forme eft prefque ouale, de 18 pans, & 16 efgaux aux deux bouts, chacun de 8, joints de deux autres par les coftés, de trente pieds de long chacun (plus de deux fois plus long que les autres). Son plus grand diamettre eft de 110 pieds

& le plus petit, de 80. Les galleries de 12 pieds comprises en l'vn & en l'autre. Le deſſin en fut donné ſur vn paralelle ou rectangle, de 30 pieds d'vn coſté & 56 de l'autre; ſur les faces ou coſtés de 56 pieds, furent decrits deux demy cercles, auxquels elles ſeruoient de diamettre; chacque rayon eſtant de 28 pieds, & en chacque demy cercle eſtoit decrit la moitié d'vn exdecagone parfait. Le dit paralellogramme cy deſſus entre deux. Sur cette figure à eſté eſleué vn periſtile de 22 poſes ou colonnes de bois, diſtantes de viron dix pieds l'vne de l'autre, faiſant le corps ou nef du temple quy porte le comble. Le dit periſtile enuironné d'ayles ou ſous ayles de meſme forme, de 12 pieds de large, quy ferment le temple & portent les galleries, laiſſant de 3 à 4 pieds de jour tout à l'entour, depuis le haut ou faitte des galleries juſqu'au bas ou larmier du comble de la nef, pour les veuës des feneſtres; ayant vn perron de briques au bout, deuers la ville, pour monter aux galleries, & tenu auec le batiment où l'on s'aſſemble au conſiſtoire. Sans y comprendre la gallerie de haut, le paué tant dedans que dehors, le platrage, les murailles & portes de l'enclos, la maiſon du concierge, & autres choſes de moindre neceſſité & conſideration, quy ont eſté faites depuis, en diuers temps, le tout reuint à la ſomme de quatorze mille quatre vingt onze liures cinq ſols deux deniers (outre les matereaux du premier batiment qu'on n'eſtimoit pas à moins de cincq ou ſix mille liures), comme il apparu par le compte qui en fut rendu

Henry IV
1608

alors par le dit sieur Quentin, receueur & payeur general des deniers de l'ouurage, quy fut conduit par dix sept des plus notables familles de l'esglise, choisies à cette fin, tant du corps du consistoire que du peuple (*).

Quoyque l'esglise de Dieppe fut trauaillée en plusieurs sortes, sy est ce que Dieu voulut esprouver leur charité : sur la fin de l'année 1606, arriuerent à Dieppe six pasteurs Escossois exilés du royaume d'Angleterre, par l'edit du Roy Jacques VI, pour les pretextes qu'il print comme il se voit dans les histoires. L'esglise, esmuë de zele, par l'ordonnance du consistoire, le 22 decembre 1606, leur donna 158 l. & les receut à la communion de la cene, le dimanche, 24 du dit mois.

Lorsqu'ils partirent de Dieppe, on leur donna des lettres de recommandation pour les esglises de Rouen & de Paris. Le mesme jour, fut aussy donné par l'esglise 30 l. aux pauures fugitifs dn marquisat de Saluces, en attendant que le sinode eut ordonné de la somme qu'on leur fourniroit.

Le 30 de decembre 1606, le parlement de Bordeaux donna vn arrest contre le cardinal de Sourdis ([85]), archeuesque de Bordeaux, par lequel il fut condamné à quinze mille liures d'amende, applicables moitié au Roy & moitié aux hopitaux de la dité ville, & contraint au payement, par execution & vente de ses biens, & de plus condamné d'absoudre la dite cour de l'excom-

(*) Le colocque de la classe de Caux se tint dans ce temple, le 1er jour d'octobre suiuant.

munication qu'il auoit jetté contre elle. Ce defordre arriua fur vn defbat quy fe fit à la meffe, à quy marcheroit le premier à l'offrande. Le Premier Prefident fe pretendoit comme reprefentant la perfonne du Roy; & le cardinal, comme archeuefque de Bordeaux, voulut paffer deuant, fy bien que de paroles, ils en vinrent aux mains dans l'efglife, & les battons des bannieres & des croix leurs feruirent d'efpées. Lequel, ne ceffant fes deffeins, folicita les ecclefiaftiques de France affemblés aux Auguftins à Paris, le 6 de may 1606, à prefenter requefte au Roy, le dit jour, à ce qu'il fit publier en France le concile de Trente ; ce que le Roy ne leur voulut accorder.

Le 9e de may 1607, le marquifat de Maximilien de Bethune, fieur de Rofny, fut erigé en duché & pairie de France (*).

L'accomodement de Henry de la Tour, duc de Bouillon, fe fit auec le Roy, quy eftoit party de Paris, le 16 de mars, pour aller affieger Sedan, dont l'accord fut fait l'onzieme d'auril fuiuant.

L'exercice de la religion reformée, pour ceux de Paris, fut tranfferé d'Ablon à Charenton.

Parmy les confufions generales, ceux de la religion à Dieppe, auoient toujours les leurs particulieres. Le juge d'Arques, par fa fentence du 28 auril 1606, fit deffence de faire l'exercice ailleurs qu'au lieu ordonné

(*) Mezeray dit que ce fut en 1606, & quel accomodement du duc de Bouillon fe fit auffy auec le Roy, en 1606, au mois d'auril.

par l'edit; c'eſtoit pour les empeſcher de ne plus faire d'exercice en la maiſon de Jeffrin Poſtel. Ils s'en deffendirent & demanderent, que ſuiuant l'arreſt du conſeil, on leur defliurat le pré de madame Letellier qu'ils auoient achepté par le prix de 4,000 l., & qu'ils auoient fait meſurer le 26 aouſt. Les juges tiroient l'affaire en longueur, & l'aduis d'icelle fut remis aux commiſſaires de l'edit, qu'on enuoya expres à Dieppe, comme nous le dirons apres. Ils furent toujours inquietés juſques à ce que le Roy leur donnaſt vne place pour batir vn temple, de ſon autorité, comme il eſt dit cy deuant.

Autres empeſchemens leur furent donnés, tant pour l'enterrement de l'enfant de Girardel, qu'ils vouloient faire enterrer au cimetiere des catholiques romains, quoy que le pere fut de la religion & y reſiſtat, le 23e d'aouſt 1606; que par l'empriſonnement de Me Pierre Paris, cy deuant curé de Gueures, à quy ils imputoient d'auoir emporté quelques meubles de ſon preſbitaire, & quoy qu'il fit aſſés apparoir de ſon innocence, & des cautions qu'il auoit baillé, ne pouuoit eſtre eſlargy; meſme qu'en parlant, il auoit ſeulement dit: l'eſgliſe romaine. Il fut condamné en amende, par ſentence du 21 d'octobre ſuiuant, & enjoint de dire: Catholique, Apoſtolique & Romaine. Toutes ces trauerſes furent ſuportées le mieux qu'il leur fut poſſible.

L'année 1608 fut ſignalée, en ſon commencement,

par vn hiuer fort aspre. Il commença le 20 de decembre 1607, & continua sans relasche jusques au 25 de januier 1608. On l'apela le Grand Hiuer.

Le samedy, 19 auril 1608, se vint rendre en cette coste, au bourg de Criel, vn espadon, masle d'vne baleine, quy fut vû encore viuant le lundy suiuant.

Le dimanche apres midy, 29 de juin 1608, Me Jean Doudement, curé de Bourguet, fit protestation de la foy, en l'esglise reformée de Dieppe, & abjura la papauté.

Le jesuite Gontery estant venu à Dieppe pour y prescher le caresme, le 18 de feurier 1608, logea du commencement en la maison du sieur Daniel de Gueuteuille, en la grand' ruë, puis, au bout de six jours, fut loger chez le conseiller Le Balleur, pour estre plus prest du sieur de Sigongne quy estoit en la maison du conseiller Maynet (86), d'où il deslogea 7 ou 8 jours apres & fut au couuent des Minimes. Il preschoit fort seditieusement, à la mode de la robe, ce quy occasionna d'en faire plusieurs pleintes au juge roïal d'Arques, aussy passionné que luy, quy ne voulant examiner les tesmoins, l'examen s'en fit par me Gabriel Legrand, conseiller assesseur en la vicomté d'Arques, & le procés enuoyé aux deputés des esglises à Paris. Ce jesuite escriuit contre la profession de la religion, & il luy fut respondu par liures imprimés & composés par M. Cartault & M. de Laune, pasteurs à Dieppe.

Les escheuins de la uille dessignerent de faire tirer

Henry IV
1609

vn prix de vaiſſelle d'argent à l'arbalete, tant à ceux de la ville, quy y eſtoient experts, qu'a ceux des villes circonuoiſines, quy y deuoient eſtre inuitées. Le ſieur de Sigongne ſe reſolut de retablir les capitaines & chefs des dix huict compagnies, dont les vns eſtoient morts depuis la paix, ſans qu'on en eut mis d'autres en leur place, & les autres inutiles à leurs charges par leur grand age & leurs infirmités. Ce qu'il fit au mois de may 1609, tant afin de les trouuer tout preſt s'il ſe preſentoit occaſion où on en eut affaire, que pour les faire marcher en parade pour accompagner & honorer le prix & ceux quy viendroient le tirer. Encore qu'il ny eut que trois des huict capitaines quy fuſſent de la religion, ſy eſt ce qu'il tempera tellement la choſe qu'il fit, des autres officiers, des compagnies de perſonnes d'vne & d'autre religion, que les vns & les autres furent contens. Ce qu'il fit à l'imitation du feu ſieur commandeur de Chaſtes quy auoit fait de meſme pendant la guerre, comme il a eſté dit cy deuant & encore pour autre occaſion.

Les eſcheuins donc ayant premedité de faire tirer ce prix de vaiſſelle d'argent auec l'arbalete de la valeur de 2,400 l., firent apeller les arbaletriers de quantité de villes voiſines pour le dimanche, 24 de may 1609, jour auquel on deuoit tirer le gay des arquebuſiers de la ville; mais il fut remis au 5ᵉ de juillet de la dite année, auquel furent conuoqués les arbaletriers de 34 à 35 villes, faiſant enſemble 150 arbaletriers, quy arriuerent à Dieppe, le famedy, 4 de juillet, cha- cune ville ayant fon guidon porté au bout d'vne lance. Pour les receuoir on ordonna à la porte du Pont, Da- niel de Gueuteuille, bourgeois & arbaletrier, eftant efcheuin pour lors, auec 15 ou 20 bourgeois auffy ar- baletriers à cheual, bien en ordre, quy auoient pour guidon Jean Guerante & deux trompettes, & ce pour receuoir, à la porte, les dites compagnies. Ils allerent donc receuoir toutes les compagnies quy arriuoient & les conduifirent jufques aux logis quy leur eftoient deftinés. Par la porte de la Barre, eftoient Pierre Neel, auec pareil nombre d'arbaletriers à cheual, en mefme ordre, ayant pour guidon Jean Petit, quy receuoit pareillement ceux quy entroient par cette porte & les acconduifant jufques en leur logis, il retournoit au deuant des autres. A chacune des portes fut pofé le long du jour vne compagnye de bourgeois, fçauoir : le capitaine Martin, à la porte du Pont, & le capitaine Billard, à la porte la Barre, quy faifoient tirer vne faluë à chacque compagnye d'arbaletriers quy entroit. Les enfeignes fe firent faire chacun des drapeaux neufs, auec bien de la defpence & de l'aparat.

Les buttes pour tirer le dit prix furent eftablies en l'vne des allées du jardin de M. le Gouuerneur. Dans la prairye, dans deux autres allées furent conftruites des tentes, couuertes de planches, pour les arbale- triers de chacque ville, ayant à chacque tente vn efcri-

Henry IV
1609

Henry IV
1609

teau en lettres d'or du nom de la ville où deuoient loger les arbaletriers.

L'ornement le plus beau du prix eſtoit vn nauire de la longueur d'enuiron dix pieds, fort bien peint, & acomodé de tous les cordages neceſſaires à vn nauire. Les pieces de vaiſſelle d'argent du prix eſtoient penduës aux extremités de ſes mâts, vergues & cordages. Il y auoit vn enfant dans le nauire quy faiſoit tirer deux pieces de cannon quy y eſtoient. Le dit nauire eſtoit porté par quatre ſauuages, & au derriere d'iceluy y auoit cet eſcriteau :

> Ces Maures, trainés en ſeruage,
> Du bras vainqueur quy les a pris,
> Viennent icy pour rendre hommage
> A celuy quy aura le prix.

Cette nef, quy eſtoit les armes de la ville, ſortit ainſy parée de l'hoſtel de la ville, ayant à ſes coſtés les deux clercqs de la dite ville, veſtus de robes longues de velours rouge & bleu, & derriere marchoient les arbaletriers de Dieppe à pied, l'eſpée à la main, au nombre de quarante, auec les deux porte guidons, leſquels auoient leurs guidons au bout d'une lance, & ils marchoient ainſy entre les huict compagnies de bourgeois, 4 deuant & 4 derriere ; le prix & les arbaletriers au milieu, juſques à la porte du jardin où ſe deuoit tirer le prix.

Là parut M. de Lancourt quy conduiſoit la compagnye de pied de M. le Gouuerneur, quy vint eſcarmoucher la tefte des 4 premieres compagnies quy marchoient, & il fe fit vne fcopeterye generale; puis fur le foir on ramena le dit nauire auffy en ordre & il fut remis à l'Hoftel de ville; voila ce quy fe paffa le dimanche.

Le lundy matin, le prix fut ramené au jardin où l'on commença à tirer; ce quy ne fut acheué que le lundy fuiuant. Le grand prix fut gagné par ceux de Dieppe & de Beauuais efgallement. Ces derniers fe contenterent de prendre pour leur part 125 l. en jacobus qu'ils coufirent à leur banniere, & les premiers firent prefent de ce grand prix à M. de Sigongne; mais ceux de Beauuais voulurent fe promener par les ruës de la ville auec le prix deuant qu'ils receuffent leur argent.

L'exercice fe faifoit alors fy paifiblement, & ceux de la religion viuoient auec telle liberté, ou qu'ils ne permettoient point, ou que les papiftes n'ofoient fonger de tendre des tapifferies, ou autres ornemens, deuant leurs maifons au jour des proceffions de la fefte qu'ils apelent Fefte de Dieu, ou du facrement, jufques au mois de juin en fuiuant que jugeant qu'il eftoit fort indecent de voir quelques maifons tendues & ornées, lors de la proceffion, & les auftres ne l'eftant point firent ordonner par les juges royaux d'Arques que ceux de la religion permettroient que les marguilliers des paroiffes tendiffent deuant leurs maifons; ce quy fut executé la mefme année. Vne feruante demeurant chez

Henry IV
1609

Henry IV
1609

le sieur Vincent Peigné, receueur des deniers communs de la ville, en la ruë de la Halle, nommée Anne Guaret, fut condamnée, le 20 du dit mois & an, à faire reparation, la torche au poing, deuant le portail de St Remy, pour ce qu'on luy imputoit d'auoir rompu ou deschiré, à coup de couteau, le drap des morts tendu par les marguilliers de la paroisse, le dit jour du sacrement, deuant la maison de son maitre. Le vendredy, 24 de juillet au dit an, deceda M. Mathieu Cartault, ministre du St Euangile en l'esglise de Dieppe, quy auoit esté pasteur ordinaire, tant en secret qu'en public, tant en France qu'à la Rye, en Angleterre, pendant l'exil, de 38 à 40 ans, & fut le lendemain porté en terre par les Anciens & Diacres de l'esglise. Le jour precedent son deceds, il les auoit apelés, & leur ayant representé qu'il sentoit bien qu'il estoit au bout de sa course, & que Dieu l'apeloit pour le retirer en son repos, leur protesta deuant Dieu, au throne duquel il estoit prest de comparoitre pour rendre raison de ses actions, qu'en la doctrine des esglises reformées qu'il leur auoit annoncée depuis sy longtemps, il ny auoit rien quy ne fut en tout & partout conforme à la parole de Dieu; & partant les exorta d'y persister constament & courageusement jusques à la fin; qu'il auoit veu des temps facheux & l'esglise en grande tribulation, mais qu'il mouroit content & rendoit graces à Dieu de ce qu'il luy auoit donné du repos, apres tant de trauaux, & le prioit de luy continuer longuement. Apres plusieurs remontrances & exortations, & auoir recommandé ceux de son esglise à la grace de Dieu, il rendit l'esprit doucement & sans effort.

Henry IV
1609

En ce temps là, il arriua vn accident quy diuisa fort les esprits des habitans de la ville, tant d'vne que d'autre religion, lesquels depuis la paix auoient vécu en bonne vnion & intelligence, sans que la diuersité de croyance y aportast alteration, jusques à ce que le jesuite Gontery, vulgairement apelé le pere Gontier [87], y ayant presché fort sedicieusement le caresme precedent, & par ses assertions temeraires, impudentes & blasphematoires: que sy les Huguenots n'estoient damnés, Dieu n'estoit pas Dieu, & autres encore pires; il persuada à plusieurs de ses auditeurs de les haïr & fuïr, comme gens perdus & execrables. Ayant gagné le sieur de St Ceré [88], gentilhomme qualifié du pays de Bray, faisant alors profession de la religion, sous promesse de luy faire obtenir l'office de grand veneur qu'il poursuiuoit alors, ils resolurent, auec le sieur de Sigongne, où ils estoient à Forges, au mois d'aoust & où ils prenoient des eaux minerales, pour pretexte de la reuolte, d'engager les ministres de Dieppe à vne conference auec le dit Gontery & deux autres (*); croyant que les ministres n'y voudroient pas entrer, sur le refus, meneroient le dit sieur St Ceré en triomphe à la messe, & feroient tirer le cannon; ou que, s'ils y entroient, ils trouueroient assés d'occasions, ayant la force & l'auto-

(*) La conference fut fixée au 7 septembre suiuant.

Henry IV
1609

rité en main, & le nombre de leur cofté, pour faire beaucoup de bruict, & de crier victoire fur les points de la conference qu'ils jugeroient les plus à propos. Que luy fe rangeant de leur cofté, fuiuant fa promeffe, cela fuffiroit pour faire croire aux leurs & à ceux quy fe contentent des feules aparences qu'ils auroient en effet obtenu la victoire ; en tout cas, ils chanteroient toujours le triomphe, & que cela fuffiroit pour faire dire qu'il auroit eu raifon de changer de religion ; & pour donner plus d'efclat à l'affaire, Sigongne y feroit venir quantité de gentilhommes de la religion romaine, ne croyant pas qu'il s'en trouuaft aucun de la reformée.

Mais l'acceptation que firent les fieurs Cartault & de Laune, par l'aduis du confiftoire, accompagnés de Mº Anthoine Gueroult ([89]), pafteur de l'efglife de Bacqueuille, entrant auffy en la dite conference, fous des conditions juftes & raifonnables, dont les parties conuiendroient, n'eftonna pas tant le jefuite que la prefence des fieurs Baron du Mont Jouet ([90]) & plufieurs autres gentilhommes de qualité du païs de France, auec le fieur baron de Boutteuille, lefquels eftoient venus voir, & quy furent priés par ceux de la religion de fe trouuer à la dite conference, pour, par leur refpect & autorité, empefcher qu'il ne leur fut fait aucune fupercherye. Ce que voyant, le fieur de Sigongne & fon jefuite, & que, pour le refpect, ils ne pouroient faire ce qu'ils auoient projetté, deflibererent d'accrocher l'affaire fur les conditions. Pour pretexte, s'arrefterent fur vn des articles des miniftres : que nulles preuues ne fuffent reçuës, qu'elles ne fuffent tirées de l'efcriture fainte, par texte expreft, ou par confequence neceffaire (*) ; ce que le jefuite & les fiens refuferent abfolument, ne voulant admettre aucune confequence, fy euidente quelle fut, chicannant ridiculement en l'application & reduction de la tefe à l'hipotefe, & fur la propofition tirée des paroles de noftre feigneur au vi^e de l'euangile felon St Jean, verfet 47 : *quy croit en moy a vie eternelle* (**). Le jefuite, par exclamation, demandant, auec beaucoup d'infolence, qu'on luy montraft en termes exprés & formels, en autant de mots & filabes dans l'efcriture fainte : *Pierre ou Jean crois en moy*, & lors qu'il en accorderoit la conclufion pretenduë ; finon qu'on confeffaft ne le pouuoir faire par l'efcriture. Maniere de conferer veritablement digne de compaffion, & quy meritoit qu'on renuoyaft ceux quy s'en feruoient ou quy l'aprouuoient à l'efcole des beftes brutes, comme renonçant non feulement à la raifon toute claire & efuidente, mais auffy au fens commun, s'il n'y eut eu de la malice ; & pour çe fujet

Henry IV
1609

(*) Paffage mis en auant fur ce fujet : comme l'Efcriture parlant generalement, & pofant des regles generales, defquelles on deduit, par des conclufions euidentes & neceffaires, les applications particulieres.

(**) M. de St Cere luy mefme defaprouua cefte procedure, & la signa de fes mains.

ils meritoient plutoft chatiment que raifonnement. Neamoins celuy pour lequel il fembloit que la conference fe dut faire, s'eftant rangé de leur cofté, fuiuant fa promeffe, ils en chanterent le triomphe comme s'ils euffent obtenu la victoire fur la verité. Ils en efblouyrent les yeux du fimple peuple quy s'attache toujours plutoft aux aparences & quy, comme le chien de l'apologue, prend ordinairement l'ombre pour le corps. Il s'en fuiuit des chanfons, brocards, libelles & injures de part & d'autre quy aigrirent tellement les parties qu'ils en ont toujours depuis vecu auec plus de froideur. Neamoins la reuolte & les belles promeffes faites au fieur de St Cere, il ne peut obtenir la charge qu'il pretendoit.

En feptembre fuiuant, vn certain colporteur criant fedicieufement par les ruës l'intitulement de quelques libelles diffamatoires contre ceux de la religion, ayant efté mis en juftice à leur requefte, fut condamné par fentence, confirmée par arreft de la cour du parlement de Rouen, à en faire reparation au pretoire tefte nuë & le genouil en terre.

Quoy que ceux de la religion vecuffent en la liberté de leurs exercices, fuiuant l'edit, telle qu'elle a efté reprefentée cy deffus, fy eft ce que depuis que Sigongne auoit efté fruftré de la gratification qu'il efperoit d'eux, ou pretendoit en obtenir pour s'apaifer, il fe porta extremement contre eux, & le fit paroiftre non feulement aux opofitions & empefchemens qu'il donna à la conftruction du temple, mais auſſy en toutes autres occaſions ; leur fermant les portes de la ville, le dimanche, pour ne les laiſſer aller à l'exercice, ou pour ne les laiſſer entrer quand ils en reuenoient, ſous pretexte des proceſſions qu'ils diſoient qu'ils euſſent peu rencontrer, en allant ou reuenant, & quy euſſent peu cauſer quelque ſedition ou tumulte ; ou par le ſieur Soyer, lieutenant general du baillif de Caux, au ſiege d'Arques, homme quy auoit eſté de la religion autrefois, & l'auoit quittée pour obtenir le dit office, & quy, comme la plupart de ceux quy quittent la verité, ſe montroit fort contraire, les trauerſant en leurs enterremens & ſepultures, en leurs petites eſcoles ; & aux occaſions, condamnant les particuliers en de groſſes amendes, pour auoir rencontré les proceſſions, enterremens ou le ſacrement, ſans ſe retirer aſſés toſt ou leur faire hommage ; ou pour auoir chanté des pſaumes en leurs maiſons, ou par autres raiſons ; & dont ils eſtoient obligés de faire des pleintes au Roy & à ſon conſeil, quy y donnoit ordre de temps en temps. Neamoins ces difficultés particulieres, les choſes s'y paſſoient aſſés doucement & paiſiblement pour le general.

Henry IV
1609

Comme l'eſgliſe auoit quelque loiſir de reſpirer & reprendre haleine des troubles paſſés, & afflictions ſous les rois precedens, pendant l'agreable & eſquitable regne de Henry le Grand, cet incomparable & inuincible monarque, quy d'vn coſté, parmy les magnificences du couronnement de la Reyne, ſon eſpouſe, & de l'autre

1610

Henry IV
1610

Louis XIII
1610

au milieu des grands preparatifs de la guerre qu'il dreſſoit pour l'Allemagne (9¹), fut cruellement aſſaſſiné de deux coups de couteau, par vn auorton de l'enfer, nommé François Rauaillac, natif d'Angouleſme, dans ſon caroſſe arreſté par vn embarras de charettes, dans la ruë de la Feronnerye, pres le cimetiere des Sᵗˢ Innocens, à Paris, le vendredy 14ᵉ de may 1610, viron ſur les 4 heures apres midy, comme il alloit du Louure à l'Arcenal. Les ennemis de l'eſgliſe croyoient auoir rencontré alors l'occaſion de la ruiner entierement; mais par la faueur ſpeciale de Dieu, & la prudence de Marye de Medicis, Reyne Mere du Roy Louis XIII, & regente du royaume, toutes choſes furent entretenuës en paix & tranquilité, pour le fait de la religion, pendant la regence. Lors de la mort du Roy, vn grand differend, peut eſtre diſſimulé auparauant pour la crainte qu'on auoit de luy, eſclata entre les ſieurs de Sigongne & de Cuſſon (9²), lieutenant au gouvernement, l'accuſant de ſe vouloir ſaiſir du chaſteau; lequel n'ayant peu eſtre apaiſé par le ſieur marechal de Faruacques, lieutenant pour le Roy en la prouince, venü expreſt pour ce ſujet à Dieppe, le dit ſieur de Cuſſon apres auoir eſté decharge, par arreſt du conſeil, de la calomnye à luy imputée, fut enuoyé exercer la meſme charge au Haure de Grace, au mois de juillet au dit an, & le ſieur de Vauze fut mis en ſa place. Le tout ſe fit par les menées du ſieur de Sigongne (9³); mais auant que l'année fut finye, il luy falut rendre compte tant de cette action que de beaucoup d'autres. Il auoit maltraité plusieurs habitans des plus notables de la ville, sous diuers pretextes, & quiconque refusoit de luy faire credit ou de luy prester de l'argent, quy estoit vn prest sans rendre, l'auoit pour ennemy. Pour lors il en auoit principalement au sieur Anthoine Lemonnier, Ancien de l'eglise, & en sa personne à tout le corps, duquel il se croyait appuyé pour auoir mis le sel des bourgeois au rabais, à son prejudice, pretendant s'attribuer la vente du sel en la ville, ainsy que le Roy le vend à la gabelle à ses autres sujets, au prejudice de tous les autres habitans & contre leurs priuileges, ne voulant permettre qu'aucun autre en vendit ; ce qu'il faisoit premierement sous le nom & par l'entremise d'vn nommé Jacques Soinet, & depuis d'vn nommé Jacques Baudouin, gens deplorés & quy pensoient par ce moyen releuer leur fortune au prejudice du public. Pendant qu'il ne respiroit que vangeance, il est couché au lict par vne colicque accompagnée de fieure causée par vne pierre qu'il auoit dans les reins, & en huict ou dix jours du lict au tombeau, faisant voir l'infirmité & vanité de l'homme, quy est comme l'herbe verdoyante au matin & fauchée le soir, sans force ny vigueur.

Il mourut au chasteau de Dieppe, le 16 d'auril 1611, à la fleur de son age, & ayant esté au gouuernement l'espace de huict années. Veritablement, il auoit de belles qualités, estant homme d'esprit & de courage,

Louis XIII
1611

de bonne faſcon, bien diſant & en quelque ſorte verſé aux bonnes lettres; bon pouëtte, mais ſatirique, comme il paroit par ſes œuures, & des plus ſubtils & rafinés courtiſans de ſon temps; mais ces vertus eſtoient tachées par vne luxure exorbitante, eſtant grand corrupteur de la pudicité des femmes & des filles; à quoy il employoit ſon eloquence, auec beaucoup d'artifice, tant pour luy que pour d'autres; ce dont il faiſoit gloire, s'en vantant auec autant de vanité, ſoit qu'il obtiat ce qu'il pourſuiuoit ou non, ſy bien que ſon aproche eſtoit toujours pernicieuſe à la reputation de femme. Il eſtoit fort vindicatif, &, pour ſubuenir à ſes extrêmes profuſions & debauches, il vſoit de toutes ſortes d'artifices, ſoit à droit ou à tort, pour recouurir de l'argent, dont il eſtoit toujours en neceſſité. A la fin Dieu luy fit la grace de ſe recognoiſtre, & il manda tous ceux qu'il auoit offencés, ou auxquels il vouloit du mal, & notament le ſieur Lemonnier, qu'il enuoya chercher par pluſieurs fois, mais quy ne peut venir, neſtant point en la ville, pour ſe reconcilier auec eux. Apres ſa mort, ſes meubles & cheuaux furent vendus à l'encan aux plus offrans, au pied du chaſteau, proche de la fontaine de la Barre, à la requeſte de ſes creanciers. Sa veuue ayant renoncé à ſa ſucceſſion, partit de Dieppe le premier de may en ſuiuant, pauure & deſnuée, ayant conſenty à l'alienation de plus de vingt mille liures de rentes, ſoit en propre, ſoit en douaire, qu'elle auoit lors qu'il l'epouſa.

La Reyne Regente ayant retiré le fieur de Vauze, de Dieppe, pour luy donner la lieutenance de la Baftille de Paris, pofa en fa place de lieutenant au gouuernement de Dieppe, Pierre de St Paix, S^r de St Jean (94) quy y fut reçeu le 17 d'auril de la dite année. Le 29e du dit mois, François de Monceau, fieur de Villers Houdan (95), fut reçeu au gouuernement de la ville & chafteau, dont il auoit efté pourueü en la place du fieur de Sigongne. Homme riche & bon mefnager, quy n'enpruntoit rien & quy payoit bien; mais quy vouloit auoir bon marché de ce qu'il acheptoit. Au refte en toute autre chofe tres impertinent & deraifonnable.

Le fieur de Fauet eftant mort, le fieur Jean de Montpellé, fieur de Braquigny, habitant de la ville, fut pourueü en la place de fergeant major; mais ayant eu quelques difficultés auec le fieur de Villers Houdan peu de temps apres fon auenement au gouuernement, il vendit fa charge à Adrien de Linetot, Sr de Sauqueuille, gentilhomme du pays, de la maifon de Bofchulin ou de Crouille (96).

Ceux de la religion fe ramentenoient les afflictions & perfecutions fouffertes auant le regne de Henri IV, dont la memoire eftoit encore toute recente, & n'y ayant pas encore plus de 12 à 15 jours qu'ils en eftoient fortis; & voyant qu'il eftoit à craindre qu'ils ne retombaffent en de pareils malheurs, à joindre que les cartes commençoient deja à fe brouiller en cour, par la grande & exorbitante faueur de la Reyne Mere

Louis XIII
1611

enuers Concini, marquis & depuis marechal d'Ancre, & Eleonore Galigaÿ, ſa femme, quy pretendoit perdre & ruïner tous les princes & grands du royaume, afin de les gouuerner ſeule, ou peut eſtre faire pis, à ſa volonté, crurent qu'ils deuoient penſer à la conſeruation d'eux & de leur religion ; &, pour ce, par la permiſſion de la Reyne Regente, conuoquerent vne grande aſſemblée eccleſiaſtique & politique à Saumur, à laquelle ils inuiterent tous les ſeigneurs & les plus notables gentilhommes, & quelques conſeillers des cours ſouueraines faiſant profeſſion de la religion ; outre les deputés des eſgliſes au ſinode nationnal. Mais ce qu'ils auoient preſumé deuoir eſtre pour la conſeruation & ſeuretés d'eux & de leur religion, le fut preſque de leur perte & ruïne totale, comme il ſe verra cy apres ; car la corruption & la trahiſon qu'on croyoit eſtre du tout bannye d'entr'eux y parurent tout manifeſtement, la reyne ayant ſes creatures & penſionnaires quy luy donnoient journellement aduis de tout ce quy s'y paſſoit ; & non ſeulement des affaires les plus importantes & les plus ſecretes, & des deſſeins & reſolutions de l'aſſemblée en corps, mais auſſy des aduis & opinions des particuliers. Meſme on luy donnoit à connoiſtre ceux quy eſtoient corruptibles, & dont les ames eſtoient venales ; par quels moyens il les falloit gaigner ; & quy eſtoient ceux quy auoient plus de credit & ceux quy n'en auoient pas entr'eux. En outre, ces gens là trauerſoient toutes les propoſitions & deſliberations des honneſtes gens, & bien affectionnés à la religion & aux eſgliſes. N'eſtoit que M. le duc de Sully, en ſon liure intitulé: *Eſconomies Royales & Seruitudes Royales*, & M. le duc de Rohan, en ſes memoires, nomment ouuertement M. le duc de Bouillon pour le principal entre les plus grands, & quy trauerſoit le plus les bons deſſeins; ce quy eſtoit auſſy connu alors de tous, & dont on parloit librement, & à bouche ouuerte; & pluſieurs autres quy y furent recognus depuis. Entre les paſteurs, il y eut Ferrier, miniſtre de Niſmes en Languedoc, dont eſtant conuaincu au ſinode nationnal tenu à Priuas, en Viuarets, en l'an 1613, fut ſuſpendu de ſa charge & des ſaints ſacremens pour ſix ans. A quoy n'ayant voulu acquiecer ny meſme ſon eſgliſe de Niſmes, dont il auoit preocupé & gagné la plupart par ſon eloquence & par ſes artifices, les paſteurs de la claſſe, ou pour apaiſer le trouble, ou pour ce qu'ils ne ſe pouuoient perſuader qu'vne telle perfidye fut tombée en l'eſprit d'vn homme de telle reputation, ou pour ces deux raiſons enſemble, n'executerent pas à la rigueur l'arreſté de Priuas, mais ordonnerent qu'il exerceroit encore ſon miniſtere en vne petite eſgliſe, proche de Niſmes, juſques à ce qu'au prochain ſinode nationnal où il promettoit & ſe faiſoit fort de ſe juſtifier & leuer tous ſoubſons. Mais il ſe decouurit luy meſme par ſon imprudence; car ayant eſcrit à M. le Chancelier, en confirmation des promeſſes qu'il auoit faites à la Reyne, &, en meſme temps, eſcrit

Louis XIII
1611

aussy à vn gentilhomme du Bas Languedoc, enuers lequel il se justifioit de l'imputation quy luy auoit esté faite au sinode de Priuas; & ayant cacheté les deux lettres auant que d'y auoir mis la suscription, il mit par megarde celle du gentilhomme à M. le Chancelier & celle de M. le Chancelier au gentilhomme, lequel la communicqua tant à l'esglise de Nismes qu'aux pasteurs de la prouince, & ainsy les desabusa. Par ce moyen Ferrier fut conuaincu par son propre fait, & alors fut l'arrest du sinode de Priuas non seulement exécuté, mais agraué, estant interdy de sa charge & excommunié. Il s'en alla incontinent à Paris où il leua le masque & se reuolta & vecu depuis en athée. Il y en auoit encore d'autres que l'on descouurit depuis en diuers temps. Ce fut sans doute pourquoy la Reyne se rendit sy facile à accorder la dite assemblée de Saumur.

1612

Le temple estant trop petit, pour la grande multitude quy se rencontroit aux jours solennels, on fit faire des galeries de haut en l'an 1612, pour le rendre plus capable; comme aussy le cimetiere, que les sieurs baron de Courtemer & Renard, M^{es} des requestes, commissaires pour l'execution de l'edit, ordonnerent, le 13 auril 1612, qu'il fut augmenté de soixante perches adjacentes, à prendre sur la terre de Simon Pierre de Blanc Baton, escuïer, sieur de Greges, aux despens de la communauté; mais estant trauersés par le lieutenant Soyer, auquel les sieurs commissaires auoient laissé la charge de les en mettre en possession, & par le dit sieur de Greges, proprietaire, lequel quoy qu'il fut de la religion, mit tous les empeschemens qu'il peut sous diuers pretextes; mais en effet se trouuant offencé de ce que les dits religionnaires auoient demandé son pré a son insçeu, & sans auoir obtenu son consentement auparauant; accordant neamoins de leur en fournir au bout plus esloigné de la porte de la ville, ce quy estoit du tout incomode. Ils furent obligés d'obtenir trois arrest du conseil, & n'en furent mis en possession que le 15e de januier 1613.

Au mois d'auril en suiuant, fut reçeu pour pasteur ordinaire, M. Dauid de Caux (97), natif de Dieppe; mais à cause de son naturel chagrin & son humeur difficile, il s'y desplut incontinent, & outre que le trauail de l'esglise estoit grand pour sa foiblesse, comme il s'en plaignoit luy mesme, il n'y tarda que jusques au commencement de l'année 1618. Il fut reçeu en la dite charge parce que le sieur de Laune demandoit & pressoit son congé, qu'il n'obtint que quelque temps apres.

Au commencement de l'année 1614, l'esglise fit clore de fossés, & faire la porte du cimetiere à ses despens. On eut bien voulu le faire fermer de murailles, mais M. de Villers Houdan, gouuerneur, ne le voulut pas permettre, estant trop pres de la porte & de la contrescarpe. Ayant obtenu de la liberalité du Roy, six pieds de paué, depuis la porte de la ville jusques au temple, on y ajouta encore trois pieds aux despens de

Louis XIII
1614

1613

1614

l'efglife, quy fit auffy pauer l'enclos du temple. L'ouurage en fut acheué en ianuier 1615.

Le fieur de Laune, pafteur ordinaire de l'efglife, ayant quelques mecontentemens & facheries domeftiques, qu'il ne pouuoit pas bien digerer, deuint chagrin & difficile; fit fes plaintes au confiftoire, & enfin à tout le confiftoire en corps, fe plaignant tantoft d'vne chofe & tantoft d'vne autre; qu'il eftoit haÿ par le fieur Cartault & par les autres; tantoft qu'il eftoit meprifé de luy &, à fon exemple, du peuple; plus, fe plaignant de fa penfion & encore d'autres chofes; epluchant toutes les paroles & actions de ceux du confiftoire; leur donnant de mauuaifes interpretations, pour auoir d'autre fujet de pleinte. Sur les proteftations que tous luy faifoient qu'ils ne voyoient rien de reel en fes pleintes, mais que c'eftoit en fon opinion feulement, il s'en offençoit encore dauantage; jufques là qu'il amena le fieur receueur Peigné, fon beau pere, & 25 à 30 des parens de fa femme au confiftoire, fe pleindre, auec beaucoup de bruict, de ce qu'on ne faifoit ny raifon ny eftat de fes pleintes, auxquelles on ne voyait aucun fondement. Il eftoit né en Angleterre & auoit enuye d'y retourner, efperant y rencontrer quelque bon benefice. Il ne ceffoit de demander fon congé; cependant l'efglife eftoit en perpetuelle inquietude; ce quy dura quelques années, jufques à ce qu'on fut contraint de ceder à fon importunité & le luy accorder en l'an 1615. Il fe retira en Angleterre, où il obtint la furuiuance d'vn benefice ; mais il luy arriua comme à Moyfe quy vit bien de loin la terre de Canaan, mais il n'y entra pas ; auffy n'eut il que l'efperance de la poffeder, eftant preuenu de la mort, en 1618, auant qu'il fut vacant. Faifant voir la vanité de l'homme quy entaffe deffein fur deffein, & quy, bien fouuent, fonde fes efperances fur la mort de celuy quy doit viure plus que luy.

A peine l'efglife eftoit elle defliurée des pleintes & importunités du fieur de Laune, que le fieur de Caux, fon autre pafteur, commença la mefme procedure, qu'il continua auec autant de vehemence, faifant les mefmes pleintes & pour la plupart fous les mefmes pretextes, mais principalement fur la grandeur du fardeau & le mepris qu'il fe perfuadoit que l'efglife faifoit de fon miniftere ; en forte que pour fon contentement, & pour le repos de l'efglife, on fut contraint de luy accorder fon congé en auril 1618, dont pourtant il ne pouuoit en fortir que l'efglife ne fut pouruuë d'vn autre pafteur en fa place ; ce quy ne fut qu'en octobre en fuiuant, que M. Abdias de Montdenis (98), auparauant pafteur de l'efglife de Fefcamp, y fut reçeu.

Le fieur de Villers Houdan ne voulant pas eftre plus fauorable, ou plutoft moins paffionné perfecuteur de ceux de la religion que fon predeceffeur, & en effet il s'y falloit bien attendre, ayant efté vn des derniers & plus opiniaftres chefs de la Ligue, & en fon particulier leur portant vne dent de lait pour auoir efté bleffé de

Louis XIII
1615

1617

1618

Louis XIII
1618

douze plaies & laiffé pour mort à la deffaite de Saueufe, le 18 de may 1589, par le fieur de Chatillon & autres de la religion. Il marcha donc fur fes brifées, fe feruit des mefmes pretextes & de plufieurs autres, vfa des mefmes moyens, mais s'y montra plus rigoureux & plus deraifonnable. Il vouloit renuoyer les maitres des petites efcoles & les tenir hors de la ville; il ne permettoit aux enterremens qu'vn certain petit nombre de perfonnes pour le conuoy, & à des heures induës; il empefcha la celebration des mariages aux temps deffendus par l'efglife romaine, bref, voulant empefcher toutes les libertés dont ceux de la religion auoient toujours jouï, depuis la reformation en la dite ville, quand l'exercice y auoit efté permis. Il fe montroit impatient & deraifonnable jufques à punir les innocens pour les coupables, ou auec les coupables; mefme ceux de la religion romaine s'y trouuaient autant ou plus enuelopés que les autres, car fitoft qu'il voyait paffer vn enterrement auec plus de perfonnes ou à autre heure qu'il ne vouloit, il faifoit incontinent fermer la porte de la ville, & les tenoit dehors quelquefois vne heure, quelquefois deux, quelquefois trois ou mefme plus; en forte que nul ne pouuoit fortir ny entrer, & il s'amaffoit fy grande quantité de gens, cheuaux, charettes & chariots à la porte tant en dedans qu'en dehors, les vns voulant fortir & les autres entrer, que quand la porte venoit à eftre ouerte ceftoit le plus grand embarras & la plus grande confusion du monde, sy bien qu'il y a de quoy s'estonner s'il n'arriua aucune sedition ou tumulte; à quoy il sembloit qu'il tendit.

Vn jour de vendredy, 18 de nouembre au dit an, il fit fermer la porte lorsque presque tout le peuple estoit passé pour aller au temple, n'y restant plus que le pasteur & quelque peu de personnes, quy furent enfermées dans la ville, laquelle ne fut ouuerte qu'apres midy; aussy la predication ne peut estre faite qu'apres midy. Ce quy ayant esté continué plus d'vne année, il y eut de grandes pleintes au conseil & fit que le Roy enuoya le sieur colonel d'Ornano, alors lieutenant de la prouince, & les sieurs de Melleuille Le Doux & de Bailleul, maitres des requestes, pour y donner quelque reglement; ce qu'ils firent le premier de decembre au dit an, par lequel le nombre des personnes au conuoy des enterremens fut reduit de 25 ou 30 personnes, six ou huict pour porter, le corps non compris; qu'on ne pouroit outrepasser, sans permission du gouuerneur, pour l'heure, en esté, depuis Pasques jusques à la St Michel, depuis six heures jusques à huict du matin & du soir; & en hiuer, depuis la St Michel jusques à Pasques, depuis sept heures jusques à huict heures du matin, & depuis trois heures & demye jusques à cincq heures du soir; que les petites escoles seroient permises dans la ville pour les enfans de la ville & faux bourgs seulement; qu'il seroit permy de celebrer les mariages en l'auent, caresme & autres jours deffen-

Louis XIII
1618

dus en l'efglife romaine, mais fans pompe, conuoy & ceremonye. Ils pouuoient auffy chanter les pfaumes en leurs maifons, mais fans fcandale ; & pour le conuoy des enfans aux batefmes, ils ne pouroient eftre accompagnés que de 15 à 20 perfonnes au plus ; que les fermons fe commenceroient à dix heures du matin tout le long de l'année, tant le dimanche que les autres jours, & à vne heure apres midy, non plutoft ny plus tard, pour efuiter la rencontre des proceffions, tant en allant qu'en reuenant. On fit plufieurs autres reglemens, par lefquels leurs libertés furent retranchées & diminuées, auquels pour leur faire mieux aualer la pillule, on adjouta que, fuiuant l'edit, ils feroient admis aux charges honorables de la ville, quand ils y feroient eflus par la pluralité des voix ; mais on pouruut dès lors à ce que cela ne put jamais arriuer ; ce que le fieur de Villers Houdan faifoit penfant que ceux de la religion pour fe tirer de telles incomodités, feroient prefent de quelque collier ou fil de perle, ou de quelques joyaux de prix, pour fa nouuellé maitreffe, eftant accordé de nouueau à vne demoifelle de 25 ans, luy quy en auoit plus de 65 : mais il n'eut point le plaifir de telle gratification, ou plutoft corruption, pour des caufes & des raifons bien plus importantes ; auffy ne purent ils l'eftre pour celle-cy.

La cour & enceinte du temple ayant efté clofes jufques à ce temps, & l'efglife s'eftant obligée enuers le fieur Canu, par le contrat fait auec luy pour la place, de la faire clore, l'executa cette année & la fuiuante, faifant faire des murailles & des portes. Mais la muraille quy foutenoit les terraffes du dit Canu, vers le chemin d'Appeuille, eftant tombée l'hiuer en fuiuant, pour eftre trop foible ou mal cimentée, elle fut reedifiée l'année 1619 en fuiuant.

Cette année 1619 fut propofée, par l'aprobation & exortation du finode de la prouince, pour dreffer vn colege pour l'inftruction de la jeuneffe, & le plaça proche du temple & lieu de l'exercice, fuiuant la permiffion de l'edit, en la maifon appartenant alors au fieur Richard de Bures, efcuïer, Ancien de l'efglife, & maintenant au fieur Jean Canu, appoticaire, quy a efpoufé fa petite fille. Pour cet effet, il falut faire vn fond de fept ou huict cens liures par an, pour l'entretien des regeans & precepteurs; pour ce, le peuple fut exorté, en public & en particulier, de contribuer à vne œuure fy vtille & fy neceffaire. Quelques vns accorderent fournir, les vns, de l'argent, les autres, de la rente; mais les autres refufant de rien bailler, ou fy peu de chofe que cela n'en valoit pas la peine. On vit combien le zele eftoit refroidy, & la difficulté qu'il y a de perfuader de mettre la main à la bource à ceux quy ne peuuent eftre contrains par rigueur, pour quelques bonnes œuvres & neceffités que ce puiffe eftre. Ce quy auec les changemens quy arriuerent à ceux de la religion, à la veille defquels ils eftoient, fit auorter le deffein, quoy que continuée l'année 1620 en fuiuant.

Louis XIII
1619

Louis XIII
1620

Le roy ayant tiré Henry d'Orleans, duc de Longueuille, du gouuernement de Picardye, pour poser le sieur de Luynes en sa place, luy donna en recompence le gouuernement de Normandye, & pour sa retraitte la ville de Dieppe, du gouuernement de laquelle il pouuoit disposer & y mettre quy bon luy sembleroit, en recompensant les sieurs de Villers Houdan & de St Jean, gouuerneur, & lieutenant de la ville ; ce qu'il fit par le prix de 300,000 l., sçauoir : 278,000 l. au sieur de Villers Houdan, & 22,000 l. au sieur de St Jean. Il posa Guillaume, Sr de Montigny, pour gouuerneur en son absence, & le sieur de Busseaux pour lieutenant ; & en sa presence il seroit reconnu pour gouuerneur & le sieur de Montigny, pour lieutenant, sans que le sieur de Busseaux fut pour y auoir aucune charge ; le sieur de Sauqueuille demeurant toujours pour sergeant major ; & vint en prendre possession, le dit sieur de Montigny, auec la garnison qu'il amena de Ham, où il estoit auparauant, le 2 de septembre 1619. Le sieur de Villers Houdan & la garnison luy cederent la place.

Ainsy party du gouuernement, le sieur de Villers Houdan, homme de belle representation, ayant sa maison bien reglée, diligent & vigilant en la garde de la place, & quy payoit bien ses dettes; mais defiant, soubsonneux, difficile, deraisonnable en ses discours, au milieu desquels il se perdoit ordinairement, & encore plus en ses actions ; violent, colere, jaloux, vindicatif, & quy se porta toujours contre ceux de la religion. Il estoit aussy malade d'epilepsie ou mal caduc, quy peut estre augmentoit les deffauts de son esprit.

M. le duc de Longueuille & ceux quy commandoient en son absence le seruice du Roy sous son autorité, entretenant toutes choses en grande paix & tranquilité, se portant auec grande moderation, & ne fauorisant pas plus ceux d'vne religion que ceux de l'autre, au prejudice de la raison. Au commencement de son gouuernement, il fit conceuoir à ceux de la religion qu'ils pouroient estre admis aux charges honorables de la ville, de conseiller, sindic, receueur & autres. Suiuant la liberté des edits, & le reglement dernier, comme ils estoient chargés, & toujours par vne moitié, des honneurs d'estre à la police de tresoriers des pauures & autres, s'ils en faisoient la demande & suittes necessaires, ils crurent ne trouuer de temps plus à propos & fauorable que sous ce gouuernement, &, pour ce, voyant que l'election des escheuins, sindics & receueurs & autres charges honorables de la ville, quy ne se fait que de trois ans en trois ans, echeoit à l'ordinaire au jour & à la feste de St Michel 1620, se resolurent de demander d'y estre admis & reçeus aussy bien que les autres ; & d'autant que pour les exclure & y installer ceux que les escheuins quy sortoient de la charge voudroient, ils auoient introduit de presenter trois billets, en chacun desquels estoient contenus les noms de ceux qu'ils proposoient : l'vn pour les

Louis XIII
1620

conseillers, l'autre pour les sindics, & le troisieme pour les receueurs, empeschant d'en nommer, par nomination ou eslection, d'autres que ceux quy estoient employés aux dits billets. Les dits de la religion ceputerent Jacques Le Noble, escuïer, S^r de La Leau, les sieurs Anthoine Le Monnier, Jean Le Forestier (99) & Jacques Faucon l'ainé, Anciens de l'esglise, pour en faire les demandes & que le dit ordre fut changé pour estre prejudiciable, non seulement à eux mais aussy à la liberté de tous ; qu'ils estoient tenus & obligés en conscience, d'eslire & nommer les plus capables aux dites charges, & plus asseurés au seruice du Roy & au bien public, ce qu'ils ne pouroient faire s'ils estoient abstrins à ceux quy estoient contenus aux dits billets, & au cas qu'ils n'obtinssent point leur demande auoient charge de protester de nullité de la dite eslection & de tout ce quy s'y feroit, & en demander acte & le renuoy au conseil, pour y estre pourueu, & apres cela se retirerent de l'assemblée. Mais comme ceux quy sont deputés ne doibuent jamais passer leur commission, ny faire rien sans l'aueu de ceux quy les deputent, aussy est il tres perilleux de la leur limiter, en sorte qu'ils ne puissent aucunement outrepasser les temps prescris, principalement quand il se presente des cas impreuus, auxquels il est besoin d'vne prompte & pressante resolution, & plus encore quand, en tel cas, plusieurs, ayant mesme pouuoir, se rencontrent diuisés d'opinions. Le sieur de La Leau, portant la parole, ayant harangué pour ce fujet à l'hoftel de ville & conclû ce que deffus pour ceux pour lefquels il portoit la parole, les efcheuins, quy fortoient de charge, s'opoferent à fa demande; fur quoy, ayant fait fa dite proteftation & demandé renuoy au confeil, & acte pour s'en pouruoir; renuoy & acte leur eftant denié, le fieur de Buffeaux, prefident en l'affemblée, en l'abfence de M. de Montigny, trouua vn expedient : fans changer l'ordre des dits billets, chacun feroit libre de nommer telles perfonnes qu'il jugeroit les plus capables aux dites charges, encore que non comprifes aux dits billets, ce que quelques vns des deputés de la religion trouuoient raifonnable & les autres non; & que quand ce l'eut efté, ils n'auoient commiffion, en tel cas. Ils auoient accomply celle qu'on leur auoit donnée, laquelle ils ne deuoient ny pouuoient outrepaffer. Là deffus ils fe retirerent de l'affemblée, & les autres refterent pour proceder à l'election, qu'ils croyoient leur donner gain de caufe & leur accorder ce qu'ils demandoient, neamoins la diuifion & malintelligence des dits deputés, s'eftant rencontrées plufieurs brigues à l'election.

M. de Longueuille voulant encore qu'ils procedaffent par prieres; que les voix fuffent données à vn qu'il nommoit pour efcheuin, & à vn autre pour receueur, laiffant tous les autres entierement à la liberté des habitans; les anciens efcheuins au contraire voulant que ceux de leurs billets fuffent reçeus & non autres, fit que les voix de ceux de la religion, quy eftoient en l'affemblée, l'emporterent de beaucoup ; en forte que les autres ne peurent trouuer aucun expedient pour empefcher l'effet de la pluralité de leurs voix, que de differer l'eflection le plus tard qu'ils purent, enuoyant chercher des gens de tous coftés pour fortifier la nomination de ceux qu'ils vouloient quy l'emportaffent, & apeler tous les paffans, quelques mecaniques qu'ils fuffent, auxquels ils defigneroient ceux qu'ils vouloient qu'ils nommaffent. Par ce moyen, la brigue des anciens efcheuins fut plus forte & l'emporta de bien peu de voix. Sy ceux de la religion fe fuffent bien accordés, fy ceux quy, contre leur commiffion, fe retirerent, & que par leur exemple & exortation en firent auffy retirer plufieurs des leurs, euffent demeuré & donné leurs voix, leur nomination l'eut emporté de beaucoup, par la pluralité de leurs voix, ce quy eftoit tout ce qu'ils pouuoient efperer; car n'y eftre admis, les autres ne l'euffent jamais voulu permettre, ny les gouuerneurs les receuoir fans vn arreft du confeil. Mais leur caufe eut efté bien plus fauorable, ayant la pluralité des voix, outre qu'il y auoit de l'equité en leur eflection, en ayant nommé deux d'vne religion & deux de l'autre, comme on a coutume de faire aux charges honorables, & entre ceux que M. de Longueuille defiroit eftre nommés. Les deputés ayant fait raport de ce quy s'eftoit paffé en l'hoftel de ville, & chacun d'eux maintenant fon droit & blamant les autres de ne l'auoir fuiuy, diuifa auffy ceux quy les auoient deputés;

les vns aprouuant l'elleXion des vns, & les autres, celle des autres ; ce quy fit, auec ce, que le general des affaires de la religion changea de face tout d'vn coup, le temps leur estant deuenu extremement contraire, l'affaire n'ayant eu aucune fuitte.

En effet, quoy qu'ils euffent des gouuerneurs quy ne fembloient pas leur eftre fy contraires que les precedens, fy est ce qu'ils auoient tres mal choify leur temps, car, dès l'heure mefme, le Roy eftoit deja à Bordeaux pour aller en Bearn, là où il remit & retablit les ecclefiaftiques romains dans les biens de l'efglife, alienés par la Reyne Jeanne d'Albret fon ayeule, il y auoit plus de 50 ans, dès l'an 1561, nonobftant toutes les difficultés qu'il y auoit, ayant tous les dits biens changé de plufieurs mains, depuis le dit temps. Il changea auffy tous les gouuerneurs, en cincq ou fix jours, dans le mois d'octobre de la dite année qu'il fejourna dans ce lieu.

Enfuitte de quoy, ceux de la religion s'eftant allarmés de ce quy s'eftoit paffé en Bearn, &, en outre, fe plaignant des inexecutions & contrauentions à l'edit, dont ils ne pouuaient auoir aucune fatiffaction ny juftice, & que contre les promeffes que le Sieur de Luynes & ceux quy eftoient en faueur leur auoient faites, au nom du Roy, on les faifoit feparer de l'affemblée qu'ils tenoient par fa permiffion à Loudun, à la fin de l'année derniere & au commencement de la prefente ; on entreprenoit tout ouuertement, finon de

Louis XIII
1620

l'abolir, pour le moins de la leur rendre du tout inutile auec le temps. Ils s'aſſemblerent à la Rochelle, à la fin du mois de nouembre. Le Roy leur fit commandement de ſe ſeparer & ſe retirer en leurs maiſons, faute de quoy il les declaroit rebelles & criminels de leze maieſté, & enſemble tous leurs fauteurs & adherens. En auril 1621, il print ſous ſa protection & ſauuegarde tous ſes ſujets de la religion quy ſe tiendroient dans l'obeïſſance, en leurs maiſons. Il s'achemina vers Orleans, Tours, Saumur, & de là à St Jean d'Angely qu'il aſſiegea, & que le ſieur de Soubiſe deffendoit pour l'aſſemblée de La Rochelle.

Et neamoins tous ces mouuemens, toutes choſes ſe paſſoient à Dieppe en grande tranquilité; les habitans, tant de l'vne que de l'autre religion, faiſoient la garde enſemble, ſous meſmes capitaines, & meſme il y en auoit pluſieurs de la religion, juſques à leur deſarmement quy fut executé le dimanche 9 de may de la dite année. Le ſieur de La Leau, capitaine de la religion, eſtant en garde auec ſa compagnye à la porte de la Barre.

M. le duc de Longueuille eſtoit arriué, pour cet effet, quelques jours auparauant en la ville, accompagné à ſon ordinaire, de peur de ſoubſon ; mais ayant (ſous pretexte de l'appointement du ſieur de Varicaruille & de Fontaine Martel ([100]) quy auoient querelle enſemble), fait venir dès le vendredy & le ſamedy, 7 & 8 du mois, ſa compagnye de cheuaux legers, conduite par le sieur Guitry Bertisere (¹⁰¹), gentilhomme de la religion, & plusieurs autres gentilhommes, dont quelques vns de la religion, pour tant mieux cacher son dessein. L'affaire estant tellement secrette, il sçeut sy bien entretenir les habitans & la noblesse, sous ce pretexte, que nul ne s'en doutast aucunement.

Le jour venu, quy estoit le dimanche 9ᵉ may, sur les 8 heures du matin, il assembla les capitaines des bourgeois de la religion romaine au chasteau, & cependant laisse aller ceux de la religion au temple, à leur exercice ordinaire, jusques sur les dix heures que tous estant presque passés, il fait fermer les portes & commande aux dits capitaines d'assembler ceux de leur compagnye quy faisoient profession de la religion romaine, dont on borda les ramparts, depuis la tour Coüronnée jusques à la tour aux Pigeons ; pose vne compagnye en garde à l'hostel de ville, & le reste en diuers autres endroits de la ville & des murailles ; fait monter la noblesse à cheual, la diuise en diuers troupes ; donne à chacun son cartier, & les fait continuellement marcher par les ruës, pour empescher la resistance. Ayant donné cet ordre, il enuoya vn de ses gentilhommes : vn du corps de la justice & vn des habitans de la religion, de ceux quy s'estoient encore trouués dans la ville, par chacun des cartiers, aux maisons de ceux de la religion. Ils y entrent, font ouurir les portes de ceux où il n'y auoit personne, par des serruriers, & prirent les armes tant deffensiues qu'offensiues, dont

Louis XIII
1621

Louis XIII
1621

ils firent inuentaire (quy ne s'eſt jamais repreſenté depuis) &, par les camions des braſſeurs, les font porter au chaſteau. On commença le deſarmement par ceux de la compagnye du ſieur de La Leau, quy eſtoit en garde. Ceux de la religion ſortant du temple ſans ſçauoir ce quy ſe faiſoit en la ville, & croyant reuenir en leurs maiſons à midy, furent bien ſurpris de voir les rampars & les murailles bordés de gens armés, & encore plus de trouuer les portes fermées. Ne ſçachant quel conſeil prendre, ils ſe repandirent par les champs. Ceux du faux bourg & des hameaux circonuoiſins, font en la meſme peine, ne voyant point reuenir ceux des leurs en leur paroiſſe de St Remy, ne ſçachant point la cauſe de cette fermeture de la porte, ny ce quy ſe paſſoit dans la ville, quoy que ceux quy eſtoient ſur les rempars, & le baillif de Longueuille (quy depuis fut le ſieur de Treuſſeuille) quy eſtant auec quelques vns en armes au faux bourg, de peur qu'il n'y arriua du deſordre, aſſeuraſſent que ce n'eſtoit autre choſe que le deſarmement, pluſieurs ne le voulant pas croire, parce qu'ils craignoient quelque choſe de bien pire; ceux quy le croïoient en apprehendoient les ſuittes. Quelques vns ſe retirerent à Pouruille & trouuerent moyen de ſe faire porter à bord du ſieur de Caen ([102]), quy eſtoit en rade, preſt à faire le voyage de Canada, pour l'habitation & traite des caſtors. En voyant les batteaux du nauire (quy eſtoit de viron 360 thonneaux) à terre, y en tranſporterent pluſieurs & entr'autres le dit ſieur de Caen, capitaine de la religion, quy fit incontinent mettre à la voile & se prepara au combat, dont il ne fut pourtant point de besoin. Sur les 4 heures apres midy, on permit aux femmes quy le voulurent de rentrer dans la ville pour pouruoir aux necessités de leurs familles. Sur les neuf à dix heures du soir, apres le desarmement finy, on laissa entrer aussy les autres pour se retirer en leurs maisons, au moins ceux quy ne s'estoient point retirés ailleurs. Le desarmement se passa ainsy sans bruict & sans contredit aucun, & la nuict se passa fort tranquillement. Le sieur de Guitry auoit ordre de faire marcher sa compagnye de cheuaux toute la nuict par les ruës ; mais cet ordre fut changé de peur de trop allarmer les habitans.

M. de Longueuille ayant mandé le lendemain les pasteurs & anciens, leur dit qu'il auoit esté obligé de les desarmer pour obeïr au commandement du Roy, quy luy auoit prescrit le jour, l'heure & les moyens à employer, craignant qu'ils ne fauorisassent les rebelles de l'assemblée de La Rochelle ; que s'ils se tenoient dans le deuoir, le Roy luy auoit donné charge de les asseurer qu'ils seroient maintenus & protegés tout comme les autres sujets en asseurance & en liberté des edits & de la religion, sans qu'il leur fut fait aucun tort en leur corps ny en leurs biens. Ce qu'il leur dit seulement de bouche & sans leur faire rien paroistre de la commission ; dont quelques vns crurent qu'il l'auoit fait de son mouuement propre, pour montrer

Louis XIII 1621

Louis XIII
1621

combien il eſtoit affectionné au ſeruice du Roy, & pour effacer les ſoubſons que l'on eut peu conceuoir à cauſe de ce quy s'eſtoit paſſé l'année precedente.

En ſuitte de quoy, le Roy par ſa declaration donnée, à Niort, le 17e de may, ordonna à tous ceux de la religion de comparoir au greffe des baillages de leur demeure, en dedans huict jours de la publication d'icelle, &, là, deſclarer, jurer & ſigner qu'ils deſauoient & deteſtoient tout ce quy s'eſt paſſé, fait, traité & conclu en l'aſſemblée de La Rochelle & ailleurs, par ceux de la religion qu'ils auoient declarés rebelles & criminels de leze maieſté ; ſe deſliant de toute aſſociation qu'ils pouroient auoir auec eux, contraire à ſon autorité ; qu'en ce faiſant, il les prendroit en ſa protection, voulant qu'ils vecuſſent en paix ſous le benefice des edits, ce quy allarma extremement tous ceux de deça la Loire, quy en trouuoient les termes ambigüs & captieux, craignant que par là, on ne pretendit auſſy qu'ils ne renonçaſſent à l'vnion de la religion qu'ils auoient ou vouloient conſeruer auec eux ; outre que pluſieurs en aprehendoient les ſuittes, comme eſtant vn moyen facille & vne occaſion toujours preſte pour leur faire de la peine, ſous ombre qu'il les ſoubſonneroit ou qu'on leur imputeroit d'auoir intelligence auec eux ou de les fauoriſer au prejudice du bien des affaires du Roy ; & qu'en tel temps où les peuples eſtoient ſy fort animés contr'eux, tels ſoubſons ou les ſimples accuſations ſeroient priſes pour des preuues certaines, comme il estoit arriué autrefois en pareilles occasions, & qu'en tel cas, les plus notables & aparens feroient toujours exposés à la furye des peuples ; les autres ne pouroient les desauoüer veü mesme qu'ils estoient desarmés & detestés, comme estant deputés. Croyant que ce qu'ils en faisoient estoit pour le bien des esglises & l'obseruation des edits, plusieurs se resolurent plutost de se retirer, & notament presque tous les ministres ; ce que voyant, M. le chancelier de Sillery, homme prudent & politique, que le Roy auoit laissé à Paris, pour pouruoir aux affaires de deça, pendant son esloignement, considerant que sy tous les pasteurs se retiroient les peuples demeureroient sans exercice de religion & suiuroient bientost leur exemple, & que la pluspart se retireroient à La Rochelle, Gascongne & Languedoc, où ils fortifieroient les autres de beaucoup, ce qu'on vouloit empescher par tous moyens, fit en sorte qu'il arresta à Paris les sieurs Durand & Drelincourt, pasteurs, quy n'estoient point encore partis, les dispensant de faire le dit serment & signer la dite declaration. Le Sieur Erondel resta seul à Roüen, & l'esglise de Dieppe demeura quelque temps sans pasteurs, par l'absence des sieurs Cartault & de Montdenis, quy s'estoient retirés en Angleterre, jusques à ce que Dieu leur en eut sucité d'autres.

Les gouuerneurs, quy estoient sur les passages, faisoient de grandes difficultés de laisser passer ceux quy se retiroient, comme pretendant qu'ils se voulussent

Louis XIII
1621

joindre à ceux quy estoient en armes ; mais ce n'estoit que pour auoir de l'argent en tirant le plus qu'ils pouuoient des passeports qu'ils bailloient. Mesme on establit vn nommé Dauid Tot, assés bon homme, mais deschû de moyens, pour visiter les hardes, meubles & marchandises qu'ils emportoient; & le sieur de Sauqueuille, sergeant major, ne s'y espargnoit pas luy mesme en personne, sous diuers pretextes ; mais tout passoit pour de l'argent.

Apres le depart des sieurs Cartault & de Montdenis, l'eglise demeura quelque temps sans predications. Six Anciens & quatre Diacres, quy estoient restés, maintenoient l'esglise en estat au mieux qu'ils pouuoient. Les prieres publiques s'y faisoient auec la lecture de la parole de Dieu & le chant des psaumes, les dimanches matin & apres midy, & les mercredis & vendredis, jours ordinaires en la dite esglise. On y remarquoit plus de zele & de ferueur que quand les pasteurs y estoient & que le sermon se faisoit. Quand au congé des pasteurs, le consistoire fit vne grande faute, le leur ayant accordé de son autorité particuliere, sans la communication & consentement de l'esglise, en juin 1621 ; car encore qu'il y eut cause suffisante de le leur donner, sy est ce que n'estant pas pasteurs pour eux seuls, mais pour tous, comme ils ne sont admis & reçeus que par le mesme ordre & consentement de tous; mais la peur pressoit tellement les pasteurs de partir, qu'à peine se donnoient ils le loisir de le leur demander ;

mefme en quelques efglifes, il y en eut quy ne le demanderent pas feulement aux confiftoires, outre que plufieurs autres membres du confiftoire le demandant & le prenant auffy pour eux mefmes le leur accorderent tant plus facilement. Toutefois, ce quy juftifia leur action, fut qu'il y en eut peu ou point de pleintes à Dieppe.

Viron vn mois apres le depart des pafteurs, l'efglife de Paris, confiderant que la Normandye en eftoit prefque entierement deftituée, & qu'on pouroit contraindre ceux de la religion de faire batifer leurs enfans à la meffe & d'y celebrer les mariages, enuoya le fieur Drelincourt y faire vn tour pour ce fujet, lequel vint à Dieppe & en batifa plufieurs.

Le fieur de Loffes, pafteur de l'efglife de Gifors & Sancourt (¹⁰³), craignant d'eftre recherché pour n'auoir point figné la declaration, fe retira, par forme de vifite, chez la dame de Vitannal, fœur de la dame de Sancourt, & trouuant l'efglife de Luneray deftituée de pafteur, par le depart du fieur de la Balle, retiré en Angleterre, y prefcha & batifa; ce que ceux de Dieppe ayant apris, y porterent batifer leurs enfans, & y aloient plus de fept ou huict cens à la fois. Ce que voyant le fieur de Loffes, que le temple eftoit beaucoup trop petit, fe refolut auffy de venir à Dieppe, où il prefchoit aux jours ouurables & feftes, referuant les dimanches pour l'efglife du Luneray.

Louis XIII
1621

Louis XIII
1621

Mais Dieu ayant foin de l'efglife de Dieppe, quy eftoit deftituée de pafteurs, le peuple eftant comme brebis fans conduite, leur en fucita deux, qu'ils n'attendoient nullement, car le fieur Chorin, miniftre de l'efglife de Mantes, Vic & Gadencourt, eftant venu à Dieppe pour paffer en Angleterre, fut prié, le 25ᵉ de juillet au dit an, de donner quelques fermons en l'abfence du fieur de Loffes, quy tardoit trop à venir; ce qu'il accorda, & fur la promeffe que luy fit le fieur de Montigny, gouuerneur, de le maintenir fans eftre recherché pour n'auoir point figné la declaration, fe refolut d'y demeurer pour pafteur en l'abfence de ceux quy eftoient partis pour l'Angleterre, & il y fut jufques en janvier 1623, qu'apres la paix faitte, ils reuindrent & luy retourna en fon efglife.

Quelque temps apres, le fieur Letellier, pafteur de l'efglife de Callais (104), ayant eu quelques difficultés en fon efglife, vint à Dieppe où il fut auffy retenu pour pafteur, aux mefmes conditions que le fieur Chorin. Il commença à y prefcher le dimanche 29 de feptembre de la dite année, & la cene y fut celebrée, quy ne l'auoit efté depuis le depart des pafteurs, & y tarda auffy jufques à leur retour. Ainfy l'efglife fut fournye de pafteurs & l'exercice continua fans intermiffions, mais toujours en crainte & agitations continuelles. D'vn cofté les aduerfaires fucitoient des proces aux particuliers, pretendant qu'ils auoient mal parlé du

Roy, ou au defauantage de fes affaires, ou dit du bien du fieur de Soubife & de ceux de l'affemblée de La Rochelle, quy alors eftoient en armes. Ils ne fe trouuoit que trop d'occafions & de tefmoins auxquels la paffion faifoit raporter plus qu'on n'en vouloit, foit à tort ou autrement. D'autre part, fy le Roy auoit de bons fuccès, ils deuenoient fy infolens & fy infupportables qu'ils ne refpiroient qu'injures & menafces, & s'il en auoit de mauuais, ils deuenoient furieux & enragés, en forte qu'à peine la garnifon quy eftoit alors à Dieppe les pouuoit retenir. Mais au mois de feptembre 1622, fur la nouuelle de la mort du duc de Fronfac & de quelques autres, & que plufieurs perfonnes de marque auoient efté bleffées, en vne fortye, au fiege de Montpellier, trente fix des plus notables des habitans de la religion romaine jurerent & fignerent le mafacre de leurs concitoïens de la religion. Ils en porterent parole au fieur de Montigny, gouuerneur, & luy firent voir la conjuration & les moyens de l'executer, quy eftoient fans doute faciles, puis qu'ils eftoient defarmés & ne s'en doutoient point. Mais cela ne fe pouuoit faire fans l'aide ou pour le moins fans le confentement de la garnifon. Elle fut communicquée aux capitaines & chefs d'icelle, dont le fieur Du Bufq, gentilhomme ordinaire de la maifon de M. le duc de Longueuille, & capitaine d'vne des compagnies de la garnifon, s'offença extremement & fy opofa formellement, difant que ce n'eftoit nullement l'intention du Roy, quy l'auoit pofé luy & fes compagnons pour la conferuation de la ville & des habitans, & non pas pour leur couper la gorge ; qu'il mourroit pour leur confervation, & que quand mefme le Roy l'auroit commandé, il eftoit gentilhomme & foldat & non pas bourreau. Ainfy Dieu, par fon moyen & celuy de fes compagnons, quy fe joignirent à luy, rompit ce coup & conferua l'efglife. Ce quy fut fçeu par le moyen d'vn gentilhomme de la religion romaine d'aupres Mantes, nommé d'Heruille, quy eftoit officier d'vne des compagnies de la garnifon, & quy logeoit chez Jean Lardans, ruë d'Efcoffe, quy le dit au fieur Jacques Mel l'ainé, efcuïer, prefence du fieur Martin Planterofe, auocat de la religion contraire, quy depuis attefta que le dit d'Heruille l'auoit dit en fa prefence. En effet, quand on le reprochoit aux Papiftes, ils ne le nioient pas comme fy la chofe n'eut point efté, & comme fy c'eut efté vne calomnye ; mais tous nioient fortement qu'ils euffent efté du complot. Sy bien qu'on n'a jamais peu fçauoir affeurement ceux quy en eftoient, tant l'horreur du fait leur fit tenir fecret le nom des complices ([105]).

Et tout ainfy que les accés d'vn febricitant font quelquefois plus quelquefois moins violens en fes plus grandes intermiffions, n'eft pas pourtant en fanté, il en eftoit ainfy des fidelles de Dieppe & d'ailleurs quy eſtoient en continuelles aprehenſions & allarmes, tantoſt plus, tantoſt moins fortes, & quy n'en furent point entierement deſliurés juſques à la paix quy fut concluë & arreſtée à Montpellier à la fin d'octobre 1622.

Louis XIII
1622

FIN DU PREMIER VOLUME.

NOTES

Page 6, Note 1. — Dans ces temps heureux, les mœurs étaient pures. — *Desmarquets.*

P. 8, N° 2. — Jean Venable, en 1557, visita le Havre et une partie de la Normandie, répandant de petits livres imprimés chez Viret ; feu M. le pasteur Paumier, président du consistoire de Rouen, en a possédé quelques-uns ; ils provenaient de la collection de M. Barré, curé de Monville.

Quelques écrivains disent que ce fut Hélène Bouchard, bourgeoise, et riche drapière, qui fit venir Jean Venable à Dieppe, et qu'on se réunissait chez elle pour faire le prêche ; que Calvin lui écrivit plusieurs lettres.

Les Daval ne font pas mention d'Hélène Bouchard.

Un Thomas Bouchard, échevin de Dieppe, posa la première pierre de l'église Saint-Rémy, en 1522.

Laurent Bouchard, M^e des requêtes de l'Hôtel du Roi, possédait le fief de Caude-Côte, à Dieppe, au commencement du xviie siècle ; il ne vivait plus en 1607. Sa fille, Madelaine, épousa le 7 juillet de la dite année, dans l'église St-Eloy, de Rouen, noble homme Jacques de Bordeaux, Sʳ du Buisson. (*Reg. de la paroisse St-Eloy*). Hélène était de cette famille.

P. 9, Nᵉ 3. — L'église de Rouen fut fondée, en 1557, par La Jonchée, ministre envoyé de Genève; par Jacques Trouillet, dit des Roches, et Jean Depleurs, dit d'Espoir; elle avait été visitée auparavant par Pierre Legay, dit Boisnormand.

P. 9, Nᵉ 4. — Le nobiliaire de Provence fait mention d'une famille de ce nom, qui professa la religion réformée.— André Segueran fut reçu bourgeois de Genève, le 19 août 1557; il était né à Aix.

Lettre de Calvin à l'église de Dieppe. — (Bibliot. de Genève, vol. 107).

Cette lettre a dû être adressée à Segueran, dit Dumont.

« Très chers seigneurs et frères, vous nous excuserez de ce que nous n'avons pas si tost satisfaict à vostre désir, comme possible vous expériez. Car le délay n'a esté que pour mieulx vous pourveoir d'homme qui fidellement s'emploiast à procurer vostre salut, comme nous avons tasché de le faire, vous adressant le porteur, lequel a conversé avec nous en telle sorte que vous serez édifiéz en sa vie, et selon qu'il craint Dieu, et a monstré par cest acte le zèle qu'il avoit d'advancer le règne de Nostre

Seigneur Jésus-Christ, nous ne doubtons pas que l'aïant congneu, vous aurez de quoi vous contenter. Joint qu'il a saine doctrine pour vous monstrer le chemin du salut en toute simplicité. Il restera que de vostre part vous preniez couraige à profiter, et que vostre bonne affection le sollicite tant plus à s'acquitter de son debvoir, quand il verra le fruict de son labeur. De quoy nous vous prions, au nom de Dieu, espérans que comme vous avez désjà commencé, vous continuerez jusques en la fin. Et desjà nous avons esté fort esjouy de ce que vostre foy a repris vigueur pour surmonter l'estonnement qui vous avoit saisi pour quelque temps. — « Or comme nous avons à louer Dieu de ce qu'il vous a redresséz par sa vertu, aussi ceste expérience vous doit retenir en plus grande crainte et sollicitude pour l'advenir, car oultre les troubles, menaces et alarmes que Sathan dresse par ses supposts aux enfans de Dieu, les corruptions sont si grandes partout, que ceux qui désirent de servir Dieu purement et en intégrité, ont bien à se tenir sur leurs gardes. Parquoy voians qu'il n'y a meilleur moïen que de vous recueillir soubz l'enseigne, exercez-vous à recevoir bonnes instructions, par lesquelles vous soïez tellement confirmez que vous demeuriez invincibles contre tous combats.

« Sur quoy, tres chers seigneurs et frères, après nous estre recommandé à vos bonnes prières, nous supplierons nostre bon Dieu vous tenir en sa saincte garde, vous fortifier à une vraye persévérance pour glorifier son sainct nom, et vous augmenter en tout bien. Ce 5 janvier 1558.

« Vostre humble frère,

« CHARLES D'ESPÉVILLE (J. CALVIN)

« Au nom de la Compagnie. »

Segueran arriva à Dieppe le 1ᵉʳ janvier 1558, avant cette lettre, qui est datée du 5.

P. 10, N° 5. — Homme aussi éloquent et aussi savant que prudent dans ses démarches : commanda la plus grande discrétion à ses nouveaux sectaires. — *Desmarquets.*

P. 10, N° 6. — Jacques Trouillet, dit des Roches, ou des Rochers, ex-capucin de Poitiers ; ci-devant Jacques Vallier, de Lausanne. En décembre 1558, la compagnie des pasteurs de Genève envoya à Dieppe un ministre nommé du Reys. (J. Gaberel. *Hist. de l'église de Genève*, t. I, p. 195). La même année, François de Chambeley fut envoyé au Havre.

P. 10, N° 7. — Jean Knox avait été à Dieppe longtemps auparavant : en mars, 1554 ; en novembre, 1555 ; en septembre, 1556. — (Works, 7-274. *Joannis Calvini opera.*

Selon *Desmarquets*, « homme malheureusement trop célèbre, infatigable dans le travail et d'une éloquence véhémente ; il blama la circonspection du ministre Delaporte ».

D'après *Asseline*, « Audacieux et docte ; et comme dit Florimond de Rœmond, factieux, et si éloquent qu'il maniait les âmes ainsi qu'il le vouloit ».

Pendant le séjour de Jean Knox à Dieppe, la lettre suivante fut adressée à Calvin par un fidèle de l'église.

Fragment d'une lettre déchirée. Demande d'un ministre. — (Ms de Genève 118, f. 99).

A Monseigneur, Monsr Calvin et à Messg^{rs} les ministres de leglise de Geneve.

« Maintenant voïons m. . . . .
peres et freres en christ . . . .
ministre de la parole nes . . . .
vertit en tems et lieu au . . . .
le Seigneur a telement beni. . . . .
ministres qui ont par votre . . . .
a notre eglise que le tropp . . . .
estoit fort petit, s'est augm . . . .
en maniere tele que la peine. . . . .
fut il diligent et exercité au. . . . .
pourroit suffire pour vacquer aux. . . . . . .
ny a l'administration des sacremens . . . . . .
soit pourvu d'un aïoint et compaignon minist . . .
ydoine tel que votre prudence saura trop mieux choisir. Ce faisant la parole du Seigneur aura son cours

plus heureux entre nous et prendra plus vivement racine pour puis après fructifier amplement. Le bon Dieu, vray pasteur de noz ames, nous face par sa grace telement ouyr sa voix par vous et autres ses ministres fideles que nous tous venions en unité de foy et congnoissance du filz de Dieu en aage d'homme parfait. A Dieu soyez treschers et treshonorez peres et freres. Toute leglise qui est icy au Seigneur et le ministre dicelle vous saluent, autant en fait maitre Ian Knox, escossois, singulier organe du Sainct Esprit, lequel selon les graces que le Seigneur a prodigalement épandues en luy s'est fidelement employé pour promouvoir, par sainctes predications, la gloire de Christ durant le peu de temps quil luy sera loisible de converser avec nous. De Dieppe, ce 12 d'apvril 1559. »

(*Joannis Calvini opera quae supersunt omnia, P. Guilielmus Baum, Eduardus Cunitz, Eduardus Reuss.* —(Brunsvigæ, tom. XVII, p. 496 et 497).

En décembre 1558, le registre de la compagnie des pasteurs de Genève mentionne l'envoi de deux ministres à Dieppe, sans les nommer: il s'agit sans doute de du Reys et de Dubuisson; la lettre ci-dessus pourrait donc avoir été écrite par l'un de ces ministres.

P. 11, N° 8. — Jean II de Mouchy, seigneur de Senarpont, de Massy, de Guimerville, capitaine de 50 hommes d'armes, bailly d'Amiens, gouverneur de

Boulonnais. — Henri IV le fit gouverneur de la ville d'Eu, en 1589 ; il avait alors près de 70 ans. — (F.-J. Darsy. *Descrip. arch. et hist. du canton de Gamaches*, p. 147). Jean de Mouchy, seigneur de Senarpont, lieutenant du gouvernement de Picardie, marié à Claude de Goudeyal-Harancourt ; il en eut Jeanne de Mouchy, qui épousa, en 1574, Paul de Briqueville, baron de Colombières, fils aîné du fameux François de Briqueville, baron de Colombières. — (Moreri. *Art. Briqueville*). Françoise de Mouchy épousa, en 1558, François de Pevrel, chevalier, seigneur de Montérollier.

P. 11, N° 9. — Charles Martel, seigneur de Bacqueville. Ses deux fils sont probablement Nicolas II, qui lui succéda, et François Martel de Lindebœuf. Il y avait un autre fils portant le même prénom et qui était seigneur d'Hermeville. Anthoine, Sr de la Vaupalière, et Guillaume, abbé de Beaubec et de St-Just, ont dû rester catholiques. Charles Martel, seigneur de Rames, était trop jeune en 1559 pour s'être converti alors. Jacques Martel, capitaine de Conches, en 1585, était un bâtard ; il a été, ou plutôt son père, également bâtard, seigneur de Grossœuvre, et s'intitulait seigneur de Tibermesnil, et non de Bacqueville. — (A. Hellot. *Essai hist. sur les Martel de Bâsqueville*).

Le ms. *Annales de Dieppe* dit que les Martel de

Bacqueville descendaient de Charles Martel, maire du palais, ce qui n'est pas prouvé.

P. 11, N° 10. — Le 1er synode national s'ouvrit à Paris le 20 mai 1559, selon les uns, le 25, suivant les autres, dans une maison du faubourg St-Germain, sous la présidence de François Morel, Sr de Callonge. — La Normandie était représentée par des députés de Dieppe et de St-Lô.

P. 13, N° 11. — En latin : *De Bosco*. Il est probable qu'il quitta l'église de Dieppe après que le duc de Bouillon eut ordonné d'abattre les deux temples, et destitué le gouverneur de la ville. — En 1572, on retrouve Dubuisson cité par Burn, parmi les ministres réfugiés à Rye. On suppose que c'est le même que François Viau, dit Dubuisson, réfugié en Angleterre, après la St-Barthélemy. — (Haag. *France protestante*, t. IV, p. 354).

P. 13, N° 12. — René de Lorraine, marquis d'Elbeuf, oncle de Marie Stuart. Dans la paraphrase versifiée du pamphlet, le *Tigre*, attribué à François Hotman (1561), le duc d'Elbeuf est accusé d'avoir commis des débauches à Dieppe, lors de son passage. (V. le *Tigre*, réimpression faite par les soins de M. Ch. Read, 1875. — On ne connaît qu'un exemplaire de l'édition originale). — (V. aussi *Mémoires de Condé*, t. I, p. 504-519). Le pamphlet le *Tigre* est dirigé contre le cardinal Charles de Lorraine, frère du marquis d'Elbeuf. Les historiens dieppois ne parlent pas de la conduite tenue par le duc d'Elbeuf à Dieppe.

P. 14, N° 13. — Ancien cordelier.

P. 15, N° 14. — Augustin Marlorat, dit Pasquier, ministre de l'église de Rouen, naquit à Bar-le-Duc en 1506; fut mis à huit ans dans un couvent d'Augustins. Si l'on en excepte Viret, aucun pasteur n'eut plus de succès que lui dans la prédication; accusé d'avoir été un des auteurs des grandes assemblées qui avaient été cause de la guerre civile, il fut condamné à être traîné sur une claie, pendu et étranglé, en une potence, devant l'église de N.-D. de Rouen. —(V. Haag. *France protestante.* — L.-D. Paumier. *Notice hist. sur Augustin Marlorat.* — Floquet. *Hist. du Parlement de Normandie*).

P. 15, N° 15. — Gentilhomme du pays; fut nommé pour être lieutenant du duc de Bouillon, à Dieppe, après la mort de Rabau-d'Anges. — (Ms. *Annales de Dieppe*).

P. 16, N° 16. — Fêtes de la Mitourie, que le clergé appelait Mystères, le peuple, des jeux. Mitouries, de la mi-août, en patois cauchois *Mitou*.

Pour voir ce spectacle dans l'église St-Jacques, dit M. l'abbé Cochet, dans son ouvrage les *Eglises de l'arrondissement de Dieppe*, on se battait aux portes et l'on étouffait au dedans; la multitude riait et criait à chaque incident nouveau. C'était un bruit épouvantable, vraiment scandaleux.

Ces scènes survécurent à la Réforme, et ne cessèrent entièrement qu'en 1647, lorsque Louis XIV et la Reine Anne d'Autriche passèrent à Dieppe ; on joua devant eux ce dégoûtant mystère qui les scandalisa si fort qu'ils en demandèrent la suppression. — (V. l'abbé Cochet. *Les Eglises de l'arrondissement de Dieppe*).

Au mois de mars 1443, Charles VII envoya à Dieppe un secours de 100 combattants, commandés par Tabac et par Ricarville ; peu de mois après, le Dauphin, qui fut depuis Louis XI, vint à Dieppe pour faire lever le siége aux Anglais. — Le Dauphin arriva à Dieppe le 10 août ; le mercredi 13 août, il donna l'assaut général et prit le retranchement occupé par les Anglais.

Après cette victoire, Louis XI (le Dauphin), revint à Dieppe rendre grâce à Dieu dans l'église St-Jacques. Il donna à cette église une image de la vierge, de fin argent, de sa hauteur, et institua la procession qui se fait tous les ans, la veille de l'Assomption, et donna 200 liv. de rente pour célébrer tous les ans la dite fête ; c'est de là d'où vient l'origine de ces jeux superstitieux que l'on a fait à Dieppe à la mi-août, depuis ce temps-là, et qui semblèrent si ridicules à la Reine, mère de Louis XIV, qu'elle en fit supprimer la plus grande partie, lorsqu'elle vint à Dieppe, pendant sa régence, et qui furent abolis tout-à-fait, quelques années après (1686), par François de Médavy, archevêque de Rouen. — (Ms. *Annales ou origine de la ville de Dieppe*).

P. 16, N° 17. — Charles de Ponssart, ou Poussard, Sr de Fors, ou des Forets; issu d'une famille du Poitou, maître d'hôtel du Roi, vice-amiral des côtes de Normandie; adopta, en 1560, les doctrines de la Réforme. Il vécut selon les généalogistes jusqu'au 10 septembre 1584 ; il était de la branche du Vigean. — Elisabeth Ponssard, fille de Joachim, de la branche de Vandré, épousa Isaac Martel, Sr de Lindebœuf. Une généalogie ms. donne pour femme au Sr de Lindebœuf, Elisabeth Puchot. — (V. Haag. *France protestante*, t. VIII, p. 302).

P. 18, N° 18. — Talion bien outré et plus rigoureux que le législateur de la loi ; car si elle a dit : œil pour œil et dent pour dent, qui ne sait qu'elle n'a prétendu faire cette compensation qu'entre les hommes, et non entre un homme et une statue ? — (Ms. *Annales de Dieppe*).

P. 19, N° 19. — Plus de 50 ministres assistaient à ce synode. — (L. Vitet. *Hist. de Dieppe*).

P. 22, N° 20. — Viret, d'après le ms. *Annales de Dieppe*.

P. 27, N° 21. — L'abbaye du Tréport tomba entre les mains d'un soldat huguenot surnommé Bras-de-Fer, à cause de sa férocité proverbiale. — (L'abbé Cochet. *Not. hist. et arch. du Tréport*).

P. 29, N° 22. — François de Belleville, S^r du lieu, et de Morcamp, vivait en 1587. Il s'agit sans doute de lui ou de son père. — (*Compte du ban et arr.-ban levé en 1587, ms. Bigot*).

P. 30, N° 23. — Celui qui fut jeté dans la rivière et noyé, se nommait Debrard ; il avait été ministre de l'église française de Londres et depuis à Amiens. — (Th. de Bèze. *Hist. des ég. réformées*, t. II, p. 417).

P. 33, N° 24. — Manans ; du mot latin *manare*, qui veut dire demeurants.

P. 35, N° 25. — Voir, sur Jean Ribaut, les ouvrages suivants :

1° *Histoire notable de la Floride, etc.* Paris 1853. Bibliot. Elzév. P. Janet ;

2° *Deuxième voyage du dieppois Jean Ribaut à la Floride, en 1555. Relation de N. Le Challeux (de Dieppe)*. Publication de la Société rouennaise de Bibliophiles, éditée par M. G. Gravier. Rouen 1872, petit in-4° ;

3° *Histoire de la Floride française*, par Paul Gaffarel, in-8°. Paris 1875.

P. 41, N° 26. — Connu d'abord sous le nom de Damville. Echappa à la haine de Catherine de Médicis et des Guises, lors de la St-Barthélemy. Fut fait chevalier du St-Esprit, par Henri IV, dans l'abbaye de St-Ouen, à Rouen, le 7 janvier 1597. — On dit qu'il ne sut jamais écrire. — (V. Moreri. *Supp. au mot Esprit.*

P. 42, N° 27. — Julien Davy du Perron, né à St-Lô, en 1528. — Homme fort docte, dit La Croix du Maine, grand théologien, philosophe et médecin. — Etait, dit-on, à Rouen, pendant le siége de 1562. Il fut retenu au Vieux-Palais, puis relâché. — Resta six semaines à Dieppe, et passa ensuite dans l'île de Jersey. — On ne peut décider s'il avait reçu la consécration. — Il mourut à Paris, en 1583. — L'aîné de ses enfants devint le fameux cardinal du Perron. — (V. Haag. *France prot.*; t. IV, p. 217).

P. 45, N° 28. — Gabriel de Montgommery, fils de Jacques de Lorges, 1er sire de Montgommery, capitaine des gardes de Henri II, qu'il blessa mortellement d'un coup de lance, dans un tournoi (1559); échappa au massacre de la St-Barthélemy; fut condamné à mort en 1574.

P. 47, N° 29. — Brissac (maréchal Charles Cossé de). Fut un des plus grands capitaines du XVI° siècle; prit le Havre-de-Grâce sur les Anglais, en 1562; né vers 1505; mort à Paris en 1563.

P. 47, N° 30. — Ganseville, capitaine de Fécamp.

P. 55, N° 31. — Gilbert Filhet, Sʳ de La Curée, gentilhomme ordinaire de la chambre du roi, colonel général des Argoulets à la bataille de Dreux, où il avait été prisonnier. Après son renvoi du gouvernement de Dieppe, Jeanne d'Albret le nomma lieutenant au pays de Vendômois. — Il mourut égorgé par une bande d'assassins, dans le château de Ronsard; lesquels furent arrêtés, puis relâchés. — (Haag. *France protestante*).

Le jugement des Daval sur ce gouverneur est confirmé par de Thou, qui le qualifie de : « *Vir non minus virtute quam nobiliate clarus.* »

Brave militaire ; se montra dans sa place intègre et judicieux, pendant le peu de temps qu'il l'occupa. — *Desmarquets.*

P. 56, N° 32. — Le mot *blessé* est employé à tort ; il faudrait *assassiné*. Nos auteurs se servent aussi du mot *tué* en parlant de l'assassinat du duc de Guise, à Blois.

P. 58, N° 33. — Jean de Mouy, Sʳ de la Mailleraye, mort à Rouen en 1591.

P. 59, N° 34. — Jean de Monanges, dit du Charteau, se réfugia à Londres, à la St-Barthélemy ; il est porté sur la liste des réfugiés comme étant alors pasteur de Rosin et Touville (*sic*).

P. 61, N° 35. — De Saux, ou François de St-Paul, avait été ministre dans le pays de Vaud et congédié avec

Viret en 1559. Il avait d'abord été envoyé à Poitiers et à Montélimart. (V. Haag. *France protestante.* — Frère. *Manuel du bibliog. Normand.*—*Joannis Calvini opera*, t. XVIII, p. 65).

Lettre de Saint-Paul à Calvin. *Autographe de la bibliothèque de Genève*, ms. 196, f° 102.

A Monsieur Monsieur Despeville.

La part ou il sera,

« Monsieur et frère, tout se conduict fort paisiblement par deça, la grace a Dieu, et l'Evangile y prend un merveilleux accroissement. Et mesme nous avons dressé quelque petit exercice pour façonner les ieunes gens à fin de servir a l'advenir a l'Eglise du Seigneur. Ceux d'Amiens ont bien besoin de quelque suffisant personnage. Parquoy vous leur fairies un singulier plaisir de les prouvoir d'un tel homme que vous scaves leur estre necessaire. Ils ont entendu qu'apres ces pasques ie doibs faire un voyage à nostre pais et partant ils m'ont prié de les visiter en passant. Ce que je fairai tres volontier. Au reste pource que nous avons entendu que *Baudoin* qui est à Grenezé se veut retirer par deça, nous lui avons escri et l'avons prié au nom de toute nostre compagnie, de laquelle il est fort cognu, de me vouloir aider en ceste saincte charge, et à cause que nous sommes asseurés que vous nous pouves grandement aider en cest endroit, nous vous supplions de lui vouloir escrire un mot pour l'induire à cela, et vous nous obligerés à vous de plus en plus. Qui sera l'endroict Monsieur et frere ou apres vous avoir présenté mes affectueuses recommandations et celles de ma femme, ie prirai le Seigneur vous maintenir tousiours en sa sauve garde, pour de plus en plus edifier et instruire son Eglise. De Dieppe, ce dernier de febvrier 1561.

« Vostre frère et entier ami,

« F. de SAINCT-PAUL. »

P. 61, N° 36. — Selon *Desmarquets*, Toussaint Tiboult, ou Giboult, ne le cédait en rien à Saint-Paul pour la science et pour l'éloquence. Né avec un caractère doux, ses discours étaient plus onctueux et plus persuasifs, et sa science plus aimable que celle de Saint-Paul.

P. 70, N° 37. — L'auteur du ms *Naissance et progrès de l'Hérésie* qualifie *d'estourdy* celui, ou plutôt celle, qui entra au milieu du prêche.

P. 79, N° 38. — Le caporal Fournier. C'est peut-être lui qui devint le capitaine Fournier, ce vaillant guerrier dont il est si souvent parlé, de 1588 à 1592, dans le *Journal de Michel Estancelin*, et qui, selon d'Aubigné, prit part au siége de Rouen, fin avril 1589.

P. 83, N° 39. — On trouve sur les *Reg. de Quevilly* les noms de : Ch. Miffant, escuyer, Sr de Guiberville-sur-Mer (1672) ; Pierre Miffant, escuyer, Sʳ de Rocquigny, à Lintot-en-Caux (1656) ; Marie Miffant mariée, en 1658, à Horace Bouchard, escuyer, secrétaire du Roy de Navarre; Jeanne de Miffant, mariée, en 1616, à Nicolas de Rœsse, escuyer, seigneur de Beuzevillette, de l'église de Lintot et Fremontier ; Charles de Miffant, escuyer, Sʳ d'Anglesqueville et Graville (1679).

David Miffant, oncle du poëte dieppois Jean Doublet, et poëte lui-même, vivait à Dieppe au xvᵉ siècle; son fils, Jacques, connu par quelques traductions, est mort à Dieppe, en 1560. — (V. Ed. Frère. *Manuel du Bibliog. Normand.* — *Bulletin du Bibliophile* 1856. — Page 739, art. de M. le vicomte de Gaillon).

P. 86, Nᵒ 40. — Citation biblique. *Samuel, livre II, chap. XI, v. 14 à 17.*

P. 98, Nᵒ 41. — Les opinions des Réformateurs, disent MM. Haag (*France protestante*), avaient trouvé un grand nombre de partisans parmi la noblesse, et l'on comprend que dans ce siècle à demi barbare, un gentilhomme, habitué à en appeler à son épée, ne pouvait adopter de prime-abord, et sans de longs combats avec lui-même, le principe de la soumission passive envers l'autorité légitime, principe dont Calvin avait fait une des principales bases de sa doctrine. — (T. I. Préface, p. XII).

P. 100, N° 42. — François de Pimont, seigneur du lieu, gouverneur de Neufchâtel (1567-1575), mort en son château de Bailly-en-Rivière en 1581. — (*M° ms d'Adrien Mitton, président de l'élection de Neufchâtel.*)

P. 101, N° 43. — L'arrêt de la Cour du Parlement fut rendu le 7 mars 1569, contre Jacques Canu, avocat; Guillaume Mailleu, bourgeois et marinier; Bertrand Millo, soldat. Celui du 9 mars, contre Nicolas Folyet ou Foliot, capitaine de navire; Jacques Fierabras, bonnetier. L'arrêt rendu le 5 mars 1569, ne le fut que contre François Martel, seigneur de Lindebœuf, et Jacques de Malderrée, seigneur de Catteville. — (A. Hellot. *Essai hist. sur les Martel de Basqueville*).

D'après M. Floquet, faisaient aussi partie de la conspiration de Catteville : Hays, Du Tot, Girot, gardes, Véron; le prêtre Denis Dupont; le cordelier Plumetot; de Raffetot.

On trouve parmi les noms de ceux qui furent exécutés, celui de Hambures, *alias* Rambures; d'après M. Floquet, il s'agit de Jean de Larrey, de Hambures, capitaine.

P. 103, N° 44. — L'arrêt ne fut pas biffé des registres. — (A. Hellot. *Essai hist. sur les Martel de Basqueville*).

P. 104, N° 45. — Giraud, garde bourgeois, de Rouen, trop pauvre, sans doute, pour satisfaire la cupidité de ses geoliers, fut livré au Parlement de Rouen, qui le fit pendre comme hérétique. — (Haag. *France prot.*, t. V, p. 278).

D'après M. Floquet (*Hist. du Parlement de Normandie*), parmi les noms de ceux qui firent partie de l'entreprise de Catteville, figure celui de Girot, gardes *(sic)*; peut-être s'agit-il de Giraud, de Rouen ; dans ce cas, il aurait été pendu pour avoir fait partie de la conspiration.

P. 104, N° 46. — Jacques Hervyeur, dit le capitaine Lion, fut, par la suite, sous les ordres de M. de la Penilière, commandant, pour la Ligue, au château de Neufchâtel, en août 1592. — (*Arch. de la S.-I.* B. 416 — C. 1241.)

P. 111, N° 47. — L'église se rassembla chez Mme de Lanquetot, à 4 lieues de Dieppe, au hameau nommé : La Cour-le-Comte, et depuis à Bacqueville.

La Cour-le-Comte fait partie du village de St-Pierre-le-Viel. — (Ms. *Annales de Dieppe.*)

P. 112, N° 48. — Troinel, Sr de la Groue, d'après le ms. *Annales de Dieppe.*

P. 118, N° 49. — Le capitaine Caumont arriva à Dieppe, le 30 septembre, avec ses bandes, espérant y faire la même chose qu'à Rouen ; mais le Sr Sigongue ne le permit pas. — Il fit mettre en prison 25 à 30 de ceux de la religion qui craignaient pour leur vie. — (V.

Record-office. La Ferrière-Percy : *La Normandie à l'étranger*, p. 210).

P. 119, N° 50. — Rye, petit port de mer sur la côte de Sussex, servit de lieu de refuge à un grand nombre de protestants français, en 1562, après le massacre de Vassy. La dite année, en mai, John Young, maire de Rye, écrivait au secrétaire de la Reine l'arrivée de deux vaisseaux venant de Dieppe, et chargés de monde. — L'émigration se continua durant tout l'été de 1532, et se prolongea fort avant en automne. En novembre et décembre, le maire de Rye signalait à Cecil, secrétaire de la Reine, l'arrivée de bateaux de Dieppe amenant beaucoup d'hommes, de femmes et d'enfants. Six années plus tard, en 1568, il signalait encore l'arrivée d'une bande de fugitifs : M. de Gamaches, sa femme, ses enfants et dix autres personnes ; le capitaine Sauves *(sic)*, sa femme et deux domestiques, tous venus de France, disent-ils, pour échapper à la mort.

En 1572, après le massacre de la St-Barthélemy, la ville de Rye fut de nouveau envahie par les étrangers : 641 personnes venant de France avaient débarqué. Pendant plusieurs années, les protestants français et flamangs continuèrent à débarquer sur les côtes d'Angleterre : des marchands et négociants de Rouen, des constructeurs de vaisseaux et des matelots de Dieppe et du Havre. — (S. Smiles, *Les Huguenots*, p. 52-55.)

P. 119, N° 51. — Pasteurs de la Haute-Normandie, réfugiés à Londres à la St-Barthélemy : Cardon Mignot (*Luneray*); Guillaume de Feugueray (*Longueville*); Gaspard Tahon (*Longueville*); Claude Charrier, dit la Touche (*Harfleur*); Arthur l'Escalier, dit Balandry (*le Havre*); Pierre Loiseleur, dit de Villiers (*Rouen*); Nicolas Basnage (*Evreux*); Jacob Tardif (*Pont-Audemer*). — (*Bulletin de la Société de l'Hist. du Prot. Français*, année 1853, p. 25-26.)

P. 120, N° 52. — Pasteur de l'église de Bresol, en 1572. — (Haag. *France protestante*).

P. 121, N° 53. — Les familles protestantes du nom de de Caux, ou de Caus, étaient nombreuses à Dieppe et à Rouen au xvi° et au xvii° siècles, et l'on peut supposer que c'est parmi elles qu'est né Salomon de Caux. On dit que l'ingénieur Isaac de Caux, de Dieppe, était parent de Salomon. — (V. Haag. *France prot.*, t. III, p. 272-278.)

P. 121, N° 54. — En mai 1639, Elisabeth, fille de feu Jérémie Boucheret et de feue Marthe Miffant, de Dieppe, épousa, à Quevilly (Rouen), Jacques Lemétayer, fils de feu Jacques et de feue Marthe Miffant. — (*Reg. de Quevilly*).

P. 123, N° 55. — Pallecheul (Robert de Rocquigny, Sr de). Son nom a été écrit comme suit par divers historiens : Palecheul, Palchéul, Palseuil, Palleseuil, Pallesseul, Pacheul, Palcheux, Palcheu, Porcheux.

P. 124, N° 56. — Pallecheul, hameau de St-Martin-Eglise, n'était en 1588 compté que comme demi-fief, et ne payait que 40 sols de taxe au Roi. — *Compte du ban et arr.-ban, en 1588. Bibliot. nat., ms. Bigot, anc. n°* $\frac{9845}{14}$

P. 124, N° 57. — Antoine de Licques, Sr des Authieux, d'une très-ancienne et illustre famille d'Artois et de Picardie, notamment à Abbeville ; elle portait : « *Bande d'argent et d'azur de six pièces.* » Il existe en Picardie, près de Doullens, une paroisse portant le nom d'*Autheux*.

Antoine de Licques devait être parent de David de Licques, gentilhomme picard, auteur de l'*Histoire de Duplessis-Mornay*. — (*Bulletin de la Société de l'Histoire du Protestantisme français* 1850, p. 26 et 27.)

P. 127, N° 58. — René de Beauxoncles, Sr de Sigongne.

« Ce gouverneur, bon catholique, détestoit le fanatisme partout où il se trouvait. Né avec un excellent cœur et une bonne judiciaire, avait compris qu'il devait, pour maintenir la paix, se concilier l'estime et l'amitié des plus raisonnables d'entre les calvinistes et les catholiques.

« Il fut pleuré des catholiques et regretté de ceux

d'entre les calvinistes qui estoient assez raisonnables pour vouloir reconnaître des vertus dans un catholique. » — *Desmarquets*.

« Ensuite des avantages de la fortune, il me prendrait maintenant envie d'y joindre ceux de la nature et de la grâce, n'estoit que nostre sujet principal m'oblige de passer outre, et de remarquer avec ceux qui avaient peine d'en dire du bien, qu'il estoit homme d'esprit et de conduite, et qu'il estoit éloquent; qu'il persuadoit aisément ce qu'il vouloit pour venir à bout de ses desseins. » — (*D. Asseline*, t. I, p. 387).

Desmarquets cite le discours suivant, qui aurait été tenu par Sigongne lors de la St-Barthélemy, et dont les autres historiens dieppois ne parlent pas :

« Cet ordre, Messieurs (celui de la cour), ne peut
« regarder que les calvinistes rebelles et séditieux :
« grâces à Dieu, nous n'en avons plus dans Dieppe.
« La religion nous apprend que la modération et
« l'amour des hommes sont les premiers devoirs
« d'un chrétien ; vivons donc comme frères, puisque
« nous sommes tous enfants d'un même Dieu. J'es-
« père que vous partagerez mes sentiments; ce sont
« eux qui m'ont persuadé qu'il n'y avait dans cette
« ville aucun citoyen qui ne fut digne de vivre. »

M. Ch. de Lacretelle, dans son *Histoire de France pendant les guerres de religion*, cite cette lettre, qu'il a tirée des *Mémoires chronologiques de Des-*

marquets. (V. à ce sujet la *St-Barthélemy en Normandie*, par L.-D. Paumier).

M. Paumier dit : « que les historiens : le père Daniel, Mézeray, de Thou, d'Aubigné, Davila, Varillas, Anquetil, Audin, Sismondi, Henri Martin, ne parlent pas de Sigongne à l'occasion de la clémence dont il aurait fait preuve envers les protestants à la St-Barthélemy, et que c'est à tort que M. Vitet affirme que le discours et la conduite de Sigongne sont consignés dans presque toutes les histoires de France. » — (V. les chroniqueurs dieppois, dont les jugements sur le gouvernement de Sigongne sont tout-à-fait opposés à celui des Daval).

P. 136, N° 59. — La flotte l'Armada, surnommée l'Invincible.

Philippe d'Espagne avait résolu de chasser du trône d'Angleterre Élisabeth ; il prépara dans ce but et mit à la mer son invincible Armada, l'un des armements les plus formidables qu'on ait jamais vus ; elle se composait de 130 vaisseaux, sans compter les transports, et elle portait 2,650 canons, 33,000 soldats ou marins, etc.

Cette Armada devait rejoindre sur la côte de Flandre, pour l'escorter jusqu'à l'embouchure de la Tamise, une autre flotte immense de bateaux plats et portant une armée de 100,000 hommes, pourvus du meilleur matériel de guerre. L'expédition était habilement combinée.

Les Anglais, protestants et catholiques, se montrèrent unis pour la défense. Le long de la côte méridionale, la population maritime tout entière prit les armes.

L'invincible Armada fut battue par les vaisseaux de Drake, Kawkins et de Howard avant d'être entièrement dispersée par les tempêtes. — (S. Smiles. *Les Huguenots*, p. 45 et 46.)

P. 136, N. 60. — Les réfugiés de Dieppe, et autres lieux, s'établirent à Winchester, qui était autrefois un port de mer de grande importance. Aujourd'hui, la mer s'est retirée, et la ville se trouve à quelque distance de la plage. — (S. Smiles. *Les Huguenots*).

P. 136, N° 61. — Claude Charrier, dit la Touche, ancien ministre d'Harfleur. — (*Ms. Annales de Dieppe*).

P. 140, N° 62. — M' D'O et quelques-uns se mutinèrent à cause que le Roy faisait faire l'exercice de la religion dans son logis. — (*Ms. Annales de Dieppe*).

P. 140, N° 63. — Richard de Bures, S' des Barguettes. En l'an 1658, 8 décembre, on trouve, sur les registres de Quevilly, le mariage de Charles de Bures, escuyer, S' de Béthencourt, gentilhomme servant du Roy et capitaine de marine, fils de feu Charles, escuyer, et de Jeanne Chauvin, de Dieppe.

P. 141, N° 64. — Jean de Montpellé, S' de Martigny, religionnaire, capitaine dieppois, que Desmarquets appelle « le brave Montpellé »; il prit part à l'affaire d'Auffay (24 juin 1589), où il reçut un coup de mousquet dans la cuisse. (*Journal de Michel Estancelin.*) En février 1590, il fut mis en prison « accusé d'avoir voulu conspirer à l'encontre du S' de Chastes, gouverneur de Dieppe, et surprendre icelle ville ». *Arch. de la Cour de Rouen. Tournelle,* 16 *Mai* 1590. Selon toute apparence, il fut reconnu innocent et mis en liberté. M. de Fayet étant mort en 1611, il obtint sa place de sergent-major de la ville de Dieppe, qu'il vendit bientôt à M. de Socqueville.

Jean de Montpellé était peut-être fils de David de Montpellé, maire de la ville d'Eu, en 1554, et arrière neveu de Jean de Montpellé, dit : le *Magnifique batisseur,* abbé d'Eu, de 1511 à 1531. La terre de Martigny resta dans cette famille jusqu'en 1755.

P. 144, N° 65. — Elle avait été prise le 29 août 1589, en exécution des ordres de Henri IV, par trois compagnies dieppoises, commandées par d'Alègre, de Monts et Fournier. En allant combattre le Roi à Arques, le duc de Mayenne reprit Neufchâtel.

P. 145, N° 66. — Marreau, pour Méreau. — Marque que l'on distribue à des gens, pour servir à être admis en quelque lieu. — Dans le ms. *Annales de Dieppe,* il est dit (1558) que dans les réunions qui eurent lieu dans une cave, où ailleurs, personne n'entrait sans Marot *(sic)*. M. Vitet a reproduit, d'après les *Annales*, Marot pour Méreau.

P. 145, N° 67. — Gentilhomme de Normandie, religionnaire, capitaine de 100 hommes d'armes. — Après la mort de Henri III, il s'était emparé de Gerberoy, par surprise (5 août 1589). (V. *Hist. du diocèse de Beauvais*, par M. l'abbé Delaittre, t. II, p. 304. — *Les Mém. du duc d'Angoulême*).

P. 145, N° 68. — François de La Grange d'Arquien, Sr de Montigny, né en 1554, mort en 1617; élevé à la Cour de Henri III; devint l'un de ses favoris; fut un de ceux qui arrêtèrent Jean Chatel; maréchal de France, en 1615.

P. 146, N° 69. — (1590) Rouen tenait le party des Ligues.

Nous trouvons à la date du 4 décembre de la dite année sur une copie prise, au siècle dernier, sur les registres de la paroisse Ste-Croix-St-Ouen, l'acte suivant : « baptisé dans cette église, une fille de Monseigneur le duc d'Aumale »; sans plus de détails.

P. 146, N° 70. — René Bochard, Sr du Ménillet, fils d'Etienne Bochard, avocat-général, puis conseiller au Parlement de Paris, et de Jacqueline L'huillier. Il se réfugia en Angleterre pendant les guerres de la Ligue. En 1594, il desservait l'église de Rouen. — Mort à 54 ans, en 1614. Il eut de son mariage avec

Esther Dumoulin le célèbre Samuel Bochard ; sa fille Marie épousa, en 1616, Maximilien de Langle, Sʳ de Baux, ministre de l'église de Rouen.

P. 146, Nº 71. — Mathieu Viard, marié à Louise Toutain ; sa fille, Elisabeth, épousa, à Quevilly, le 1ᵉʳ juin 1614, noble homme Nicolas Gaussent, ministre de l'église de Pont-Audemer, fils de noble homme Remy, Sʳ de Bellenoir, et de Raymonde de St-Molien, de l'église de Vendôme. — En 1646, Isaac Viard, de la Clinarderie, noble homme, habitait St-Aubin-la-Rivière et Rouen, après avoir habité Moulineaux en 1635. — (*Reg. de Quevilly*).

P. 147, Nº 72. — Guillaume de Feugeuray, Sʳ de La Haye, d'une famille normande, dont le fief, situé près le Bourg-Achard, dépendait de la seigneurie de Fréville. — (E. de Freville. *Bulletin de la Société de l'Hist. du Prot. français*, 1843, p. 238).

Guillaume de Feugueray, pasteur à Rouen, né dans cette ville, décédé vers 1613; en 1565 desservait l'église d'Esneval à Pavilly ; à la St-Barthélemy était pasteur à Longueville, et passa en Angleterre; après avoir professé la théologie à Leyde, avec grand succès, revint à Rouen, en 1583 ; auteur de plusieurs ouvrages de théologie ; en 1593, séjourna à Dieppe. — D'après Th. de Bèze, il avait été aussi pasteur à Vire.

D. *Asseline*, t. II, p. 77, fait deux personnages

du ministre de Feugueray, S^r de La Haye. Il dit : les sieurs de La Haye et Feugueray.

On trouve sur les Reg. de Quevilly, les noms suivants :

1609. Ch de Feugueray, S^r de La Haye, ancien de l'église de Rouen ; en 1630, il était conseiller du Roy au siége des eaux et forêts de Normandie.

1614. Michel Feugueray.

1635. Jean de Feugueray, escuyer, S^r de La Haye, décédé à Darnétal, en 1683, à 74 ans ; en 1570, il épousa Geneviève de Civille, fille d'Isaac, seigneur de St-Mars, Auglesqueville, La Ferté, commissaire des guerres, et de Geneviève de Rœsse.

(La famille de Rœsse habitait Beuzevillette, près Bolbec).

1656. Centurion de Feugueray, escuyer, S^r de La Haye, décédé à 88 ans, à Rouen.

1685. Noble homme Pierre de Feugueray, *Feukerei*. (Le Feugueret à Beuzevillette ; dès 1216, on voit ce nom figurer sur le cartulaire de l'abbaye du Valasse). — (V. Ed. Frère. *Manuel du bibliog. Normand.* — Haag. *France protestante.* — *Chronicon valassense*, notes de M. l'abbé Sommenil, p. 64-78).

P. 147, N° 73. — Henry de La Tour-d'Auvergne, vicomte de Turenne, et plus tard duc de Bouillon ; né en 1555, mort en 1623, père du célèbre maréchal de Turenne.

P. 154, N° 74. — Peigné ou Le Peigné ; des familles de ce nom habitaient Rouen et Dieppe au xvii° siècle.

On trouve sur les registres de Quevilly :

1600. Israel Peigné, S' de Lardinières ;

1615. Michel Le Peigné, escuyer, seigneur de Grosmesnil, Augerville et du Hastelin, au manoir de Grosmesnil ;

1629. Israel Peigné, conseiller au Parlement de Rouen, en la Chambre de l'édit ;

1633. Jean Le Peigné, escuyer, à Dieppe ;

1640. Jacques Le Peigné, escuyer, S' de Grosmesnil, etc., à Grosmesnil ;

1649. Nicolas Le Peigné, escuyer, S' d'Arques, de Lardinières, conseiller au Parlement.

P. 154, N° 75. — Moyse Cartault, fils de Mathieu Cartault. En 1603, il fut rappelé de l'église de S¹-Lô pour servir de collègue à son père, à Dieppe. Il eut un fils nommé comme lui Moyse qui abjura ainsi que ses enfants : l'un, Jean, était ministre de Trévières, et l'autre, de la Nouvelle-Patente (1696). — (V. Haag. *France protestante*, 3-228-226).

P. 154, N° 76. — Henri IV avait toujours empêché son mariage avec le comte de Soissons, ne trouvant pas celui-ci assez riche. — Henri, duc de Bar, marquis de Pont, avait amené au duc de Mayenne, pour aider les ligueurs à lutter contre Henri IV, à Dieppe et à Arques, 1200 chevaux et 4 régiments de pied.

Lettres et instructions de Charles III, duc de Lorraine, relatives aux affaires de la Ligue, publiées pour la première fois par H. Lepage. Nancy, 1864.— (V. *Mezeray*).

P. 163, N° 77. — Michel Mel, S^r d'Estrimont, hameau de Bailly-en-Rivière.

On trouve sur les registres de Quevilly, en 1667, Michel Mel, escuyer, S^r d'Estrimont, demeurant paroisse d'Estranville, près Dieppe, et à Rouen, paroisse St-Jean.

P. 164, N^e 78. — Son père Pierre de Laune était, d'après Burn, pasteur en 1599, de l'église wallonne de Londres ; il desservait en 1618 l'église de Norwich, et obtint par la suite un bénéfice dans l'église anglicane. On le croit originaire de la Normandie. — (Haag. *France protestante*, t. IV, p. 224-225).

P. 165, N^e 79. — Blancbaton. — Ses descendants sont devenus catholiques. Nous voyons cité au XVIIe siècle: Adrien de Blanc-Baton, seigneur de Grêges ; sa veuve Anne-Rose de Montaigne a été marraine de la cloche de Fallencourt en 1742. — (M. l'abbé D. Dergny. *Les Cloches de pays de Bray*).

P. 166, N° 80. — Aymar de Chastes.

Légitimation de Simon et de Marie de Chastes, enfants naturels d'Aymar de Chastes, vice-amiral de France, et d'Isabeau Sandret. — (*Archives de la S.-I.* C. 1226.)

Arrêt du Parlement rendu à la requête du cardinal de Joyeuse, archévêque de Rouen et abbé de Fécamp, qui permît de procéder au décret des biens de feu M. le commandeur de Chastes, lequel était resté redevable de 50,000 livres envers la dite abbaye de Fécamp. — *(Arch. de la S.-I. D. 1.)*

P. 167, N° 81. — Le ms porte Claude Dablon, pour Nicolas Dablon.

« Le sieur Policien, toujours passionné contre les ennemis de sa créance, n'épargne pas non plus la réputation de M° Nicolas Dablon, lieutenant-général au bailliage, écrivant qu'il avait esté déposé de sa charge de syndic, sans dire ensuite que ce fut en temps ordinaire d'une nouvelle élection de MM. de Ville. » —(*D. Asseline*, t. II, p. 206.)

Nicolas Dablon était lieutenant-général au bailliage de Dieppe, de 1614 à 1620. — *Arch. de la S.-I.* D. 2).

P. 168, N° 82. — Les Protestants de France s'appelèrent d'abord *Evangéliques, Religionnaires,* où *ceux de la Religion*. Le nom de *Protestants* ne leur fut appliqué qu'à la fin du XVII° siècle : jusqu'alors, ce terme n'avait désigné que les disciples de la Réforme de Luther, en Allemagne. — (S. Smiles, *Les Huguenots, Note*, p. 18).

P. 173, N° 83. — Adrien Soyer, S° d'Intraville, était parvenu au poste important de lieutenant-général, par le crédit de son oncle, Claude Groulard. — (V. D. Asseline. — Arch. de la S.-I. D. 463.)

P. 174, N° 84. — Maître charpentier à Rouen, paroisse St-Maclou, né à Gien-sur-Loire en 1572, décédé à Rouen, le 12 octobre 1635. — (*Reg. de Quevilly*).

P. 176, N° 85. — Escoubleau de Sourdis (cardinal).— (V. *Journal du règne de Henri IV, par P. de l'Estoile, aux tables, au nom Sourdis*).

P. 179, N° 86. — Maynet, conseiller. En 1585, une indemnité fut accordée à Jérome Maynet, pour les maisons dites des Croissants, à Dieppe, brûlées par ordre de M. de La Mailleraye, pour réduire les gens de la religion prétendue réformée. — (*Archives de la S.-I.* C. 1228).

Un Daniel Maynet, escuyer, Sʳ de la Vallée, habitait Canteleu, près Rouen, en 1640. — (*Reg. de Quevilly*).

P. 185, N° 87 — Jean Gonthery, ou Gontier, jésuite, né à Turin, vers 1552, mort à Paris, en 1616. Auteur du livre : *Les conséquences auxquelles a été réduite la Religion P. R.* Rome et Paris, 1610, in-8. — (V. *Journal du règne de Henri IV, par P. de l'Estoile, aux tables, au nom Gonthery*).

P. 185, N° 88. — Samuel de Boulainvillers, seigneur de St-Saire, de Mesle, de Beaubec-la-Ville et du Mesnil-Mauger, gentilhomme de la chambre du Roi de Navarre (depuis Henri IV). Il fut député de la noblesse de Normandie, aux Etats-Généraux tenus à Paris le 4 octobre 1574 ; il mourut en 1649, âgé de 86 ans. — Le célèbre historien Henri de Boulainvillers était son petit fils. — (*Archives de M. le comte de Merlemont au château de Merlemont* (Oise). — *Note de M. Armand, de Doudeville*).

12 mai 1690 : Baptême à St-André-de-la-Ville (Rouen) de Samuel, fils de François de Boulainvillers, comte de St-Saire, et de Françoise Bocquet. — (Ms. *Extrait des Reg. de la paroisse St-André*).

P. 186, N° 89. — Curé converti, et réfugié en Angleterre ; revint en France en 1690, fut reçu ministre dans l'église de Dieppe, le 26 août ; très peu de temps après, il fut donné pour chapelain à M. de Pallecheul, que Henry IV avait mis gouverneur de Neufchâtel, après la prise de cette ville. — Il fut nommé ensuite à Bacqueville. — Il est auteur de l'ouvrage intitulé : *Les deguisements et fuites de Jean Gontery, jesuite*. Leyde 1612. — (V. Haag. *France protestante*).

P. 186, N° 90. — Baron du Mont-Louet et plusieurs gentilshommes de l'Isle de France, c'est-à-dire des environs de Paris. — (*Ms Annales de Dieppe*).

Barons de Louet, de Boutteville, et de Bretteville. — (*D. Asseline*).

Sur les registres de Quevilly (1651), on trouve : François de Quièvremont, chevalier-marquis d'Eudreville, baron de Boudeville, fils de feu Centurion, baron de Boudeville ou de Boutteville.

P. 190, N° 91. — Le manuscrit de la famille Lemaître dit : Espagne.

P. 190, N° 92. — Anne de Cusson. En 1594, le Roi lui fit un don, pour le récompenser de ses services. — *(Archives de la S.-I.* D. 1. C. 1234).

Un mémoire, de Sigongne (le fils) qui arriva à Dieppe après la mort de Henri IV *(Biblioth. Nationale,* fonds E., n° 3561, f. 48), contient le passage suivant : « Le lundi, M. le Maréchal de Farvacques donne advis (à Sigongne) par le Sr de Bois-David, qu'on avait surpris une lettre du Sr de Gerville, beau-frère de Cusson, par laquelle il convioit ses amis de monter à cheval, pour la prière que luy en avoit faite le dict Sr de Cusson ; qu'il estoit encore à deux de jeu avec Sygongne, mais qu'il falloit faire le coup de partye. De Paris, 14 may 1610. »

P. 190, N. 93. — Sigongne (Charles-Thimoléon de Beauxoncles, S^r de), conseiller du Roy en son conseil d'État et privé, capitaine de 50 hommes d'armes de ses ordonnances, vice-amiral de Normandie et capitaine gouverneur du château de Dieppe.

Plusieurs libelles furent semés par la ville contre l'honneur de M. de Sigongne, mais il ne s'en mit pas beaucoup en peine. — *(D. Asseline.)*

Il imita les vertus de son père; il fut doux, humain, pénétré d'une vraie piété. Ce gouverneur fut regretté des citoyens, et il le méritoit à cause de la douceur, de la justice et de la vraie piété avec lesquelles il avait rempli sa place. — (*Desmarquets*, t. II, p. 317 et 330).

Il arriva pendant tout ce ménage que S. M. descouvrit que le Sr de Sigongne, qui faisoit l'entremetteur des amours, devint lui-même amoureux et n'eut aucune honte qui le peust retenir, la sollicitant (la maîtresse du Roy) de l'aymer avec des hardiesses intolerables et pleines de mespris du Roy, quy fut si bon neantmoins qu'il se contenta de chasser le dit Sigongne hors de sa presence, le renvoyant en son gouvernement à Dieppe, où il pille, exige et consomme toutes les denrées de la ville par sa prodigalité insatiable. Je n'en estois marry, car c'estoit un de ceux quy plus me calomnioient près du Roy; et toutefois je fus si faible et si bon (comme on voudra le dire) que je m'accorday avec ce perfide et infidele qui est haÿ de tous les gens de bien de la province.—(Claude Groulard, premier président du Parlement de Normandie : *Voyage en cour, en 1604. Chap. XIX.*)

Extrait d'une lettre de Sigongne, sans date, à Henri IV :

« Sire, Lorsque je prins congé de vostre majesté, l'estonnement de voir en son visage le juste courroux

dont mon malheur estoit la cause. . . . . . .
. . . .

« Maintenant, vostre bonté qui reluit sur tant de coupables, et dont plus que nul autre j'en ressens les effets, m'oste la creance et me donne l'audace de la supplier. Ayez agreable que les genoux en terre, et touché des plus fortes atteintes de la douleur, je dy à vostre majesté que j'ai failly. . . .

« Je n'ose supplier vostre majesté d'amoindrir le terme de mon esloignement, puisque ma peine est juste..... » — (*Biblioth. nationale*, fonds F. 3456, f. 27.)

Sigongne était bon poëte satirique; quelques pièces de vers de lui se trouvent à la suite des *Satyres de Regnier.* (Paris, du Breuil, 1614, 5e édition.) (V. l'article Sigongne du *Manuel du bibliographe Normand* de E. Frère. — Dans le *Journal du règne de Henry IV*, par P. de l'Estoile, on trouve des renseignements curieux sur ce personnage, dont les œuvres méritent d'être réimprimées).

P. 193, N° 94. — Pierre de Saint-Poix, ou de Saint-Paix, Sr de St-Jean, escuyer, gentilhomme gascon.

P. 193, N° 95. — François de Monceau, Sr de Villers-Houdan, baron de Bissigny, vice-amiral en Normandie.

« Gouverneur ayant l'esprit aussi pénétrant que son expérience étoit grande. » — (*D. Asseline.*)

Qualifié de : ligueur parfait, par *P. de l'Estoile.*

P. 193, N° 96. — Il occupait encore la charge de sergent-major, en 1631.

P. 197, N° 97. — David de Caux. Les renseignements que l'on trouve sur lui ne sont pas à son avantage. Après avoir quitté Dieppe, il se rendit à Laigle, puis il revint à Dieppe ; ensuite, il sollicita et obtint la place de pasteur à Pont-Audemer. Il se montra partout d'une humeur bizarre, extravagante et difficile. — Il se résigna néanmoins à finir sa carrière dans cette ville. — Il est à présumer que les de Caux de Rouen sont de la même famille que ceux de Dieppe.

Un pasteur de Rouen, P. de Caux, se réfugia en Hollande, à la révocation de l'édit de Nantes. (Il n'exerçait pas son ministère à Rouen.) — (V. Haag. *France prot.*, t. III, p. 272-273.)

P. 199, N° 98. — Abdias de Montdenis était pasteur de l'église de Fécamp en l'an 1600 ; avant cette époque, cette église était recueillie à Ganzeville.

P. 206, N° 99 — En 1619, un Nicolas Leforestier était lieutenant-général en l'amirauté (sans indication de lieu). Vers 1670, vivait Jean Leforestier, avocat à Dieppe. — (*Reg. de Quevilly*).

P. 210, N° 100. — Florentin de Ricarville, sieur du lieu, St-Vaast, d'Equiques, fils ou petit-fils de Guy de Ricarville, gouverneur du château d'Arques, et capitaine du château de Dieppe en 1562.

François Martel, dit Fontaine-Martel, seigneur de Fontaine, Bolbec, Brétigny (hameau de Bailly-en-Rivière), Bellencombre (acquis par son père en 1607, et qu'il habitait en 1621), Croixmare, Touffreville, St-Hellier, etc.; ancien gouverneur (pour la Ligue) de Louviers (1591), et de Neufchâtel-en-Bray (1593-1594). L'un habitait alors Ricarville, et l'autre Bellencombre : les deux endroits sont à deux lieues environ l'un de l'autre.

François Martel était fils de Charles Martel, seigneur de Fontaine, et neveu d'Adrien Martel, de Bolbec, conseiller au Parlement, ligueur de Rouen, de 1589 à 1594. François Martel, sans l'autorisation de Villars ni celle du duc de Montpensier, guerroya dans le pays de Caux à la tête de sa petite troupe; il exerçait de tous côtés, pour son profit particulier, un véritable brigandage. — (V. Floquet. *Histoire du Parlement de Normandie*, t. II, p. 396 à 404).

P. 211, N° 101. — Guitry Bertisère, pour Guitry Bertichères.

L'église de Gisors est désignée sur les *Reg. de Quevilly* sous le nom de Bertichères et Sancourt; notre ms. dit : Gisors et Sancourt.

En 1633, Nicolas Vaumesle, escuyer, était ministre de cette église; il était fils de Jacques Vaumesle, avocat, à Argentan.

P. 212, N° 102. — Emery de Caen, capitaine, marin consommé et surtout commerçant habile, originaire de Dieppe, fils de Guillaume de Caen et de Marie Langlois. Dès 1583, son père envoyait des navires en Hollande et en Terre-Neuve. La compagnie *Montmorency*, sous sa direction, se lança dans les plus importantes entreprises qu'on ait encore vues; elle eut une flotte qui reçut le nom de : « Flotte de la Nouvelle-France. » De Caen fit tout le commerce du Canada; plus de 900,000 livres furent employées par la compagnie à bâtir des magasins et des habitations tant à Québec qu'au cap Tormente et autres lieux; il vivait encore en 1633.— (Gosselin. *Les Normands au Canada. Précis des travaux de l'Académie de Rouen*, 1872, p. 309).

Depuis ce temps-là (1612), on a fait beaucoup d'équipements dans le port de Dieppe pour porter des secours à la Nouvelle-France, sous la conduite du Sr de May, du Sr de Caen et de plusieurs autres capitaines. — (*D. Asseline*, t. II, p. 160).

Le premier des grands vaisseaux de Dieppe fut lé *Montmorency*, lequel estoit de 360 thonneaux, et sortit du port de cette ville le 16 avril 1618, estant commandé par Augustin de Beaulieu, rouennais, et le Sr de Caen, son lieutenant. — (*D. Asseline*, t. II, p. 191).

Un mémoire dit que les marchands de Dieppe firent équiper cette année (1625) cinq vaisseaux pour les envoyer au Canada. L'amiral de cette petite flotte fut le sieur de la Rade, et le vice-amiral Emery de Caen, cousin du sieur Guillaume de Caen, qui entreprit cet équipement afin d'entretenir en ce pays la traitte, qu'il avoit obtenue de Mr de Montmorency. — (*D. Asseline*, t. II, p. 231).

Marie de Caen, veuve de noble homme Raymond de la Rade (1642) ; 1604, Guillaume de Caen, escuyer, Sr de la Motte-St-Lié ; 1654, Guillaume de Caen, fils du précédent, escuyer, Sr de la Motte, à Rouen ; 1654, Messire de Caen, marié à Suzanne Peter, paroisse St-Lô, à Rouen. — (*Reg. de Quevilly*).

P. 217, N° 103. — Charles de Losses, escuyer, ministre des églises de Bertichères et Sancourt, décédé avant 1633 ; il était originaire de Loudun.

Nous voyons figurer sur les registres de Quevilly, Dominique de Losses, escuyer, S^r d'Arquainvilliers : fils de feu Charles.

P. 218, N° 104. — Letellier, pasteur de l'église de Calais.

En 1640, Pierre Letellier, ministre, demeurait aux Fieffes des Monts-St-Nicolas.

En 1650, Jacques Letellier, né à St-Lô, était ministre à Pont-Audemer.

Pierre Letellier épousa, en 1640, Marie-Anne de Feugueray ; en 1669, il était ministre de l'église

d'Evreux, recueillie à Caër (commune de Norman-
ville). — (*Reg. de Quevilly*).

P. 220, N° 105. — *D. Asseline* rapporte ce fait, d'après notre mémoire, en y ajoutant les réflexions suivantes : « Si bien que si cette conspiration n'estoit pas imaginaire, aussi bien que plusieurs autres dont nous avons fait mention, les religionnaires furent extrêmement obligez à ce gentilhomme, qui leur conserva la vie pour jouir bientost après de la paix que le Roy donna, devant Montpellier, à tous ceux de la religion P. R. » — (T. II, p. 224.)

FIN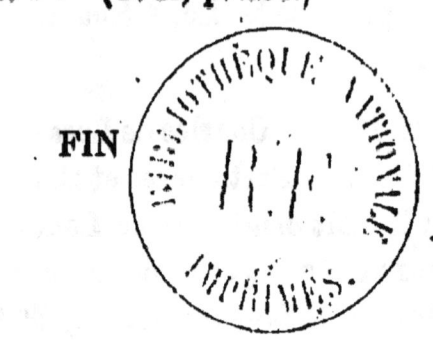

TABLE

Introduction	VII
Chapitre I	1
Chapitre II	37
Chapitre III	75
Chapitre IV	113
Chapitre V	155
Notes	223

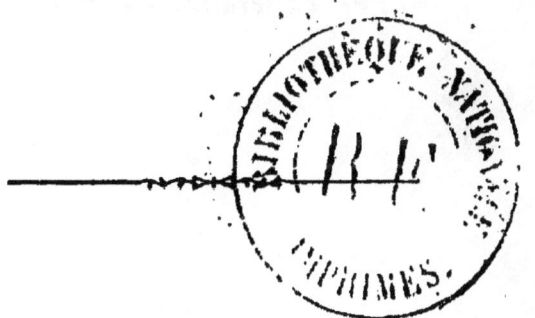

Achevé d'imprimer

A ROUEN

LE TRENTE NOVEMBRE MIL HUIT CENT SOIXANTE-DIX-HUIT

Par Espérance Cagniard.

www.ingramcontent.com/pod-product-compliance
Lightning Source LLC
Chambersburg PA
CBHW071138160426
43196CB00011B/1936